Rolf Zuckowski

Meine Lieder – meine Freunde

Texte, Begegnungen, Erinnerungen 1974 - 1994

MUSIKVERLAG HANS SIKORSKI · HAMBURG

Bildnachweis

A. Albershardt (98/99), Andreas Bischof (276/277), Hariolf Fink (288), Michael Heß (278/279, 282/283, 284/285), Horacek (106/107, 286/287), W.Kaiser/Polydor (113), Foto-Landgraf (38), Hans Ernst Müller (108), Thomas Müller/Polydor (293), Presseagentur M + K (96, 153), Michael Rauhe (110, 225, 314/315), Marion Schröder (102, 207, 335), Gerd Tratz (100/101, 275)

Leider war nicht bei allen für dieses Buch ausgewählten Fotos festzustellen, wer die Fotografinnen und Fotografen sind. Wir bitten um Entschuldigung. Wer ein eigenes Werk erkennt und sich nicht genannt sieht, möge sich beim Verlag melden.

© 1994 by Musikverlag Hans Sikorski, Hamburg
Alle Rechte vorbehalten
Redaktion: Walter Diem
Umschlag und Gestaltung: Victoria Schwartz, Hamburg
Druck: DBC DRUCKHAUS BERLIN-CENTRUM
gedruckt auf chlorfreiem Papier
Gesamtherstellung: Musikverlag Hans Sikorski
Printed in Germany

ISBN 3-920880-50-1

Meine Lieder – meine Freunde

Inhalt

„Ich habe lange gezögert, alle meine Liedertexte in einem Buch zusammenzufassen. Eine solche Sammlung hat immer einen Hauch von Abschluß, dabei ist ein Ende nicht in Sicht. Im Gegenteil, ich habe mit "Musik für Dich" und durch die erneute Mitwirkung der groß gewordenen Freunde gerade einen neuen Anfang gemacht.

Nach 20 Jahren schien mir dennoch der richtige Zeitpunkt gekommen, eine erste Zwischenbilanz zu ziehen. An den über die Jahre gewachsenen Liedertexten entlang kann der Weg nachvollzogen werden, den ich 1974 begonnen habe, nicht ahnend, wohin er mich führen würde: Viele meiner Lieder wird man am besten verstehen, wenn man sie wie Notizen aus einem Tagebuch betrachtet. Daß man auch beim Schmökern in diesen Texten die Töne klingen hört, wünscht sich einer, der bei aller Liebe zu den kleinen und großen Menschen immer eines war und bleiben möchte: ein Musiker, der Melodien, Harmonien und Rhythmen liebt und braucht. (Auch Lieder können Freunde sein!)

Ich danke an dieser Stelle allen, die mir geholfen haben, meine Träume zum Klingen zu bringen, vor allem aber meiner Frau und meinen Kindern, ohne die ich keine Zeile und keinen Ton dieser Lieder von mir gegeben hätte. Sie haben manche Berg- und Talwanderung mit mir erlebt und mich immer liebevoll, aber nie unkritisch ermutigt, auf meiner Spur zu bleiben. All den vielen anderen kleinen und großen Mutmachern, Ratgebern und Weggefährten (von denen viele ihren Namen in diesem Buch finden werden) möchte ich an dieser Stelle sagen, wie wertvoll unsere gemeinsamen Schritte und Gespräche für mich waren. Ich bin dankbar dafür, daß Ihr mir geholfen habt, mit meinen Musikerträumen nicht allzuweit von der Lebenswirklichkeit abzuheben und doch weit genug, um mit Euch das Glücksgefühl des Schwebens zu spüren.

Hamburg, im September 1994

Rolf Zuckowski

Die Hinweise unter den Texten führen zu den jeweiligen Veröffentlichungen (CD/MC/Video/Buch), die im Anhang noch einmal als Gesamtübersicht zu finden sind.„

Medien-Kinder-Star

„Großes Rolf, kleines Zuckowski"

Musikstar Rolf Zuckowski:

TV-Star Rolf

Star der Pampersrocker

Kinderlieder-Star Rolf Zuckowski

Ein Poet für Kinder

Kinderheld mit grauen Schläfen

Sänger und Pädagoge

Der Liedermacher Rolf Zuckowski

Wenn Deutschlands Kinder den Bundeskanzler wählen könnten, hieße der nicht Helmut Kohl, sondern Rolf Zuckowski. Das ist der von „Rolf und seine Freunde" mit den Hits „Du da im Radio", „.. und ganz doll mich" – längst ein Superstar, ein Michael Jackson für Kleine.

Barde Rolf Zuckowski

Rolf Zuckowski –

Ein positiver Punkt in der deutschen Kinderkultur

Rolf Zuckowski: Ein Familien-Star ohne Allüren

Das fröhliche Kind im Manne

Der Spielmann

Ich bin kein neuer Rattenfänger,
sondern einfach nur ein Sänger,
der zu kleinen und zu großen Leuten steht.
Hab' manches Lied für euch geschrieben,
bin auf meiner Spur geblieben,
wenn der Weg auch dann und wann
in eine neue Richtung geht.
Mich festzuhalten hätte keinen Sinn;
ich änd're mich und bleibe, wie ich bin.

So wie ein Spielmann,
der eure Kinderseele weckt.
So wie ein Spielmann,
der in sich selbst das Kind entdeckt.
So wie ein Spielmann,
der mit euch lacht
und mit euch weint,
bis ihr bemerkt,
daß über allen Wolken
doch die Sonne scheint.

Auch Lieder können Freunde sein

Von Sheila, Diana und Cindy

Als mein Vater mir 1962 meine erste Gitarre schenkte, hatte er wohl meine geheimsten Wünsche erraten, wußte aber sicherlich nicht, was er damit anrichten würde. Er überraschte mich am frühen Morgen mit jener entfernten Verwandten von "Tweety" (siehe S. 52), und von diesem Tag an gab es in unserer Etagenwohnung in Hamburg-Winterhude ein paar laute Töne mehr, an die sich unsere Eltern, meine drei Geschwister und die Nachbarn gewöhnen mußten. Wie ein Besessener lernte ich von anderen Jugendlichen die ersten Akkorde, spielte "Sheila" von Tommy Roe oder "Diana" von Paul Anka, machte bald meine ersten eigenen Lieder und spielte sie immer wieder.

Neue Lieder zu machen, meine Wünsche und Träume herauszusingen (zunächst auf englisch, bald auch auf deutsch), war und blieb mein größter Ansporn, auf der Gitarre immer noch etwas dazuzulernen. Unterricht habe ich nie bekommen, eine musikalische Fachausbildung kann ich nicht vorweisen. Ab 1966 folgten einige wilde, im Vergleich zu härteren Gruppen aber doch eher brave Jahre mit unserer Schülerband "The BeAthovens", später "Harmony in Company". Spätestens bei schwierigeren Auftritten, wie etwa im Vorprogramm der Beach Boys, spürten wir, wie wichtig es ist, sich auf seine Lieder verlassen zu können (mögen sie auch überwiegend von den Beatles, The Who oder den Stones gewesen sein). Songs, von denen man aus vielen Konzerten weiß, daß sie auch bei schlechter Akustik, mit heiserer Stimme und verstimmten Gitarren noch zum Publikum rüberkommen, sind wie Freunde, die einen auch in der Not nicht im Stich lassen.

Die erste eigene LP "Happy To Be Happy", die 1967 von unserer Band erschien und uns die ersten Fernsehauftritte bescherte (z.B. "4-3-2-1 Hot and Sweet"), enthielt viele Lieder von mir, aber noch keinerlei Andeutung auf das Thema Kinder. Zehn Jahre später, auf der erfolgreichen Single "Cindy" von "Peter, Sue & Marc" war es dann soweit. Inzwischen hatten wir zwei Kinder bekommen. Die Geschichte des

Mädchens, das groß wird und das Elternhaus verläßt, war damals ein Blick in die Zukunft, inzwischen haben wir es mit unserer Anuschka selbst erfahren. Zehn Jahre nach den BeAthovens, das hieß auch zehn Jahre nach der Schule. Dazwischen lagen das Studium der Betriebswirtschaft, eine dreijährige Anstellung als Assistent der Geschäftsleitung im Musikverlag Hans Sikorski und danach erste Erfahrungen als Komponist, vor allem aber Textdichter für andere Künstler.

"Guten Morgen, Sonnenschein" war der Auftakt zu einer mehrjährigen Zusammenarbeit mit Nana Mouskouri. Interpreten wie Paola, Demis Roussos, die Pepe Lienhard Band, Juliane Werding, Johanna von Koczian und Harald Juhnke folgten, allerdings nur mit einzelnen Liedertexten. Was blieb, war die erfolgreiche freundschaftliche Zusammenarbeit als Texter und Co-Produzent mit dem Schweizer Trio "Peter, Sue & Marc". Diese Freundschaft bescherte mir u.a. das Abenteuer, in Jerusalem und Dublin das Eurovisionsorchester zu dirigieren. Sue und Marc sangen 1976 für mich die erste Demo-Aufnahme der Vogelhochzeit. Wenn ihre schweizerische Gründlichkeit und Ausdauer, aber auch der hohe Qualitätsanspruch sich auf meine eigene Arbeitsweise übertragen haben mag, dann sicherlich auch die Erfahrung, daß Beständigkeit auf die Dauer mehr zählt als spektakuläre Einzelerfolge.

Meine Freunde - meine Stadt

1976 begann eine lange und bis heute andauernde Freundschaft mit der "Finkwarder Speeldeel", der von Gorch Fock 1906 gegründeten Traditionsgruppe aus Hamburg Finkenwerder. Die Freude im Umgang mit den "Lütten" der "Speeldeel" hat mich sicherlich beflügelt, die Spur zu den Kindern nach der Trennung von Peter, Sue & Marc 1981 intensiver aufzunehmen. Eine weitere Freundschaft, die inzwischen gewachsen war, sollte sich als großes Glück für meine weitere Arbeit herausstellen: John O'Brien-Docker hatte die Arrangements für die Finkwarder Speeldeel geschrieben und brachte ab "Radio Lollipop" seinen einfühlsamen, ideenreichen Stil, gewürzt mit englisch-irischem Humor, in unsere Produktionen ein.

Der Zusammenarbeit mit der Finkwarder Speeldeel sind viele Lieder entsprungen, die mir nicht weniger am Herzen liegen als die Lieder unter dem Namen "Rolf und seine Freunde". Was sich hinter Titeln wie "Snack mol wedder platt", "H-A-M-B-U-R-G" oder "Wenn de Wind dreiht" verbirgt, erfährt man auf den CDs der Gruppe (Polydor) oder aus der Liedersammlung "Dat Leederbook" (Sikorski 1132). So wie mir die Kinder geholfen haben, auch mich selbst besser kennenzulernen, so hat mir die Finkwarder Speeldeel geholfen, meine Heimatstadt und die Menschen von der Waterkant besser kennenzulernen.

Hamburg ist meine Stadt, keine andere würde ich so nennen, auch wenn mir inzwischen viele andere Städte ihre schönsten Seiten gezeigt haben. An der Elbe bin ich geboren, hier war mein Vater Seemann, meine Mutter zunächst Friseurin, dann Zustellerin bei der Post, meine Großeltern Hafenarbeiter (auch Chorleiter) und Gemüsehändler. Der Menschenschlag der Arbeiter, der Handwerker, der kleinen Händler ist mir vertraut, hat meine Kindheit geprägt. Das andere Hamburg, das der internationalen Kaufleute, die mit einem Handschlag Ladungen von Millionenwert verschiffen, ist mir nicht besonders nahegekommen, dennoch fühle ich mich in der hanseatischen Tradition einer Verläßlichkeit, die Vertrauen schafft. Am Ende meines Studiums (mit dem Wahlfach Verkehrsbetriebslehre) spielte ich kurz mit dem Gedanken, in eine der großen Traditionsreedereien einzutreten. Die Musik war stärker, die Schiffe fahren heute unter uns auf der Elbe entlang, ein paar Träume von mir gehören immer noch zu ihrer Ladung.

Die großen Augen, die ich oft sehe, die neugierigen Fragen, die ich höre, wenn ich weit entfernt von der Küste von meiner Stadt erzähle, bestätigen mir, daß der Name Hamburg einen besonderen Klang behalten hat (nicht nur geprägt von Reeperbahn, Hafenstraße und Cats). Ich bin glücklich, nicht die Wucherungen anderer Metropolen zu erleben, und nehme lieber ein wenig hamburgische Provinzialität in Kauf, liebe das viele Grün, das Wasser und die vielen hundert Brücken.
"Das Tor zur Welt" ist ein über Jahrhunderte gewachsener, stolzer Leitspruch unserer Freien und Hansestadt, den wir allerdings längst nicht mehr nur durch die traditionelle Brille sehen dürfen. So viel Weltstadt ist Hamburg allemal, um ein besonders offener Platz zu sein für Menschen unterschiedlicher Herkunft, Sprache, Hautfarbe und Religion. Nur mit ihnen gemeinsam ist Hamburg wirklich "meine Stadt".

Wer ist eigentlich dieses Kerlchen?

Die wunderbare fünfteilige Hörspielreihe ”Kerlchen“ behandelt vielseitig, lustig und spannend die Themen ”Freundschaft“, ”Neid“, ”Angst“, ”Streit“ und ”Glück“. (Sie ist leider nicht mehr lieferbar.) Ich habe dafür 1976 diverse Texte von Alfred Krink vertont, der zuvor unsere noch unveröffentlichte ”Vogelhochzeit“ gehört hatte. Ähnlich wie er, waren auch der Völkerkundler Rolf Italiaander und andere Hörspielautoren auf mich aufmerksam geworden. Meine Vertonungen ihrer Texte sind heute für mich Erinnerungen an die Aufbruchzeit und die Suche nach der eigenen Handschrift. Kerlchen war dabei wohl die wichtigste Episode. Wenn das Klangbild, meine Art zu singen und die Rollenverteilung zwischen mir und den Kindern auch weit von dem entfernt waren, was mir heute richtig erscheint, waren die Lieder doch von Anfang an sehr beliebt und aus dem Repertoire meiner ersten Kindergarten- und Schulkonzerte (ab 1978) nicht wegzudenken. Vor allem ”Eierkuchen ist mein Bestes“ war mein großer ”Hit“ jener Zeit.

Aus den mitsingenden Kindern der allerersten Jahre wie Kirsten und Kathrin Albershardt, Heike Lühmann, Gaby Schroeder, John Reimers und Volkmar Jeroschewitz sind inzwischen erwachsene Leute geworden. Auch meine Frau war bei unseren ersten LPs im Chor immer dabei. Der einzige eigene Text aus der Kerlchen-Serie sei hier stellvertretend abgedruckt. Viele Lieder, die in den Jahren danach folgten, haben mich durch glückliche Stunden, über sonnige Höhen, aber auch durch manches Tal der Nachdenklichkeit und des Zweifels begleitet. Sie haben mich in fröhlichen und schwierigen Situationen nie im Stich gelassen. Rückblickend weiß ich, wie wertvoll die Jahre des Aufbruchs gewesen sind, um solche Lieder wachsen zu lassen, und danke allen, die mir dafür Wege geebnet und Weichen gestellt haben.

Manchmal frag' ich mich, was ist das Glück

Manchmal frag' ich mich, was ist das Glück.
Es gab Tage, da war es ein Stück Schokolade,
ein Glas Limonade, ein bißchen Lakritzen,
ein Eis gegen's Schwitzen,
eine große Banane oder Kuchen mit Sahne
oder auch eine Wurst, rund und dick.
So einfach ist manchmal das Glück.

Manchmal frag' ich mich, was ist das Glück.
Es gab Tage, da war es ein Blick in den Himmel,
ein galoppierender Schimmel,
im Zirkus die Löwen, auf dem Wasser die Möwen,
die Berge im Schnee und ein Boot auf dem See
oder auch nur die Straße zurück,
so einfach ist manchmal das Glück.

Manchmal frag' ich mich, was ist das Glück.
Es gab Tage, da war es ein Trick oder Kniff,
den ich endlich begriff, einmal erster zu sein
und bei Nacht nicht allein,
aus dem Bett aufzustehn und gesund rauszugehn.
Ja, es ist schon ein bißchen verrückt.
So schwierig ist manchmal das Glück.

Musik und Text: Rolf Zuckowski
© 1977 by Edition Allmedia, Hamburg

Noten: SIK 994

FREIE UND HANSESTADT HAMBURG
Allgemeine Volksschule

Grundschule

Meerweinstrasse 26

ZEUGNIS

für **Rolf Zuchowski**

geb. **12.5.1947**   Klasse: **3b**

Allgemeine Haltung: *Rolf ist im Unterricht aufmerksam, aufßnah aber nach aktiven betätigen. Seine Leistungen sind etwas zurückgegangen. Seine schriftlichen Arbeiten zeigte vielleicht er fleißig und sorgfältig.*

Heimat- und Sachkunde   3

Deutsche Sprache
Freies Sprechen   3
Lesen   2 -
Schriftliche Darstellung   3
Rechtschreibung   3

Rechnen
Rechenfertigkeit   3
Sachrechnen   3 -

Musisches Können
Singen und Musizieren   1
Sprechen und Lesen   2 -
Bildnerisches Gestalten   3

Schreiben   3

Werken und Nadelarbeit   2

Religion   4 7
Leibeserziehung   1

Bemerkungen **versetzt :**

Versäumte Tage   52

Hamburg, den **28. März** 195 **7**

Schulleiter: *A. Haus*   Klassenlehrer: *Böttcher*

Gesehen (Erziehungsberechtigter oder gesetzl. Vertreter): *G. Zuckowski*

Abstufung der Zeugnisse:

1 = sehr gut; 2 = gut; 3 = befriedigend; 4 = ausreichend; 5 = mangelhaft; 6 = ungenügend

VS. 1649b (Grundschule Kl. 2 – 4) 80000 10. 55 E 0708

Der erste Auftritt, bei einer Reise (7. Klasse)
in ein Schullandheim im Sauerland. Ich singe
"Muß i denn ...".

Die "BeAthovens" 1967 in Mainz, bei Aufnahmen für die "ZDF -Drehscheibe".

1976 im Hamburger Hafen, bei Aufnahmen für einen Film mit der "Finkwarder Speeldeel".

Cindy

Peter, Sue and Marc

Hörst du das Lied? Ein verlorener Traum.
Damals warst du ein Kind,
du erinnerst dich kaum, oh Cindy.
Denk an die Zeit, an das alte Klavier,
es ist lange verstaubt,
doch es träumt noch von dir, oh Cindy.

Denn es steht in deinem Zimmer,
und deine Puppe sitzt noch immer,
wo du spieltest all die Jahre, Cindy.
Und sie schaut mit traurigen Augen,
so als würd' sie niemals glauben,
daß ihre Zeit mit dir vorüber ist.

Rock 'n' Roll hat deinem Leben
einen neuen Sinn gegeben,
du gehst deine eignen Wege, Cindy.
Und die alten Kinderlieder,
sie erklingen nie mehr wieder,
denn die Kinderträume sind vorbei.

Jahre vergehn, du hast selber ein Kind,
das so aussieht wie du,
doch die Zeit, sie verrinnt, oh Cindy.
Sieh es dir an, und dann weißt du genau,
aus dem Mädchen vor dir
wird bald eine Frau, oh Cindy.

Dann stehst du in ihrem Zimmer,
und ihre Puppe sitzt noch immer,
wo sie spielte all die Jahre, Cindy.
Und du schaust mit traurigen Augen,
so als wirst du niemals glauben,
daß deine Zeit mit ihr vorüber ist.

Rock 'n' Roll hat deinem Leben
einen neuen Sinn gegeben,
du gehst deine eignen Wege, Cindy.
Und die alten Kinderlieder,
sie erklingen nie mehr wieder,
denn die Kinderträume sind vorbei.

Musik und Text: Peter Reber und Rolf Zuckowski
© by Edition Taurus, Hamburg

Es war wohl so etwas wie eine Vorahnung: Als ich dieses Lied für das Schweizer Trio "Peter, Sue & Marc" textete, war unsere Anuschka gerade 5 Jahre alt. Die Frage, was einmal aus den Kindern (und Eltern) wird, wenn die gemeinsame Zeit zu Ende geht, hat mich schon damals offensichtlich sehr bewegt. Heute wissen meine Frau und ich, daß der Abschied von den Kindern für uns eine Mischung ist aus Wehmut und Erleichterung. Das berühmte Wort vom "Loslassen-Können" schwirrt immer noch durch unsere Köpfe, und das Lied "Cindy" hat für uns einen ganz besonderen Klang. Der Refrain wurde übrigens für eine spätere Aufnahme mit Nana Mouskouri ein wenig abgeändert: "Etwas ist mit dir geschehen, was die Puppen nie verstehen, du gehst deine eignen Wege, Cindy". In diesen Worten steckt mehr Lebensweisheit als in der ursprünglichen Fassung. Danke, Nana!

R olfs Vogelhochzeit
1977

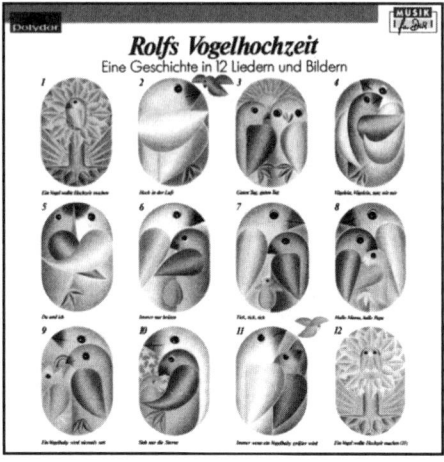

Mit Rale Oberpichler als Vogelmama, Peter Schaper als Vogelpapa, Katrin Albershardt als Vogelbaby, Max Schweigmann als Sprecher, Rolf Zuckowski als Erzähler und vielen Kindern.

Titel:

- Ein Vogel wollte Hochzeit machen
- Hoch in der Luft
- Guten Tag, guten Tag
- Vögelein, Vögelein, tanz mit mir
- Du und ich
- Immer nur brüten
- Tick, tick, tick
- Hallo Mama, hallo Papa
- Ein Vogelbaby wird niemals satt
- Sieh nur, die Sterne
- Immer wenn ein Vogelbaby größer wird
- Ein Vogel wollte Hochzeit machen II

Mussorgskys 'Bilder einer Ausstellung' sind nicht mein Vorbild gewesen, aber vertonte Bilder sind die Lieder meiner Vogelhochzeit schon. Mein Freund Peter Meetz, der Schlagzeuger unserer ersten Band 'The Beathovens', hat den Bilderzyklus als Abschlußarbeit seiner Grafikerausbildung gemalt. Aus spontaner Begeisterung für seine Bilder habe ich begonnen, Lieder zu den 12 Episoden aus dem Leben einer Vogelfamilie zu schreiben. Unsere Tochter Anuschka war gerade drei Jahre alt geworden, meine Frau mit unserem zweiten Kind schwanger. Viel von der Stimmung, in der wir damals lebten, ist in die Geschichte eingeflossen, die heute so oft und gerne von Kindern gespielt und von Eltern nachempfunden wird. Die Mehrzahl der Lieder ist in Keitum auf Sylt entstanden. Eine für unsere Familie unvergeßliche Zeit mit einer Ruhe, nach der wir uns später oft zurückgesehnt haben.

Für mich ist die Vogelhochzeit heute noch das Herzstück meiner Arbeit für Kinder und Eltern. Die Liedergeschichte spannt den Bogen vom ersten Verliebtsein der Eltern bis zum Loslassen des Kindes. Der Kreis schließt sich mit der Suche des groß gewordenen Kindes nach einem Lebenspartner.

Die Tonaufnahmen entstanden weitgehend im Privathaus von Otto Waalkes. Er hatte dort im Wohnzimmer das Mischpult und das Tonbandgerät stehen, gesungen wurde im Schlafzimmer. Mit Otto verbinden mich seitdem einige gemeinsame Erlebnisse und Produktionen in seinem später gebauten 'Rüssel Tonstudio'.

Es war übrigens nicht leicht, eine Schallplattenfirma für die Veröffentlichung unserer Liedergeschichte zu interessieren. "Nicht besonders erfolgversprechend, aber gut für unser Image" hieß die Beurteilung der Leute bei der phonogram, die sich dann doch aufrafften, es zu wagen. Sie haben es nie bereut. Auch das Fernsehen war erst nach mehrfachen Anläufen bereit, die Lieder in Szene zu setzen. Dabei waren die vielen Laienaufführungen, die mir per Foto oder Video zugesandt wurden, voller wertvoller Anregungen. Seit 1989 ist die Vogelhochzeit ein vom Publikum immer wieder gewünschter Dauerbrenner des ZDF.

Ein Vogel wollte Hochzeit machen

Ein Vogel wollte Hochzeit machen,
kennt ihr die Geschichte?

Fidirallalla, Fidirallalla, Fidiralla lalla la!

Dann singt doch mit und hört euch an,
wovon ich nun berichte!

Fidirallalla ...

Ob groß, ob klein, auf dieser Welt
ist niemand gern alleine.

Fidirallalla ...

Was macht ein Vogel, der allein ist,
wißt ihr, was ich meine?

Fidirallalla ...

Er sucht sich einen Platz im Baum
und singt die schönsten Lieder.

Fidirallalla ...

Und wenn er Glück hat, setzt sich bald
ein Weibchen zu ihm nieder.

Fidirallalla ...

Musik: Trad. Bearbeitung und Text: Rolf Zuckowski
© by MUSIK FÜR DICH Rolf Zuckowski OHG, Hamburg

Illustr. Buch: Rolfs Vogelhochzeit (Ravensburger Buchverlag)
Noten: SIK 975, SIK 994

Hoch in der Luft

Hoch in der Luft
fliegt ein kleines Vöglein,
so wunderschön
und herrlich anzusehn.

Hoch in der Luft
fliegt es schon seit Tagen,
leer ist sein Bauch,
und müde ist es auch.

Plötzlich klingt in seinem Ohr
ein schönes Lied, wie nie zuvor,
auf dem Baum im Sonnenschein
da singt ein Vogel ganz allein.

Hoch in der Luft
freut sich da das Vöglein,
und es sagt sich:
Das wär' ein Mann für mich!

Musik und Text: Rolf Zuckowski
© by MUSIK FÜR DICH Rolf Zuckowski OHG, Hamburg

Illustr. Buch: Rolfs Vogelhochzeit (Ravensburger Buchverlag)
Noten: SIK 975

Guten Tag, guten Tag

Guten Tag, guten Tag,
ist es schlimm, wenn ich frag',
ob der Platz neben dir für mich frei ist?
Guten Tag, guten Tag,
ist es schlimm, wenn ich sag':
Setz dich hin, weil doch gar nichts dabei ist!

Guten Tag, guten Tag,
ist es schlimm, wenn ich frag',
ob dein Lied nur für mich ganz allein war?
Guten Tag, guten Tag,
ist es schlimm, wenn ich sag':
Nur für dich war mein Lied, auch wenn's klein war.

So ein Baum, der ist 'ne Wucht,
wenn man sich ein Plätzchen sucht,
und noch viel schöner kann es sein,
auf einem Baum zu zwei'n.

So ein Baum, der ist 'ne Wucht ...

Guten Tag, guten Tag,
ist es schlimm, wenn ich frag',
ob auch du in der Nacht manchmal Angst hast?
Guten Tag, guten Tag,
ist es schlimm, wenn ich sag':
Ich bin der, der ab heut' auf dich aufpaßt.

Guten Tag, guten Tag,
ist es schlimm, wenn ich frag',
ob du einmal für mich noch dein Lied singst?
Guten Tag, guten Tag,
ist es schlimm, wenn ich sag':
Noch mehr Spaß bringt es mir, wenn du mitsingst!

So ein Baum, der ist 'ne Wucht ...

Ja so ein Baum, der ist 'ne Wucht ...

Musik und Text: Rolf Zuckowski
© by MUSIK FÜR DICH Rolf Zuckowski OHG, Hamburg

Illustr. Buch: Rolfs Vogelhochzeit (Ravensburger Buchverlag)
Noten: SIK 975, SIK 994

Vögelein, Vögelein, tanz mit mir

Vögelein, Vögelein, tanz mit mir,
immer noch einmal im Kreis.
Vögelein, Vögelein, glaube mir:
bald ist uns beiden ganz heiß!

Lalala, lalala, la-la-la!
Lalala, lalala, la!
Lalala, lalala, la-la-la!
Lalala, lalala, la!

Vögelein, Vögelein, tanz mit mir,
immer noch einmal herum.
Vögelein, Vögelein, glaube mir:
Irgendwann fallen wir um!

Lalala, lalala, la la la ...

Vögelein, Vögelein, tanz mit mir,
immer noch einmal ums Licht.
Vögelein, Vögelein, glaube mir:

Heute nacht schlafen wir nicht!

Lalala, lalala, la-la-la ...

Musik und Text: Rolf Zuckowski
© by MUSIK FÜR DICH Rolf Zuckowski OHG, Hamburg

Illustr. Buch: Rolfs Vogelhochzeit (Ravensburger Buchverlag)
Noten: SIK 975, SIK 994, SIK 1287

u und ich

Du und ich, wir zwei im Glück,
sind so verliebt und so verrückt!
Ich und du, wir singen laut,
auch wenn ein jeder nach uns schaut!

Du und ich, wir schau'n uns an,
wie Vogelfrau und Vogelmann.
Ich und du, noch sind wir zwei,
doch wart's nur ab, bald sind wir drei!

Hat man sich lieb, so wie wir zwei,
dann legst du bald ein kleines Ei
(oder zwei).

Du und ich sind dieses Jahr
Vogelmama, Vogelpapa.
Ich und du im Sonnenschein,
wir bau'n ein Nest für uns allein.

Und wenn du willst, dann bringe ich
den schönsten Regenwurm für dich!

Du und ich, wir zwei im Glück ...

Musik und Text: Rolf Zuckowski
© by MUSIK FÜR DICH Rolf Zuckowski OHG, Hamburg

Illustr. Buch: Rolfs Vogelhochzeit (Ravensburger Buchverlag)
Noten: SIK 975, SIK 994

Immer nur brüten

Immer nur brüten, brüten, brüten,
das Ei behüten, -hüten, -hüten.
Wer hält das aus?
Ich möchte hier raus!

Doch ich muß brüten, brüten, brüten,
das Ei behüten, -hüten, -hüten.
Bald kommt die Zeit,
dann ist es soweit.

Dann kann ich endlich wieder fliegen,
dann wird im Nest mein Baby liegen.
Ich werd' ihm viel zu essen bringen
und ihm die schönsten Lieder singen.
La la la la, la la la la la.
La la la la, la la la la la.

Bis dann muß ich brüten, brüten, brüten,
das Ei behüten, -hüten, -hüten.
Ich seh' es ein,
es muß wohl so sein.

Einer muß brüten, brüten, brüten,
das Ei behüten, -hüten, -hüten.

Ist es auch dumm,
die Zeit geht schon rum.

Dann kann ich endlich wieder fliegen ...

Musik und Text: Rolf Zuckowski
© by MUSIK FÜR DICH Rolf Zuckowski OHG, Hamburg

Illustr. Buch: Rolfs Vogelhochzeit (Ravensburger Buchverlag)
Noten: SIK 975, SIK 994

ick, tick, tick

Tick, tick, tick –
tick, tick, tick,
was klopft denn da im Ei?
Ein Vogelbaby, zart und klein,
will frei sein, eins, zwei, drei!

Tick, tick, tick –
tick, tick, tick,
ich will hier endlich raus!
Hier drinnen ist es viel zu eng,
ich halt' es nicht mehr aus!

Im Ei, da ist es warm und schön,
doch leider kann man gar nichts sehn.
Im Ei, da ist es warm und schön,
doch leider kann man gar nichts sehn.

Tick, tick, tick –
tick, tick, tick,
ich glaub', es ist soweit,
ich muß jetzt endlich an die Luft,
es ist doch höchste Zeit!

Tick, tick, tick –
tick, tick, tick,
ich pick' das Ei entzwei,
mein Schnabel macht ein großes Loch,
und schwupps, schon bin ich frei!

Im Ei, da ist es warm und schön ...

Tick, tick, tick –
tick, tick, tick,
ich pick' das Ei entzwei,
mein Schnabel macht ein großes Loch,
und schwupps, schon bin ich frei!

Musik und Text: Rolf Zuckowski
© by MUSIK FÜR DICH Rolf Zuckowski OHG, Hamburg

Illustr. Buch: Rolfs Vogelhochzeit (Ravensburger Buchverlag)
Noten: SIK 975, SIK 994

Hallo Mama, hallo Papa

Hallo Mama! Hallo Papa!
Die Zeit ist um, und ich bin da.
Hallo Mama! Hallo Papa!
Wie geht es euch, ist alles klar?

Hallo Mama! Hallo Papa!
Was schaut ihr mich so komisch an?
Hallo Mama! Hallo Papa!
Ich bin schon bald ein großer Mann!

Die Zeit im Ei, die ist nun vorbei,
und ich sing' so laut ich kann: Juchhei!

Hallo Mama! Hallo Papa!
Wie sieht das Nest gemütlich aus!
Hallo Mama! Hallo Papa!
Doch paßt gut auf, sonst fall' ich raus!

Hallo Mama! Hallo Papa!
Nun fang' ich bald zu fliegen an.
Hallo Mama! Hallo Papa!
Ihr werdet sehn, was ich schon kann!

Die ganze Zeit hab' ich mich gefreut,
ja, und endlich ist es nun soweit!

Hallo Mama! Hallo Papa!
Nun fang' ich bald zu fliegen an.
Hallo Mama! Hallo Papa!
Ihr werdet sehn, was ich schon kann!

Musik und Text: Rolf Zuckowski
© by MUSIK FÜR DICH Rolf Zuckowski OHG, Hamburg

Illustr. Buch: Rolfs Vogelhochzeit (Ravensburger Buchverlag)
Noten: SIK 975, SIK 994

Ein Vogelbaby wird niemals satt

Ein Vogelbaby wird niemals satt,
weil es immer, immer, immer Hunger hat.
Ein Vogelbaby, das macht sich ran,
und es macht den Schnabel auf,
ja, es macht den Schnabel auf,
ja, es macht den Schnabel auf,
so oft es kann.

Ein Vogelbaby frißt wie ein Bär
und will immer, immer, immer noch viel mehr.
Ein Vogelbaby ist gar nicht dumm,
und es hüpft den ganzen Tag,
ja, es hüpft den ganzen Tag,
ja, es hüpft den ganzen Tag
im Nest herum.

Ein Vogelbaby, das singt und piept,
bis es immer, immer, immer noch was gibt.
Ein Vogelbaby gibt keine Ruh,
und es macht nur, wenn es schläft,
ja, es macht nur, wenn es schläft,
ja, es macht nur, wenn es schläft,
den Schnabel zu.

Musik und Text: Rolf Zuckowski
© by MUSIK FÜR DICH Rolf Zuckowski OHG, Hamburg

Illustr. Buch: Rolfs Vogelhochzeit (Ravensburger Buchverlag)
Noten: SIK 975, SIK 994

ieh nur, die Sterne

Sieh nur, die Sterne, der Tag schläft schon ein,
und deine Augen sind müde und klein.
Schlaf, bis der Morgen die Träume verweht,
schlaf, bis am Himmel die Sonne aufgeht.

Sieh nur, die Sterne, sie leuchten so hell.
Sieh nur, die Wolken, sie fliegen so schnell.
Hör wie der Wind seine Lieder dir singt.
Schlaf, schlafe gut, bis der Morgen beginnt.

Sieh nur, die Sterne, so klein und so weit,
sie stehen still, doch so schnell geht die Zeit.
Bald bist du groß und kannst alles allein,
aber bis dann schläfst du hier bei mir ein.

Musik und Text: Rolf Zuckowski
© by MUSIK FÜR DICH Rolf Zuckowski OHG, Hamburg

Illustr. Buch: Rolfs Vogelhochzeit (Ravensburger Buchverlag)
Noten: SIK 975, SIK 994, SIK 1287

Immer wenn ein Vogelbaby größer wird

Immer wenn ein Vogelbaby größer wird,
will es sich im Winde wiegen.
Immer wenn ein Vogelbaby größer wird,
will es zu den Wolken fliegen.
La la la ...

Immer wenn ein Vogelbaby größer wird,
muß es eine Menge lernen.
Immer wenn ein Vogelbaby größer wird,
träumt es von den gold'nen Sternen.
La la la ...

Immer wenn ein Vogelbaby größer wird,
stellt es sich auf seine Beine.
Immer wenn ein Vogelbaby größer wird,
fliegt es in die Welt alleine.
La la la ...

Musik und Text: Rolf Zuckowski
© by MUSIK FÜR DICH Rolf Zuckowski OHG, Hamburg

Illustr. Buch: Rolfs Vogelhochzeit (Ravensburger Buchverlag)
Noten: SIK 975, SIK 994

Ein Vogel wollte Hochzeit machen II

Ein Vogel wollte Hochzeit machen,
das war die Geschichte.
Fidirallalla, Fidirallalla,
Fidiralla-lalla-la!

Und fragt ihr mich, was nun geschieht,
hört zu, was ich berichte!
Fidirallalla...

Ob groß, ob klein, auf dieser Welt
ist niemand gern alleine.
Fidirallalla ...

Was macht ein Vogel, der allein ist,
wißt ihr, was ich meine?
Fidirallalla ...

Er sucht sich einen Platz im Baum
und singt die schönsten Lieder.
Fidirallalla ...

Und wenn er Glück hat, setzt sich bald
ein Weibchen zu ihm nieder.
Fidirallalla ...

Musik: Trad.   Bearbeitung und Text: Rolf Zuckowski
© by MUSIK FÜR DICH Rolf Zuckowski OHG, Hamburg

Illustr. Buch: Rolfs Vogelhochzeit (Ravensburger Buchverlag)
Noten: SIK 975, SIK 994

Eine quicklebendige Vogelhochzeit gab es 1990 beim Hessentag in Fulda, mit vielen tausend Kindern und Eltern.

"Immer nur brüten, brüten, brüten ...": 1990 wurde an der Deutschen Schule im griechischen Thessaloniki die Vogelhochzeit so aufgeführt.

Verleihung der Goldenen Schallplatte für die Vogelhochzeit, mit der kompletten Vogelfamilie (von links): Vogelpapa Peter Schaper, Vogelmama Rale Oberpichler und Vogelbaby Kathrin Albershardt. Neben mir steht Peter Meetz, der Erfinder und Maler unserer Vogelgeschichte.

Rolfs Schulweg-Hitparade 1979

Titelauswahl:
• Das Lied vom Ball
• Links und rechts

Es begann mit Anuschka an der Hand. Unsere Tochter war gerade vier Jahre alt, als wir bei den ersten gemeinsamen Wegen durch den Hamburger Straßenverkehr merkten, daß aus der Sicht der Kinder manches ganz anders aussieht. Dazu muß man nur einmal am Fahrbahnrand in die Hocke gehen. Unter dem Eindruck dieser neuen Erfahrungen entstanden die ersten Verkehrslieder. Die Kinder im Kinderhaus Iserbrook-Sülldorf, Anuschkas Kindergarten, sangen begeistert mit. So wurde aus unseren ersten Liedern bald eine Hitparade – nicht nur für zukünftige Schulkinder. Ein Fachmann sorgte dafür, daß die Texte auch in Fachkreisen bestehen konnten: Ekkehard Eichberg, Polizeiverkehrslehrer in Hamburg-Blankenese. Daß eine Straße nicht dasselbe ist wie eine Fahrbahn und viele andere sprachliche Feinheiten hat er mir beigebracht und damit wesentlich zum Erfolg der Schulweg-Hitparade beigetragen.

Es war übrigens schwerer als erwartet, eine Schallplattenfirma für diese Liedersammlung zu interessieren, auch wenn ich später aus Journalistenmund oft das Schlagwort von der "Marktlücke" hörte. Bei der phonogram, wo die "Vogelhochzeit" inzwischen recht erfolgreich war, riet man mir, nach einer Unterbringung der Schulweg-Hitparade im Fernsehen wieder anzufragen. Bei der Polydor hielt man die Lieder für "reichlich pädagogisch", wollte es aber riskieren, wenn ich 50% der Produktionskosten beisteuern würde (was für mich untragbar war). Nachdem ich auf der Suche nach Verbündeten die Aktion "Ein Herz für Kinder" gewonnen hatte, sah man die Sache bei der Polydor plötzlich ganz positiv. Nie werde ich den Abend in der Kantine des NDR-Fernsehens vergessen, wo ich kurz vor der "Aktuellen Schaubude" Peter Bartels von der BILD-Zeitung unangemeldet meine Lieder zur Gitarre vorsang. Seine Begeisterung war ehrlich, und "Ich hab' mich verlaufen" hat nicht nur ihn angerührt. 1992, nach vielen hundert Livekonzerten mit den Schulwegliedern, habe ich mich entschlossen, die ganze Schulweg-Hit-parade noch einmal zu produzieren. Musikalisch und inhaltlich aktuali-siert, ergänzt durch neue Lieder zu bisher fehlenden Themen, wurde die "Neue Schulweg-Hitparade" abermals vom erwachsenen Publikum und den Medien mit großem Interesse und von den Kindern mit Begeiste-rung aufgenommen.

Zwei Lieder fehlen in der Neuauflage von 1992. Ich habe sie mir für eine angedachte "Kindergarten-Hitparade" aufgehoben. Nur diese bei-den Texte sind im folgenden abgedruckt. Alle anderen erscheinen in der aktualisierten Form unter dem Obertitel "Rolfs neue Schulweg-Hitpara-de".

Die "Freunde" waren im wesentlichen dieselben wie bei der "Vogel-hochzeit", inklusive meiner Frau. Unsere Anuschka sang mit acht Jahren ihr erstes Sololied: "Ich hab' mich verlaufen". Wir haben es als einziges unverändert dreizehn Jahre später in die "Neue Schulweg-Hitparade" übernommen. Es gibt seitdem kaum ein Album, auf dem Anuschka nicht "ihr Lied" gesungen hätte.

Das Lied vom Ball

Rollt dein Ball auf die Fahrbahn, laß ihn laufen!
Einen Ball kann man immer wieder kaufen.
Bleib erst stehn und sieh dich um,
wer gleich losrennt, der ist dumm,
viel zu leicht fährt dich ein Auto übern Haufen!

Beim Fußballspielen kommt's drauf an,
daß man am besten schießen kann,
wenn du gut zielst, dann trifft der Ball auf jeden Fall.
Doch wenn man Pech hat, kommt es vor,
dann fliegt der Ball vorbei am Tor,
du willst ihn holen, na, und ob,
doch ich sag': "Stop!"

Rollt dein Ball auf die Fahrbahn, laß ihn laufen ...

Ich weiß nicht, wer das Spiel erfand,
es wird Geschichtenball genannt,
und bis der Ball herunterfällt, wird viel erzählt.
Doch dann passiert es irgendwann,
daß man den Ball nicht halten kann,
du willst ihn holen, na, und ob,
doch ich sag': "Stop!"

Rollt dein Ball auf die Fahrbahn, laß ihn laufen ...

Musik und Text: Rolf Zuckowski
© by MUSIK FÜR DICH Rolf Zuckowski OHG, Hamburg

Noten: SIK 994

Links und rechts

Als ich vier Jahre alt geworden bin,
da sagte meine Mutter: "Liebes Kind,
in deiner linken Tasche, da hab' ich was versteckt,
und du hast es immer noch nicht entdeckt!"

Ich griff sofort hinein mit einer Hand,
nun ratet mal, was ich wohl darin fand?
Nur einen leeren Zettel, und plötzlich war mir klar,
daß es wohl die rechte Tasche war.

Wer rechts und links nicht unterscheiden kann,
das ist ein armer Mann, das ist ein armer Mann!
Wer links und rechts nicht unterscheiden kann,
für den fang' ich nochmal von vorne an:

Ich hebe links meine Hand, rechts meine Hand,
und ich klatsch' so laut ich kann.
Links einen Blick, rechts einen Blick,
dafür braucht man keinen Zaubertrick.

Das Spielchen war bei uns bald sehr beliebt,
und ich hab' sogar heimlich noch geübt.
Dann ging es immer schneller und besser mit der Zeit,
und heut' ist es für mich 'ne Kleinigkeit.

Darum ist es für mich auch kein Problem,
mal ganz allein am Fahrbahnrand zu stehn,
nach links und rechts zu schauen, und noch einmal nach links,
und erst wenn alles frei ist loszugehn.

Wer links und rechts nicht unterscheiden kann ...

Musik und Text: Rolf Zuckowski   © by MUSIK FÜR DICH Rolf Zuckowski OHG, Hamburg

Noten: SIK 994

So sah es bei den allerersten Minikonzerten aus. Hier, 1979, im Kinderhaus Iserbrook-Süll-dorf, wo es für mich in Sachen Kindermusik begonnen hat. Ganz rechts der damals fünf Jahre alte Julian ("... und ganz doll mich"). Ich spiele übrigens auf meiner noch nagelneuen Original-Tweety.

adio Lollipop
1981

Mit Anuschka, Bianca, Gabi, Heike, Imka, Iris, Niels, Jonny, Katrin, Martina, Olaf, Stefanie und Torsten.

Titel:

- Papi, wach auf
- Tweety
- Schulbus
- Die Lollipop-Melodie 1, 2 und 3
- Das Brummi-Lied
- Unsre Schule hat keine Segel
- Du da im Radio
- Stups, der kleine Osterhase
- Wenn ich krank bin
- Wie schön, daß du geboren bist
- Der Morgenmuffel
- Es macht Spaß
- Die Büchermaus

Der Name "Radio Lollipop" lag seit dem Überraschungserfolg des Liedes "Du da im Radio" in der Luft. Einen Sender, bei dem Kinder nicht nur am Rande mitlaufen, gab und gibt es leider nicht. Wir haben ihn erfunden, zumindest für die Kassette. Der Name sollte deutlich machen, daß wir vor allem Spaß mit Musik machen wollten. Dabei wurden typische Radioformen wie z.B. das für Erwachsene ach so wichtige Verkehrsstudio auf die Schippe genommen. Unvergeßlich ist uns der Versprecher von Frank Elstner, der mich 1982 in "Wetten daß ..." als den "Erfinder von Radio Lollipup" vorstellte.

Mitgewirkt haben die "alten Recken" der "Vogelhochzeit" und der "Schulweg-Hitparade": Anuschka, Gabi, Kathrin und Heike. Neu dazugekommen sind Bianca und Niels Peters, der durch seine herzerfrischende Art zu singen vor allem mit "Du da im Radio" (auch später mit "Theo") Kinder und Erwachsene begeisterte. Weitere langjährige Mitsänger haben wir uns damals (wie auch danach öfters) von der "Lütt Finkwarder Speeldeel" ausgeliehen: Christina, Martina, Imka, Iris, Olaf und John Reimers. Aus der Familie und dem Freundeskreis stießen Stefanie und Torsten dazu.

"Radio Lollipop" war die erste LP, die John O'Brien-Docker für uns arrangierte. Johns einfühlsame und humorige Art wurde zu einem Markenzeichen unserer Aufnahmen. Wenn auch Erwachsene unsere Lieder immer wieder anhören mögen, haben wir das nicht zuletzt John zu verdanken, der aus England nach Hamburg gekommen war und hier mit der Folk-Gruppe "The City Preachers" große Erfolge feierte.

Ein markantes Beispiel für Johns liebevoll eigenwilligen Stil ist unsere Bearbeitung des beliebtesten deutschen Kinderliedes "Alle meine Entchen". Wir haben daraus das "Mittagskonzert" von Radio Lollipop gemacht. Den Text drucken wir aus guten Gründen hier nicht ab, wohl aber ein paar Gedanken über diese Musikspielerei.

Dem Mittagskonzert liegt eine Erinnerung aus meiner eigenen Kindheit zugrunde: Es gab für mich kaum etwas Langweiligeres als das Mittagskonzert auf NDR I, das meine Großeltern so liebten. Mein Verständnis für die großen Stimmen und die großen Orchester hielt sich in sehr engen Grenzen. Inzwischen bin ich dieser Dimension der Musik sehr viel nähergekommen (nicht zuletzt durch meine Klassik-CD-Serie "Das große Abenteuer Musik"). Dennoch liebe ich die Erinnerung an Rita Dando und Atze Larando, die in unserem Mittagskonzert von 1981 bewiesen haben, daß auch die Allerkleinsten ganz groß herauskommen können, wenn sie ein großes Orchester im Rücken und ein Publikum mit dem etwas anderen Musikverständnis vor sich haben. Übriggeblieben ist von meiner Traumrolle als Rita Dando nur das verstohlene, kleinlaute "Guten Abend" (im "Mittagskonzert"!), an dessen Klang meine Familie heute noch zu jeder Tageszeit meine Laune messen kann.

Papi, wach auf

Papi, wach auf! Papi, wach auf!
Beweg die müden Glieder,
komm aus den Federn raus.
Papi, wach auf!
Papi, wach auf! Papi, wach auf!
Mit deinen kleinen Augen
siehst du so niedlich aus. Papi, wach auf!

Wenn unser Papi aufstehn soll,
das müßtet ihr mal sehn!
Erst braucht er zehn Minuten,
um sich nochmal umzudrehn.
Dann gähnt er wie ein Löwe,
daß das ganze Haus erbebt,
und zieht die Decke nochmal hoch,
bevor er sich erhebt.

Linkes Bein, rechtes Bein,
muß das wirklich sein?

Papi, wach auf! Papi, wach auf ...

Am Abend wird er munter
und kann richtig lustig sein.
Nur ab und zu schläft er
in seinem Fernsehsessel ein.
Doch immer wenn Besuch kommt,
ja, dann flippt er völlig aus,
und dann am nächsten Morgen
kommt er wieder mal nicht raus.

Linkes Bein, rechtes Bein,
muß das wirklich sein?

Papi, wach auf! Papi, wach auf ...

Musik und Text: Rolf Zuckowski
© by MUSIK FÜR DICH Rolf Zuckowski OHG, Hamburg

Illustr. Buch: 1130
Noten: SIK 994, SIK 1138

Nur zur Klarstellung: Dieser Papi bin ich. Jeder, der sich mit angesprochen fühlt, ist mir symphatisch, kann aber keinerlei persönliche Rechte an diesem Lied beanspruchen. Es soll nicht wenige Väter geben, die vergeblich versuchten, den Titel durch Löschen von der Kassette aus der Welt zu schaffen. Vergebliche Liebesmüh, denn die Kinder (und Mütter) können das Lied blitzartig auswendig. Der einzige Trost bleibt die auf meinen Tourneen erforschte Gewißheit, daß der Titel jederzeit in "Mami, wach auf" umgetextet werden kann. Er trifft nämlich nach meinen Erhebungen (Kinder sagen immer die Wahrheit) auf mindestens 30% aller Mütter genauso zu.

Tweety

Manchmal bilde ich mir ein,
meine Gitarre könnte reden
und sie würde mir erzählen,
ob sie irgendwas vermißt.
Mancher wird sie nicht verstehen,
denn sie redet nicht mit jedem;
doch ich kann ja mal versuchen,
ob sie heut' in Stimmung ist.

Tweety, wie geht's dir denn heut'?
"Schrummel nicht so auf mir rum!"
Oh, das tut mir leid.
"Ach das find' ich wirklich dumm!"
Tweety, sag, bist du krank?
"Na, dann tausch doch mal mit mir!"
Oh nein, vielen Dank!

Tweety, tweedelee Tweety,
eine Gitarre ist wie ein Freund.
Tweety, tweedelee Tweety,
sie fühlt genau, ob man lacht oder weint.

Tweety, wie findest du das?
"Ach, wenn du so an mir zupfst?"
Macht dir das keinen Spaß?
"Wenn du mir die Haare zupfst?"
Tweety, sei doch mal lieb!
"Au, du tust mir weh!"
Ach ich glaub', bei dir piept's!

Tweety, tweedelee Tweety ...

Tweety, jetzt legen wir los!
"Wird auch allmählich Zeit!"

Doch was spielen wir bloß?
"Weiß nicht, tut mir leid."
Hast du nicht 'ne Idee?
"Spiel doch mal Rock 'n' Roll!"
Ja, das find' ich o.k.

Tweety, tweedelee Tweety ...

Tweety, tweedelee Tweety ...

"Och, Mann..."
Tweety, was hast du denn nun?
"Ich bin traurig."
Kann ich nichts dabei tun?
"Weiß ich auch nicht."
Sag mir doch mal den Grund!
"Weil das Lied zu Ende ist."
Na, dann geht's noch mal rund.

Tweety, tweedelee Tweety ...

Musik und Text: Rolf Zuckowski
© by MUSIK FÜR DICH Rolf Zuckowski OHG, Hamburg

Noten: SIK 994

Wer kommt schon darauf, daß eine Gitarre reden kann? Mein Sohn Alexander war es, der mich darauf gebracht hat. Eine Schulklasse in Tostedt hatte sich während eines meiner Schulkonzerte gewundert, daß meine Gitarre keinen Namen hat. Die Kinder schlugen mir dann in einem Brief vor, meine ständige Begleiterin "Tweety" zu nennen. Ich wußte damals nichts von der gleichnamigen Zeichentrickfigur und sagte spontan: "Also gut!" Nun hatte meine Gitarre also einen Namen. "Dann solltest du sie auch zum Reden bringen!" war die erste Bemerkung von Alexander. In drei Liedern hat sie seitdem gesagt, was ihr auf der Seele liegt: "Tweety", "Ein Lied für Tweety" sowie "Zwei Gitarren und ein Mann". Jedesmal bestätigen mir vor allem die kleineren Kinder aus dem Publikum meiner Konzerte, daß es nicht die schlechteste Idee war, Tweety zum Reden zu bringen. Mir wird dabei jedes Mal aufs neue klar, daß eine Gitarre eben doch viel mehr ist als nur ein Stück Holz.

Schulbus

Anstelle des Liedtextes, der in Verbindung mit der "Neuen Schulweg-Hitparade" genannt wird, hier nur ein paar Gedanken zum Thema.

Als dieses Lied entstand, hatten unsere eigenen Kinder einen 10-Minuten-Fußweg zur Schule. Die (wievielte?) Reform des Schulwesens ließ vor allem in Niedersachsen große, fast unüberschaubare Schulzentren entstehen, von denen mich einige, etwa in Buxtehude und Tostedt, mehrfach als "Begrüßungssänger" der neuen fünften Klassen zum Schulanfang einluden. Die Kinder mußten sich von der vertrauten Grundschule auf eine große, zunächst befremdende Orientierungsstufe umstellen. Das hatte auch die tägliche Benutzung des Schulbusses zur Folge (nicht selten mit überfüllten, fast schrottreifen Auslaufmodellen). Was die Kinder mir davon berichteten, floß in dieses Lied ein. Ich änderte 1992 für die "Neue Schulweg-Hitparade" den Refrain. Die Zeile "... und fahr' mit dir so schnell ich kann nach Haus" machte mich angesichts des Geschwindigkeitswahnsinns auf unseren Landstraßen und Autobahnen auf die Dauer nicht glücklich.

Nun heißt es dort "... und freu' mich schon auf meine Fahrt nach Haus". Die Gelegenheit der Neuaufnahme nutzte ich, um einen launigen "Bahubap-Gesang" zur Nachahmung durch den Busfahrer beizumischen.

Die Lollipop-Melodie

1) Papi, nimm doch mal das Brett vom Kopp,
schalt um auf Radio Lollipop!
Lollipop! This is Radio Lollipop.

2) Mami, mach mal bei der Arbeit stopp,
schalt um auf Radio Lollipop!
Lollipop! This is Radio Lollipop.

3) Radio Lollipop sagt danke schön,
bis Morgen früh, auf Wiedersehn!
Wiedersehn!

Musik und Text: Rolf Zuckowski
© by MUSIK FÜR DICH Rolf Zuckowski OHG, Hamburg

Noten: SIK 994

Mein Traum von einem "Piratensender für Kinder" ist noch lange nicht ausgeträumt. Die Radiolandschaft hat sich radikal verändert. Mehr gute Programme für Kinder und Eltern sind dabei nicht herausgekommen. Kinder werden in öffentlich-rechtlichen Minderheitenprogrammen oder zu extremen Tagesrandzeiten angesprochen (aber nur bedingt erreicht), oder sie werden in Mehrheitsprogrammen mit den aktuellen Pop-Hits bedient, als gäbe es nicht eine große Vielfalt von Themen, die interessant genug wären, in der Muttersprache und in einem für Kinder zugänglichen Musikgewand besungen zu werden. Ich selber bin ein Kind der Beat- und Rockmusik, aber Kinder und junge Eltern nur damit zu überfluten, scheint mir eine schlimme Fehlentwicklung unserer Zeit zu sein. Kinderbelange werden leider nicht wichtig genug genommen, um sie auch einem breiten Publikum zumuten zu können. Dabei geht es oftmals im gleichen Maße auch um die Belange und das Lebensgefühl der Eltern. Mal sehen, wer das doch noch erkennt und Radio Lollipop überflüssig macht.

Das Brummi-Lied

Mein Vater fährt 'n großen dicken Brummi,
mit großen dicken Rädern dran aus Gummi,
damit fährt er auf der Autobahn,
und ich würd' so gern mal mit ihm fahr'n.
Um fünf Uhr morgens trinkt er seinen Kaffee,
und ich träum' davon, daß ich es einmal schaffe,
den ganzen Tag mit ihm allein
auf seinem LKW zu sein.

Wir fahren schon im Dunkeln aus der Stadt,
noch eh die Schule angefangen hat,
und wenn die Lehrer fragen,
werd' ich ihnen sagen:
"Könnt ihr mich denn nicht verstehn?"

Mein Vater fährt 'n großen dicken Brummi ...

Und damit er auch mal an mich denkt,
wenn er den großen dicken Brummi lenkt,
sing' ich mein Lied auf 'ne Kassette
und mach' jede Wette:
Morgen singt er auch dies Lied.

Mein Vater fährt 'n großen dicken Brummi ...

... den ganzen Tag mit ihm allein
auf seinem LKW zu sein.

Musik und Text: Rolf Zuckowski
© by MUSIK FÜR DICH Rolf Zuckowski OHG, Hamburg

Noten: SIK 994

Unsre Schule hat keine Segel

Schüler, Lehrer, Elternrat,
heute gibt es kein Diktat.
Auch das Rechnen fällt heut' aus,
und der Ranzen bleibt zu Haus.

Alle sind ganz aufgeregt,
auf dem Schulhof wird gefegt.
Lehrerzimmer, Klassenraum,
alles blitzt, man glaubt es kaum.

Und der Rektor, nicht zu fassen,
singt vor Freude: "Hoch die Tassen!
Heute feiern wir ein Fest,
das ihr nie vergeßt!"

Unsre Schule hat keine Segel,
und sie fährt nicht auf dem Ozean,
aber wie ein Schiff auf großer Reise
hat sie manchen Sturm erlebt in all den Jahr'n.

Unsre Schule hat keinen Anker,
doch sie steht und rührt sich nicht vom Fleck.
Sie zeigt uns die Welt auf ihre Weise,
und als Käpt'n steht der Rektor auf dem Deck. Ahoi!

Ferien und Hitzefrei,
da sind wir sofort dabei,
aber auch ein Fest wie heut'
ist uns recht zu jeder Zeit.

Alle sind so gut gelaunt,
machen mit, daß man nur staunt.
Die Lehrerin verspricht dem Heinz:
"Im Feiern kriegst du eine Eins!"

Und der Rektor, dieser Schlingel,
drückt im Rhythmus auf die Klingel,
und er ruft durchs ganze Haus:
"Volle Fahrt voraus!"

Unsre Schule hat keine Segel ...

Unsre Schule hat keinen Anker ...

Musik und Text: Rolf Zuckowski
© by MUSIK FÜR DICH Rolf Zuckowski OHG, Hamburg

Illustr. Buch: SIK 1130
Noten: SIK 994, SIK 1287

So wie das Schulschiff der Bundesmarine heißt auch die Grundschule unserer Kinder. Sie wurde, ebenso wie der schneeweiße Windjammer, benannt nach dem Dichter der Nordsee, Gorch Fock, der eigentlich Heinrich Kinau hieß. Vor dem 50. Geburtstag der Schule (1980) wurde ich gefragt, ob mir zu diesem Anlaß ein Lied einfiele. Der Vergleich Schule und Schiff lag in der Luft, vielleicht auch in Erinnerung an die Seefahrergeschichten meines Vaters. Über die Jahre hat sich dieses Lied zum Schulfestlied für viele Schulen gemausert, die meisten davon liegen so weit im Binnenland, daß der Vergleich mit dem Schiff um so verlockender erscheinen mag. Die Uraufführung war noch im Jubiläumsjahr in der legendären "Aktuellen Schaubude" des NDR mit dem gesamten Schulchor der Gorch-Fock-Schule.

Du da im Radio

Du da - im Radio,
wie geht's dir denn heut' morgen?
Du da - im Radio,
wie war denn deine Nacht?

Du da - vorm Radio,
auch ich hab' meine Sorgen.
Du da - vorm Radio,
ich bin schlecht aufgewacht.

Du da - im Radio,
du mußt ja ziemlich klein sein.
Du da - im Radio,
wie paßt du denn da rein?

Du da - vorm Radio,
und du mußt wohl allein sein.
Du da - vorm Radio,
wem fällt sonst sowas ein?

Ich hab' da 'ne Idee,
damit ich dich mal seh',
hol' ich den Schraubenzieher raus
und schraub' den Kasten auf.

Hey, du da - vorm Radio,
das laß mal lieber bleiben.
Du da - vorm Radio,
das kann gefährlich sein.

Du da - im Radio,
dann wird's nix mit uns beiden,
du da - im Radio,
das finde ich gemein!

Ich hab' da 'ne Idee,
damit ich dich mal seh',
schick' mir ein Bild von dir,
und du kriegst ein Bild von mir.

Hey, du da - vorm Radio,
gehst du denn schon zur Schule?
Du da - vorm Radio,
dann wird's jetzt ziemlich knapp.

Du da - im Radio,
ich muß zum Kindergarten.
Du da - im Radio,
ich schalt' dich jetzt mal ab.
Tschüß!

Musik und Text: Rolf Zuckowski
© by MUSIK FÜR DICH Rolf Zuckowski OHG, Hamburg

Noten: SIK 994, SIK 1138, SIK 1287

Eigentlich sollten die Kinder der "Lütt Finkwarder Speeldeel" aus Hamburg Finkenwerder dieses Lied auf plattdeutsch singen. Denn so war es mir eingefallen: "Du doar in't Radio, wo
geiht di dat hüt morgen?" Aber das Thema ging einfach zu viele Kinder
und Erwachsene im ganzen Land an. Jeder hat sich schließlich schon
einmal gefragt, wie die Leute eigentlich ins Radio kommen. Die Übersetzung ins Hochdeutsche war dann 1981 der erste bundesweit im
Radio gespielte Titel von "Rolf und seinen Freunden". Der einzige
Freund in diesem Lied war Niels Peters aus Tostedt bei Hamburg. Nicht
zuletzt durch dieses Lied lernte ich Frank Elstner kennen, damals noch
Chef von Radio Luxemburg. Meine Idee eines Morgengrußes für die
Kinder vor dem Radio wurde schnell umgesetzt. Diese 5-Minuten-Sen-
dereihe war mein erster Gehversuch in der Rundfunkszene, es sollten
viele weitere folgen.

Stups, der kleine Osterhase

Stups, der kleine Osterhase,
fällt andauernd auf die Nase,
ganz egal, wohin er lief,
immer ging ihm etwas schief.

Neulich legte er die Eier
in den Schuh von Fräulein Meier.
Früh am Morgen stand sie auf,
da nahm das Schicksal seinen Lauf:
Sie stieg in den Schuh hinein,
schrie noch einmal kurz: "Oh, nein!"
Als sie dann das Rührei sah,
wußte sie schon, wer das war.

Stups, der kleine Osterhase ...

In der Osterhasen-Schule
wippte er auf seinem Stuhle
mit dem Pinsel in der Hand,
weil er das so lustig fand.
Plötzlich ging die Sache schief,
als er nur noch "Hilfe" rief,
fiel der bunte Farbentopf
ganz genau auf seinen Kopf.

Stups, der kleine Osterhase ...

Bei der Henne Tante Berta
traf das Schicksal ihn noch härter,
denn sie war ganz aufgeregt,
weil sie grad' ein Ei gelegt.
Stups, der viele Eier braucht,
schlüpfte unter ihren Bauch.

Berta, um ihn zu behüten,
fing gleich an ihn auszubrüten.

Stups, der kleine Osterhase ...

Paps, der Osterhasenvater,
hat genug von dem Theater,
und er sagt mit ernstem Ton:
"Hör mal zu, mein lieber Sohn!
Deine kleinen Abenteuer
sind mir nicht mehr ganz geheuer."
Stups, der sagt: "Das weiß ich schon,
wie der Vater, so der Sohn!"

Stups, der kleine Osterhase ...

Musik und Text: Rolf Zuckowski
© by MUSIK FÜR DICH Rolf Zuckowski OHG, Hamburg

Noten: SIK 994, SIK 1143, SIK 1287

enn ich krank bin

So lang seh' ich schon
nur zum Telefon;
ruft denn keiner an,
mit dem ich reden kann?
Ich lieg' hier zu Haus
und möcht' so gern raus,
dann dreh' ich mich um
und weiß selbst nicht warum.

Wenn ich krank bin, weiß ich nicht, was mit mir los ist.
Ich weiß nur, daß mein Kummer riesengroß ist.
Wenn ich krank bin, mag ich nicht mal richtig essen
und hoff' nur, daß meine Freunde mich nicht vergessen.

Ich schluck' Medizin, es muß wohl so sein,
les' irgend ein Buch und schlaf' dabei ein.
Dann klopft, wie im Traum, irgendwer an der Tür.
Ich wach' auf, und da steht meine Freundin vor mir.

Wenn ich krank bin ...

Wenn ich krank bin, mag ich nicht mal richtig essen
und hoff' nur, daß meine Freunde mich nicht vergessen.

Musik und Text: Rolf Zuckowski
© by MUSIK FÜR DICH Rolf Zuckowski OHG, Hamburg

Noten: SIK 994

 Wie schön, daß du geboren bist

Heute kann es regnen, stürmen oder schnei'n,
denn du strahlst ja selber wie der Sonnenschein.
Heut' ist dein Geburtstag, darum feiern wir,
alle deine Freunde freuen sich mit dir,
alle deine Freunde freuen sich mit dir.

Wie schön, daß du geboren bist,
wir hätten dich sonst sehr vermißt.
Wie schön, daß wir beisammen sind,
wir gratulieren dir, Geburtstagskind.

Wie schön, daß du geboren bist ...

Unsre guten Wünsche haben ihren Grund:
Bitte bleib noch lange glücklich und gesund.

Dich so froh zu sehen ist, was uns gefällt,
Tränen gibt es schon genug auf dieser Welt,
Tränen gibt es schon genug auf dieser Welt.

Wie schön, daß du geboren bist ...

Wie schön, daß du geboren bist ...

Montag, Dienstag, Mittwoch, das ist ganz egal,
dein Geburtstag kommt im Jahr doch nur einmal.
Darum laß uns feiern, daß die Schwarte kracht,
heute wird getanzt, gesungen und gelacht,
heute wird getanzt, gesungen und gelacht.

Wie schön, daß du geboren bist ...

Musik und Text: Rolf Zuckowski
© by MUSIK FÜR DICH Rolf Zuckowski OHG, Hamburg

Illustr. Buch: SIK 1130
Noten: SIK 994, SIK 1138, SIK 1287

Nichts gegen "Happy Birthday To You", aber vielleicht kann man mit einem Lied in der Muttersprache doch ein wenig mehr sagen. Das Lied lebt seit 1981 in immer mehr Familien und Gruppen. Vielleicht meine größte Freude als Liederschreiber, denn wem tut es nicht gut, von seinen Lieben oder Freunden die Worte zu hören: "Wie schön, daß du geboren bist ..."

Für etwas ältere Geburtstagskinder habe ich folgenden Vers anzubieten:
Wieder ein Jahr älter, nimm es nicht so schwer,
denn am Älterwerden änderst du nichts mehr.
Zähle deine Jahre und denk stets daran:
Sie sind wie ein Schatz, den dir keiner nehmen kann.

Der Mama am Abend leise ins Ohr zu singen:
Wie schön, daß du mich geboren hast,
sonst hätt' ich diesen Tag verpaßt.

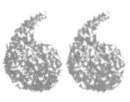

Der Morgenmuffel

Kennt ihr den Einen,
diesen gemeinen,
den mit der Nase
mitten im Gesicht.
Der niemals mitmacht,
der nicht mal mitlacht,
der zu nichts Lust hat
und mit keinem spricht?
Ich sag' euch ehrlich:
Der wird gefährlich,
besonders wenn man
ihn im Spiegel sieht.

Der Morgenmuffel, - Muffel, Muffel -
Abendmuffel, - Muffel, Muffel -
Aufstehmuffel, - Muffel, Muffel -
Bademuffel, - Muffel, Muffel -
Partymuffel, - Muffel, Muffel -
Dauermuffel. - Muffel, Muffel -
Was tun wir mit dem?
Den tun wir auf die Muffel-Ruffel! - Ruffel, Ruffel, ... -

Seht ihr, da geht er,
seht ihr, da steht er,
der mit den Haaren
oben auf dem Kopf!
Schläft oder träumt der?
Dabei versäumt der
alles, was Spaß macht,
dieser arme Tropf.
Wenn ihr euch umseht,
vorsichtig umdreht,
dann steht sein Schatten
vielleicht schon hinter euch.

Der Morgenmuffel ...

Alle mal herhör'n!
Auch die, die schwer hör'n!
Wenn jeder mithilft,
packen wir den Schuft.
Wenn alle laut lachen,
muß er erwachen,
und wie der Blitz
löst er sich auf in Luft.

Der Morgenmuffel ...

Und kommt er wieder runter,
na, dann ist er wieder munter.

Musik und Text: Rolf Zuckowski
© by MUSIK FÜR DICH Rolf Zuckowski OHG, Hamburg

Noten: SIK 994

Es macht Spaß

Mami, pack die Taschen ein,
laß doch mal die Küche sein!
Lange halt' ich das nicht mehr aus hier!
Teller, Tassen, Suppentopf,
hält doch keiner aus im Kopf,
und ich glaub', wir müssen mal raus hier!

Wenn ich nur da draußen die Sonne seh',
dann hab' ich sofort 'ne Idee:

Es macht Spaß, wieder mal zu schwimmen,
es macht Spaß, sich im Wald zu trimmen,
es macht Spaß, Berge zu erklimmen.
Es macht Spaß, es macht Spaß!

Es macht Spaß, wieder mal zu schwimmen ...

Papi, bist du abgeschlafft,
hat die Arbeit dich geschafft?
Möchtest du am liebsten nur dösen?
Hast du seit der Mittagszeit
dich nur noch darauf gefreut,
gemütlich deine Zeitung zu lesen?

Wenn ich dich im Sessel so sitzen seh',
dann hab' ich sofort 'ne Idee:

Es macht Spaß, in deinem Haar zu wuscheln,
es macht Spaß, dir was ins Ohr zu tuscheln,
es macht Spaß, lieb mit dir zu kuscheln.
Es macht Spaß, es macht Spaß!

Es macht Spaß, in deinem Haar zu wuscheln ...

Wenn du Langeweile hast
oder wenn dir gar nichts paßt
und die Welt scheint dich anzuöden:
Häng nicht nur zu Hause dumm
wie 'ne trübe Tasse rum,
irgendetwas muß es doch geben.

Sprich doch mal auf englisch das ABC,
dann kommt dir bestimmt 'ne Idee:
A-B-C-D-E-F-G-H-I-J-K-L-M-N-O-P-Q-R-

Es macht Spaß, auf einem Bein zu stehen,
es macht Spaß, sich im Kreis zu drehen,
es macht Spaß, wie ein Hahn zu krähen,
es macht Spaß, es macht Spaß.

Es macht Spaß, den Rolf mal durchzukitzeln,
es macht Spaß, lalalalalalala,
es macht Spaß, lalalalalalala ...

Musik und Text: Rolf Zuckowski
© by MUSIK FÜR DICH Rolf Zuckowski OHG, Hamburg

Noten: SIK 994

Die Büchermaus

Heut' ist sie in London und morgen in Athen,
heute ist sie traurig, morgen froh.
Und dabei braucht sie nicht mal aus dem Sessel aufzustehn,
sie hat ihr Lieblingsplätzchen irgendwo.

Wenn andre vor dem Fernseh'n hocken,
mit verqualmten Fernsehsocken,
geht sie ganz alleine auf die Reise;
denn es gibt so viel zu sehen,
Abenteuer zu bestehen,
und so zieht sie in die Welt hinaus,
ohne Strümpfe, ohne Schuh',
sie braucht nur ein Buch dazu,
unsre süße kleine Büchermaus.

Sie hat viele Freunde, und wie sie es genießt,
daß keiner hört, wenn sie mit ihnen spricht.
Und wenn vor lauter Kummer mal eine Träne fließt,
dann pocht ihr Herz, doch helfen kann sie nicht.

Wenn andre vor dem Fernseh'n hocken ...

Vielleicht liest sie heut' abend das gleiche Buch wie du,
und doch kommt nicht dasselbe dabei raus.

Denn du denkst dir die Bilder in deinem Kopf dazu,
und sie malt sich das alles anders aus.

Wenn andre vor dem Fernseh'n hocken,
mit verqualmten Fernsehsocken,
geht sie ganz alleine auf die Reise;
denn es gibt so viel zu sehen,
Abenteuer zu bestehen,
und so zieht sie in die Welt hinaus,
bald fallen ihr die Augen zu,
vor dem Bett stehn ihre Schuh',
und dann schläft und träumt die kleine Büchermaus.

Pssst!

Musik und Text: Rolf Zuckowski
© by MUSIK FÜR DICH Rolf Zuckowski OHG, Hamburg

Noten: SIK 994

Lieder, die wie Brücken sind
/ 1982

Mit Alexander, Anuschka, Bianca, Christina, Fevsi, Florian, Frederic, John, Julian, Martin, Martina, Niels, Sandra, Silvie, Tina, Torsten sowie den Kindern der Finkwarder Lütt-Speeldeel, der Schulen Estebogen, Hirtenweg und des Alexander-von-Humboldt-Gymnasiums in Hamburg.

Titel:

- ... und ganz doll mich
- Mein Freund Abdullah
- Lieder, die wie Brücken sind
- Guten Morgen, Sally
- Wir sind Kinder, der Stoff, aus dem die Zukunft ist
- Guten Morgen, liebe Sonne
- Das große Lollipop-Quiz
- Grolli, das Schulweg-Monster
- Meine Mami
- Ein Lied für Tweety
- Schneewittchen und die sieben Zwerge

1982 war das Jahr unseres ”Durchbruchs“ in den elektronischen Medien. Nach dem Vorläufer ”Du da im Radio“ entwickelte sich mit ”... und ganz doll mich“ der erste richtige Hit. Wir wurden (für uns völlig überraschend) die Nr. 1 in der ZDF-Hitparade. Zuvor hatten wir in ”Wetten daß ...“ von Frank Elstner gehört, daß es mit uns ”jetzt erst richtig losginge“, und wir erlebten tatsächlich einen Medienrummel, der uns rückblickend wie ein Traum erscheint. Was hatten wir denn schon getan? Fünf ganz normale Kinder hatten mit mir von vielen ganz normalen Sachen gesungen, die Kinder mögen. Offensichtlich war gerade dieses ganz Normale nicht normal, denn vorher hatte man singende Kinder in Rundfunk und Fernsehen eher als ”Kinderstars“ oder in edlen Kinderchören kennengelernt.

Mit dem nur für Erwachsene kaum nachzusprechenden Wortungetüm ”Schwappschwabbidubidu“ stellte sich Florian Keck auf dieser LP vor. Mit ihm gemeinsam hat Julian Maas das Lied ”... und ganz doll mich“ zu unserem Erkennungszeichen gemacht. Viele Jungen heißen heute Julian, weil unser Julian 1982 so unbefangen und offen erklärte: ”Ich kann doch nicht singen.“ Florian und seine große Schwester Sandra Keck (heute eine der Stützen des Hamburger Ohnsorg-Theaters) entwickelten sich schnell zu unseren Spezialisten für Pop-Gesang. Florians ”Mein Freund Abdullah“ (der in Wirklichkeit Fevsi hieß) und Sandras ”Wir sind Kinder“ (mit John Reimers) sind Beispiele dafür.

Seit dieser Produktion kamen mit jeder LP neue, vor allem jeweils jüngere Kinder dazu, die ich nicht immer alle einzeln aufführen kann. Dafür bitte ich die heute längst erwachsen gewordenen Freunde um Verständnis. Besonderer Erwähnung bedürfen vielleicht unsere geheimnisumwitterten ”Stargäste“ Elvira Flattermann, Rita Dando und Stups. Sie haben sich seit 1982 lange nicht mehr gemeldet, aber ihre Stimme lebt. Ab und zu kommen sie in meinen Livekonzerten spontan aus meiner Kehle und sind so lebendig wie eh und je.

Und ganz doll mich

Ich mag Lehrer, die mal fehl'n
und mich nicht mit Mathe quäl'n.
Ich mag Papis mit viel Zeit,
spielen ohne Streit.

Ich mag Cola und Pommes Frites,
Shakin' Stevens und seine Hits.
Ich mag fernsehn, wann ich will,
und keiner sagt mir "Sitz mal still!"

Ich mag Frühstück ohne Hast,
so viel essen, wie's mir paßt.
Ich mag Fünfen ohne Krach
und 'ne Zwei am Tag danach.
All das mag ich –
und ganz doll mich.

Ich mag Hunde furchtbar gern,
aber wenn sie beißen, nur von fern.
Ich mag die Leute von nebenan,
die noch nie gemeckert hab'n.

Ich mag Große, die sich freu'n,
und mit ihnen albern sein.
Kuchen backen mit Geschmier
und mein kleines Kuscheltier.

Ich mag träumen ganz allein,
niemals hören: "Laß das sein".
Ich mag Oma und Opa auch,
Mamis Hände und Papis Bauch.
All das mag ich –
und ganz doll mich.

Ich mag träumen ganz allein ...

Schwapp-Schwabbi-Dubidu,
Schwabbi-Dabbi-Du,
Schwabbi-Dibbi-Dabdudu,
Schwabbdudu.

Ich mag die Sonne, wenn sie scheint,
meine Schwester, wenn sie nicht weint.
Geburtstag feiern bei Kerzenlicht,
mit Negerküssen im Gesicht.

Ich mag Autos, wenn sie stehn,
Autofahrer, die mich sehn.
Ich mag radfahr'n ohne Angst,
immer auf dem Fußweg lang.

Ich mag Ferien und Hitzefrei,
Schneeballschlacht und Keilerei.
Ich mag Aufstehn nicht so sehr,
Schlafengehn noch weniger.
All das mag ich –
und ganz doll mich.

Schwapp-Schwabbi-Dubidu
Schwabba-Dabba-Du.

Und ganz doll mich!

Musik und Originaltext: Michael Reinecke/Volker Lechtenbrink   Spezialtext: Rolf Zuckowski ,
© 1981 by Lino Music Volker Lechtenbrink, Hamburg

Noten: SIK 994

Über dieses Lied könnte ich ein eigenes Buch schreiben, denn allein die 3776 Zeilen, mit denen es als "Längstes Lied der Welt" 1985 im Guinness Buch der Rekorde auftauchte, würden Taschenbuchstärke garantieren.

Auf den Fahrten zu meiner montäglichen Sendung "Moment mal!" bei Radio Luxemburg dachte ich 1981 immer wieder darüber nach, was

Kinder wohl zu den aktuellen Tagesschlagern sagen würden. Zu Volker Lechtenbrinks Song "Ich mag" fiel mir so viel ein, daß eine Kinderversion entstand. Diese Fassung hatte beim RTL-Kindertag Ende 1981 Premiere, von mir selbst mit meiner "Kinderstimme" zur Gitarre vorgetragen. Die Resonanz des Publikums war so stark, daß ich bald darauf ins Studio ging, um meine Verse mit fünf Kindern zu singen: Florian, Julian, Niels, Anuschka und Sandra. Das berühmt gewordene "Schwapp-Schwabbi-Dubidu" war Florians spontane Idee im Tonstudio. Julian, den ich seit der Geburt kannte, hatte ich bereits beim Texten der Zeile "... und ganz doll mich" vor mir gesehen. Die Worte waren ihm auf den Leib geschrieben.

Aus meiner Idee, neue Strophen für unser Lied zu sammeln, entwickelte sich nach der Ankündigung im Radio eine Flut von Textzusendungen. Nach knapp einem Jahr waren wir bei über 3000 Zeilen angelangt, so daß der Weg ins Guinness Buch der Rekorde frei war. In der ZDF-Sendung "Große Show für kleine Leute" brachten wir einen Ausschnitt daraus. Einige Kinder sangen in der Mundart ihrer Heimat, darunter auch ein "Kind" namens Otto Waalkes mit seinem Neffen. Auf dem Hamburger Rathausmarkt haben wir im Rahmen des Alstervergnügens 1984 über drei Stunden lang mit mehreren hundert Kindern ohne Unterbrechung die schönsten Strophen aus unserem Lied gesungen.

In die glücklichen Erinnerungen an den Erfolg dieses Liedes mischt sich Nachdenklichkeit: Darf man mit Kindern so erfolgreich sein? Wo beginnt der Punkt, daß man sie ausnutzt? Kann man einen im Keim angelegten Erfolg überhaupt bremsen? Ich erinnere mich daran, daß meine eigenen Bremsversuche von Redakteuren unterlaufen wurden, die beim nächsten Lied z.B. den "Kleinen mit der Nickelbrille" unbedingt wiedersehen wollten. Das konnten sie, aber nur als eines von mehreren Kindern im Chor. Unsere Kinder sind immer normale Kinder und Teil einer Gruppe geblieben. Sie haben sich nie als etwas Besonderes gefühlt, nur als Kinder in einer besonderen Rolle. Auch als Stellvertreter für die vielen zuschauenden Kinder. Meine Freunde wurden dafür immer fair und nie ohne Abstimmung mit den Eltern abgegolten. Sie haben andererseits nie einen Ton gesungen, um Geld zu verdienen. Mit dieser Grundeinstellung haben wir auch nach "... und ganz doll mich" weitergemacht.

Mein Freund Abdullah

Mein Freund Abdullah,
mein Freund Abdullah,
der ist kein Scheich
und auch kein Mullah.
Mein Freund Abdullah,
der wohnt ganz einfach nebenan,
und er freut sich, wenn er mit mir spielen kann.

Er sagt: "Gel oynuyalım",
und ich sag': "Spielen."
Er sagt: "Neşelenelim",
und ich sag': "Fröhlich sein."
Er sagt: "Işte bu güzel",
und ich sag': "Das macht Spaß!"

Mein Freund Abdullah ...

Er sagt: "Arkadaşız",
und ich sag': "Freunde."
Er sagt: "Bana gel",
und ich sag': "Komm zu mir!"
Er sagt: "Çok hoş olacak",
und ich sag': "Das wird schön!"

Mein Freund Abdullah ...

Er sagt: "Okul",
und ich sag': "Schule."
Er sagt: "Öyleyse mecburuz",
und ich sag': "Muß wohl sein!"
Er sagt: "Nerdeyse bitecek",
und ich sag': "Bald ist Schluß!"

Mein Freund Abdullah ...

Und er freut sich, wenn er mit mir spielen kann!

Arkadaşlik çok güzel!
(Freunde sein ist schön!)

Musik und Text: Rolf Zuckowski
© by MUSIK FÜR DICH Rolf Zuckowski OHG, Hamburg

Illustr. Buch: SIK 1130
Noten: SIK 994

Bis zur vierten Klasse saß er neben unserem jüngsten Sohn in der Schule – der Junge, der Abdullah heißt. Ich konnte 1982, als das Lied "Mein Freund Abdullah" entstand, nichts von ihm ahnen. Unser Abdullah hieß nämlich in Wirklichkeit Fevsi. Auf diesen Namen wollte mir allerdings so recht kein Reim einfallen. Fevsi ging in die Schule von Cranz, einem Hamburger Vorort gegenüber von Blankenese. Dort war bereits um 1980 nahezu die Hälfte der Kinder aus türkischen und anderen südeuropäischen Familien. Schwierigkeiten, miteinander Freundschaft zu schließen, gab es dort ebenso wie das selbstverständliche Miteinander. Bei meinen Schulkonzerten konnte ich spüren, daß Musik und Tanzen eine gute Brücke bilden konnten. Darum wurde aus dem kleinen, singbaren deutsch-türkischen Lexikon, das mir vorschwebte, ein klassischer Rock'n'Roll, mit dem wir ab 1982 viele fetzige Situationen erlebt haben.

Die Feststellung, daß Abdullah "kein Scheich und auch kein Mullah" sei, sollte nichts anderes bedeuten, als daß er ein ganz normales Kind ist, wie alle anderen auch. Kein Ressentiment oder Vorurteil gegen moslemische Autoritäten lag dem Text zu Grunde, eher vielleicht eine Unkenntnis über stimmigere Sprachbilder. Die große Mehrheit hat mein Lied wohl auch so verstanden. Vereinzelte Vorwürfe gab es von besorgten Deutschen, nicht von Türken. In Ankara, wo das Lied oft und gern in der deutschen Schule gesungen wird, hatte ich 1993 die Gelegenheit, mein Lied in einem deutsch-türkischen Konzert fröhlich und hautnah wie nie zuvor zu erleben.

Einen Fehler muß ich an dieser Stelle allerdings eingestehen: Die letzte

Zeile des Refrains hätte nicht heißen dürfen: "... und er freut sich, wenn er mit mir spielen kann", sondern "... und ich freu' mich, wenn ich mit ihm spielen kann". In meinen Live-Konzerten gibt es nur noch die zweite Version. Die Originalfassung ist ein Stück Wirklichkeit von 1982 und zeigt, wie wir auch in den feinen Zwischentönen unwillkürlich unsere Gedankenwelt bloßlegen. Damit zu leben, auch mit jenen, die solche Schwachpunkte zuerst erkennen, mußte ich mit einigem Herzklopfen lernen. Dabei haben mich viele Kinder mit ihrer offenen, nie verletzenden Ehrlichkeit ein großes Stück vorangebracht.

Lieder, die wie Brücken sind

Lieder, die wie Brücken sind,
die braucht jeder Mann.
Jede Frau und jedes Kind
braucht sie sicher irgendwann.
Lieder, die wie Brücken sind,
scheinen schwach zu sein,
und ob sie uns tragen,
liegt an uns allein.
Und ob sie uns tragen,
liegt an uns allein.

Ohne Stahl und Steine
sind sie schnell gebaut,
aus Tönen ganz alleine.
Maurer, Maler, Zimmermann,
seht euch das mal an!

Lieder, die wie Brücken sind ...

Jeder kann beginnen,
hier und überall,
braucht ja bloß zu singen,
keine Angst, ein falscher Ton
bringt sie nicht zu Fall.

Lieder, die wie Brücken sind ...

Musik und Text: Rolf Zuckowski

© by MUSIK FÜR DICH Rolf Zuckowski OHG, Hamburg

Illustr. Buch: SIK 1130

Noten: SIK 994, SIK 1138, SIK 1287

Es war nicht mehr als eine kleine Fingerübung im D-Dur-Griff der Gitarre. Wer weiß, wie oft ich sie schon vor mich hin gespielt hatte, bis ich etwa 1980 die Worte dazu fand. Ein Lied war der 8-Zeiler deshalb für mich noch lange nicht. Ich fand ihn viel zu schlicht für die fast hymnischen Worte. Ohne Rhythmus, fast nur Viertelnoten, wer sollte davon angesteckt und inspiriert werden? Irgendwie ertappten wir uns in der Familie dennoch dabei, den Refrain immer wieder zu singen. Der Ohrwurm war nicht nur in unser Gehör gekrochen. Darum entschloß ich mich schließlich, endlich Verse zu dem längst fertigen Refrain zu schreiben.

Im Studio ergab sich aus der Freude am Klangbild eines der ersten Synthesizer, die wir benutzten (einem Prophet), daß der hüpfende Achtelrhythmus der schlichten Melodie doch etwas Quicklebendiges verlieh. Dazu kam das wunderschöne Gitarrenvorspiel, das John O'Brien-Docker sich ausgedacht hatte. Als unsere Kinder den Refrain zum ersten Mal ins Mikrofon sangen, spürten wir schließlich alle, daß dieses kein alltägliches Lied werden würde. Bald setzte sich der Gedanke in meinem Kopf fest, die ganze LP so zu nennen. Darf man so etwas den "unaufhaltsamen Höhenflug einer kleinen Fingerübung" nennen?

Meine Konzertreisen der folgenden Jahre trugen ebenfalls den Titel "Lieder, die wie Brücken sind". Immer mehr Kinder und Eltern fühlten, was damit gemeint war. Es tat gut, ein Lied zu haben, das ausdrücken konnte, was immer öfter und immer intensiver im Raum stand bei Liedern wie "Guten Morgen, Sally", "Mein Freund Abdullah" und "Wie schön, daß du geboren bist". Die Rundfunksender haben dieses Lied eher verschwiegen, das ZDF gab meinem 45-Minuten-Porträt von 1985 den Titel "Lieder, die wie Brücken sind". Für eine spätere gleichnamige internationale Musiksendung und eine parallel dazu veröffentlichte LP wurde mein Obertitel benutzt, ohne, wie abgesprochen, meine Melodie einzubeziehen.

Zahlreiche Chöre trugen unsere kleine Hymne ins Ausland und kamen mit neuen Strophen zurück, getextet in der Sprache ihrer Gastgeber. Für die "Große Show für kleine Leute" schickten wir 1984 ein Orchester-playback nach Japan, Polen und in die USA. Daraus entstand das mehrsprachige Finale dieser Sendung, erschienen auf der gleichnamigen CD/LP/MC.

In den deutschen Schulen des In- und Auslandes wurden unsere Lieder-brücken inzwischen häufig gebaut, für kleinere Anlässe ebenso wie für Staatsempfänge. Wir drucken einige Refrainversionen an dieser Stelle ab. Es dürfen gerne noch mehr werden ...

Englischer Refrain:
   Build your bridges with a song,
   Sing your words out loud.
   Music makes the sun shine through
   Any grey and gloomy cloud.
   Build your bridges with a song,
   Any tune will do.
   When your song is over,
   I'll sing mine to you.

Polnischer Refrain:
   Pieśni to jak mosty są,
   potrzebuje każdy z nas,
   ojciec, matka, curka, syn,
   ptrzebuje każdy z nas.
   Pieśni to jak mosty są,
   dżwiek ich kruchy bardzo.
   I że nas uniosą,
   leży w naszej mocy.

Holländischer Refrain:
    Liederen, die als bruggen zijn,
    die wil ieder hier,
    hiedre vrouw en ieder kind,
    wil se zeker ene keer.
    Liederen, die als bruggen zijn,
    lijken niet so sterk,
    en dat zij uns dragen,
    is aleen uns werk.

Französischer Refrain:
    Les chansons sont comme des ponts,
    on en a besoin,
    chaque femme et chaque enfant,
    sûrement, n'importe quand.
    Les chansons sont comme des ponts,
    qui ont l'air fragile,
    mais ils nous porterons,
    si nous le voulons!

Lateinischer Refrain:
    Carmina ut pontes facta
    omnis homo exoptat,
    omnis nupta, omne infant
    illa quando exoptat.
    Carmina ut pontes facta
    infirma non sunt.
    Num sustineant nos
    in nobis inest.

Japanischer Refrain:

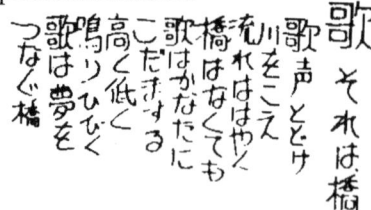

Guten Morgen, Sally

Wenn um sechs der Wecker klingelt,
macht sie ihre Augen auf.
Guten Morgen, Sally!
Die Mama macht ihr das Frühstück,
und der Tag nimmt seinen Lauf.
Guten Morgen, Sally!

Und dann trifft sie ihre Freunde,
jeden Tag im selben Bus.
Guten Morgen, Sally!
Und den Fahrer hinterm Steuer,
bei dem sie immer kichern muß.
Guten Morgen, Sally!

Oh, die Sally, die kann lachen
und die andern fröhlich machen,
wenn sie wieder mal
so richtig albern ist.
Ja, ihr solltet sie mal sehen,
und dann würdet ihr verstehen,
daß ihr irgendwie noch viel zu wenig
voneinander wißt.

Mit der Tasche auf dem Schoß
fährt sie durch die Klassentür.
Guten Morgen, Sally!
Macht sie grad' mal einen Witz,
steht der Lehrer hinter ihr.
Guten Morgen, Sally!

Oh, die Sally, die kann lachen
und die andern fröhlich machen,
wenn sie wieder mal
so richtig albern ist.

Ja, ihr solltet sie mal sehen,
und dann würdet ihr verstehen,
warum sie so gern den Stuhl,
in dem sie sitzen muß, vergißt.

Manchmal fängt sie an zu träumen,
und ihr Nachbar stößt sie an.
Guten Morgen, Sally!
Und sie sieht in seinen Augen,
daß er sie verstehen kann!
Guten Morgen, Sally!

Oh, die Sally, die kann lachen
und die andern fröhlich machen,
wenn sie wieder mal
so richtig albern ist.
Ja, ihr solltet sie mal sehen,
und dann würdet ihr verstehen,
daß ihr irgendwie noch viel zu wenig
voneinander wißt.

Wenn um sechs der Wecker klingelt,
macht sie ihre Augen auf.
Guten Morgen, Sally!
Die Mama macht ihr das Frühstück,
und der Tag nimmt seinen Lauf.
Guten Morgen, Sally!

Musik und Text: Rolf Zuckowski
© by MUSIK FÜR DICH Rolf Zuckowski OHG, Hamburg

Noten: SIK 994

Wir sind Kinder, der Stoff, aus dem die Zukunft ist

Wir sind Kinder,
der Stoff, aus dem die Zukunft ist.
Wir sind Kinder,
paß auf, daß du das nie vergißt.
Wir sind Kinder,
und der, dem wir nur lästig sind,
wir sind Kinder,
der war wohl selber nie ein Kind.

Bangemachen gilt nicht,
Sprüchemachen zählt nicht,
hör uns zu und nimm uns ernst dabei.
Willst du uns nicht beugen,
mußt du überzeugen,
aber red nicht immer um den heißen Brei!

Wir sind Kinder ...

Spiel nicht mit der Wahrheit,
denn wir wollen Klarheit,
unsre Träume machst du nicht kaputt.
Und für uns zu denken,
das kannst du dir schenken,
denn inzwischen können wir es selbst ganz gut.

Wir sind Kinder ...

Zeig uns deine Ziele
und auch mal Gefühle,
es ist gut zu sehn, daß es sie gibt.
Laß uns die Zähne zeigen,
Unrecht nicht verschweigen,
oder sind die Herr'n da oben immer brav und lieb?

Wir sind Kinder ...

Wir sind Kinder!
Wir sind Kinder!
Wir sind Kinder!

Musik und Text: Rolf Zuckowski
© by MUSIK FÜR DICH Rolf Zuckowski OHG, Hamburg

Illustr. Buch: SIK 1130
Noten: SIK 994, SIK 1137

uten Morgen, liebe Sonne

Guten Morgen, liebe Sonne,
die Nacht ist vorbei,
die Vögel, die singen,
und der Himmel ist - grau!

Uih, wie gemein!
Zweiter Versuch!

Guten Morgen, liebe Sonne,
die Nacht ist vorbei,
die Vögel, die singen,
und mein Toastbrot ist - schwarz!

Uih, wie gemein!
Dritter Versuch!

Guten Morgen, liebe Sonne,
die Nacht ist vorbei,
die Vögel, die singen,
und die Eier sind - hart!

Uih, das war wirklich gemein!
Vierter Versuch!

Guten Morgen, liebe Sonne,
die Nacht ist vorbei,
die Vögel, die singen,
und die Milch, die ist – sauer!

Also nein, wie kannst du nur so gemein sein!
Fünfter Versuch!

Guten Morgen, liebe Sonne,
die Nacht ist vorbei,
die Vögel, die singen,
und der Kaffee ist heiß!

Nanu, was ist denn mit dir los?
Jetzt ist der Morgen sowieso vorbei!
Uih, wie gemein!!!

Musik und Text: Rolf Zuckowski
© by MUSIK FÜR DICH Rolf Zuckowski OHG, Hamburg

Noten: SIK 994

Was braucht ein Sohn, der abends nicht müde und morgens nicht wach wird? Einen wirkungsvollen Wecker. Dieser Wecker war oft genug ich selbst. Mit immer neuen, ziemlich albernen Versen des Liedes "Guten Morgen, liebe Sonne" versuchte ich, unseren Alexander wach und fit für die Schule zu machen. Es gelang mir in aller Regel spätestens nach der dritten Strophe.

Die wirkungsvollsten Albernheiten sind in Sandra Kecks unnachahmliche "Weltmeisterschaft im Hochsingen" eingegangen. Sandra war schon, als ich sie und ihren Bruder Florian 1981 auf einem Kinderfest in Hamburg Finkenwerder kennenlernte, eine von den Großen. Nicht nur, daß sie etwas älter war als der Durchschnitt unserer Gruppe, sie war auch stimmlich weit voraus. Die internationale Popmusik hatte

Sandra bereits damals im Blut und in der Kehle, darum war sie in kindlichen Solorollen kaum zu hören. Hier aber, als jubilierende Diva, durfte sie endlich einmal eine Spielart ihres vielseitigen Talents ausleben. Wir wurden oft gefragt, ob hinter Sandras höchsten Tönen ein technischer Trick steckt. Ehrenwort: Alles 1:1 selbst gesungen. Seit 1990 ist Sandra eine der Stützen des Hamburger Ohnsorg Theaters.

Das Lied hat übrigens bis heute seine aufweckende Kraft behalten. Tests bei unserem Jüngsten verliefen positiv.

Das große Lollipop-Quiz

"Hier ist die deutsche Lollivisionszentrale.
Und nun heißt es wieder:
Es ist noch kein Meister vom Himmel gefallen."

"Ahhhhhhhhh!"

"Hätt' ich das bloß nicht gesagt!
Das große Lollipop-Quiz mit John und Flöchen.
Wir schalten um!"

"Nun leg doch mal das Ding weg!"
"Wieso denn? Sind wir denn schon auf Sendung?"
"Na klar, Flöchen. Nun mach schon deine Ansage."
"Hier ist wieder das große Lollipop-Quiz. Heute live aus Rio."
"Rio de Janeiro, Flöchen!"
"Klar, äh, Rio de Janeiro Flöchen."
"Oh, ich geb's auf.
Wir begrüßen unser Publikum hier,
und natürlich alle, die uns zu Hause hören.
Unsere Kandidatin müßte eigentlich schon am Telefon sein.
Wie heißt sie denn, Flöchen?"

"Ich glaub', Elvira Flattermann."
"Elvira? – Na, zur Not spielen wir halt unser Lollipop-Quiz alleine."
"Oh, nein, nein! Hallo Rio!"
"Ja, da ist sie ja! Elvira, wo sind Sie denn?"
"Ach, ich bin in der Telefonzelle."
"Na prima, ich hoffe, Sie haben noch ein paar Groschen in den Taschen!"
"Ja, aber ich bin so aufgeregt."
"Oh, wird schon schiefgehn. Die Fragen stellt unser Rolf."

Was fliegt um die ganze Welt?
Was kriegt jeder ohne Geld?
Was stinkt manchmal ungemein?
Was kann so erfrischend sein?
Was bringt uns in der Weihnachtszeit
den allerschönsten Duft?
Was kann das denn wohl sein?

"Ach, hier in der Telefonzelle ist so schlechte Luft!"
"Ja! Na bitte, es geht doch!"

Was faßt keiner gerne an?
Was braucht trotzdem jeder Mann?
Was wärmt uns so wunderbar?
Was macht das Mittagessen gar?
Was leuchtet in der Osternacht
so weit und ungeheuer?
Was kann denn das wohl sein?

"Ich glaub', hier schmort ein Kabel, hoffentlich gibt's kein Feuer!"
"Ja! Bravo!"

Was macht allen Kindern Spaß?
Was ist meistens ziemlich naß?
Was verspritzt die Feuerwehr?
Was erfüllt das weite Meer?
Was braucht denn jede Blume,
wenn sie trocken wird und blasser?
Was kann denn das wohl sein?

"Mir ist so übel, hätt' ich bloß 'n Glas Wasser!"
"Bravo! Bravissimo, weiter so!"

Was packt auch den stärksten Mann,
daß er nicht mehr schlafen kann?
Was hat manchen in der Nacht
schon um den Verstand gebracht?
Was schlägt dir auf den Magen,
wenn du um dein Leben bangst?
Was kann das denn wohl sein?

"Ach, hier klopfen schon die Leute an der Tür. Ich hab' solche Angst!"
"Ja, na riesig! Sie haben gewonnen, Elvira.
Und raten Sie mal, was sie gewonnen haben: eine aufblasbare Telefonzelle!
Also bis bald, tschüß."

Musik und Text: Rolf Zuckowski
© by MUSIK FÜR DICH Rolf Zuckowski OHG, Hamburg

Zunächst gab es nur das hier abgedruckte Rätsellied, aus dem ich dann die Quiz-Show aus Rio de Janeiro mit John Reimers, Florian Keck, Elvira Flattermann und Stups entwickelte. Die Ansage aus der "Deutschen Lollivisionszentrale" machte Alexander ganz in der Art der damaligen großen Rundfunkquizsendungen, nur ein bißchen aufwendiger. Wer außer uns konnte sich schon eine Live-Schaltung nach Rio erlauben? Leider gibt es heute keine Radiosendungen dieser Art mehr, die wir auf den Arm nehmen könnten.

Als die Telefonschaltung zu Elvira nach mehreren Versuchen endlich hergestellt war, kam im "Lollipop-Studio 1" (mit einem solchen Schild hatte uns die Polydor Studiomannschaft überrascht) eine Superlaune auf, die bis heute aus der Aufnahme strahlt. Ich hatte alle Mühe, mich in der Rolle der Elvira nicht vom Gekicher rings um das Mischpult anstecken zu lassen, bis ich endlich meine "aufblasbare Telefonzelle" gewonnen hatte.

Daß Stups noch einmal auftauchen würde, war der Wunsch vieler Kinder, die inzwischen sein Lied trällerten. Zunächst war vorgesehen, daß die Ansager auch Roland Kaiser (leider heute heiser) und Udo Jürgens (finden wir leider nirgends) ankündigen, wir haben uns aber auf Stups den Superstar konzentriert, der sich dafür um so mehr umjubeln lassen durfte. Das Publikum waren die Klassen von Anuschkas damaligem Schuljahrgang.

Der Junge, der den Meister vom Himmel fallen ließ, war übrigens Frederik Quebbemann aus Dortmund, dessen Stimme wohl von seiner Borussia-Leidenschaft geprägt worden war. Er hatte sich bereits vorher in einem Interview mit Paul Breitner zum Liebling meines RTL-Publikums gemacht.

Grolli, das Schulweg-Monster

Ich bin noch ziemlich klein,
ein zartes Monsterlein,
doch Fliegen - ach, das liebe ich so sehr!
Komm, pack die Sachen aus,
die du heut' gar nicht brauchst,
denn meistens ist dein Ranzen
viel zu voll und viel zu schwer für ...

... Grolli, das Schulweg-Monster,
Grolli, das Schulweg-Monster.
Im großen und im ganzen
leb' ich in deinem Ranzen,
und fängst du an zu träumen,
dann fang' ich an zu tanzen.
Ich bin Grolli, das Schulweg-Monster,
Grolli, das Schulweg-Monster.

Wenn du die Zeit verpennst,
wie wild zur Schule rennst,

dann wackelt meine Wohnung hin und her.
Das hält doch keiner aus!
Dann würd' ich hier gern raus,
doch bleib' ich mal zu Hause,
ach, dann fehlst du mir so sehr!

Ich bin Grolli, das Schulweg-Monster ...

Mit deinem Butterbrot,
da hab' ich meine Not,
schon oft hat es die FLügel mir verklebt.
Den Duft von Leberwurst
und auch was für den Durst,
das mag ich nur verpackt,
weil es sich damit besser lebt für ...

... Grolli, das Schulweg-Monster ...

Musik und Text: Rolf Zuckowski
© by MUSIK FÜR DICH Rolf Zuckowski OHG, Hamburg

# Meine Mami

Meine Mami, das ist sonnenklar,
kenn' ich schon, seit ich ein Baby war.
Meine Mami hat's nicht leicht mit mir,
aber ich hab's auch nicht leicht mit ihr.

Meine Mami ist ein irrer Typ,
gerade darum hab' ich sie so lieb.
Meine Mami ist mir niemals fremd,
ob im Abendkleid oder im Hemd.

Wenn ihr so eine Mami habt,
dann nehmt sie in den Arm
und haltet sie euch warm;
denn schnell wird sie euch weggeschnappt,
wer wäre wohl so dreist?
Der Mann, der Papi heißt!

Meine Mami ist schon ziemlich alt.
30 Jahre – 31 bald.
Doch gehalten hat sie sich nicht schlecht,
sogar die Haare sind noch immer echt.

Meine Mami ist mein Kuscheltier,
und am liebsten schmuse ich mit ihr.
Einen andern lass' ich da nicht ran,
damit fangen wir erst gar nicht an!

Wenn ihr so eine Mami habt ...

Meine Mami sagt: "Mach's Fernsehn aus!
Denn schon bald kommt der Papa nach Haus."
Und ich tu's – man muß ja artig sein.
Papa kommt – und schaltet's wieder ein.

Meine Mami, die ist wirklich nett,
jeden Abend bringt sie mich ins Bett.
Aber dreimal komm' ich wieder raus,
denn ich weiß, das hält sie spielend aus.

Wenn ihr so eine Mami habt ...

Der Mann, der Papi heißt!

Musik und Text: Rolf Zuckowski
© by MUSIK FÜR DICH Rolf Zuckowski OHG, Hamburg

Illustr. Buch: SIK 1130
Noten: SIK 994, SIK 1138, SIK 1287

Ein Lied für Tweety

Im Grunde bist du nur ein Stück Holz,
bist nicht mal teuer gewesen
und hast doch wie kein andrer gelernt,
meine Gedanken zu lesen.
Bist wie ein guter Freund
und begleitest mich schon so viele Jahre,
kennst alle meine Träume, und doch
bist du nur eine Gitarre.

Tweety, so nenn' ich dich.
Was wär' ich ohne dich?
Tweety, ich brauche dich.
Tweety Guitar.

Hab' ich mal schlechte Laune,
hast du zuerst darunter zu leiden.
    "Das kannst du ruhig laut sagen!"
Und um das, was du dann mit mir erlebst,
wird dich wohl niemand beneiden.
    "Und sowas nennt sich auch noch Musik!"
Doch du bist auch als erste dabei,
in meinen glücklichsten Stunden.
    "Na, das laß man nicht die Moni wissen!"
Wir haben ohne Worte gemeinsam
unsre Sprache gefunden.
    "Dagegen ist Chinesisch 'n Klacks!"

Tweety, so nenn' ich dich ...

Deinen Koffer hab' ich oft schon geflickt,
und er ist leicht zu erkennen.
    "Meine Ein-Zimmer-Altbauwohnung, mit Speisekammer!"
Wir haben schon so vieles erlebt,
ich kann mich nicht von ihm trennen.

"Ich bezahl' ja auch pünktlich die Miete!"
Solang' es Leute gibt, die sich freuen,
unsre Lieder zu hören, ...
   "Gibt's denn etwa auch andere?"
... zieh'n wir noch durch die Lande,
und wen es stört, der soll sich beschweren.
   "Der kriegt's mit mir zu tun!"

Tweety, so nenn' ich dich.
   "Ist das nicht ein schöner Name?"
Was wär' ich ohne dich?
   "Ein ganz gewöhnlicher Sänger!"
Tweety, ich brauche dich.
   "Ich dich auch!"
Tweety Guitar.

Musik und Text: Rolf Zuckowski

© by Edition Re/Ro, c/o Musik-Edition Discoton GmbH (BMG UFA Musikverlage), München

Noten: SIK 994

$\mathcal{S}$chneewittchen und $\mathcal{S}$die sieben Zwerge

Schneewittchen und die sieben Zwerge
sind längst schon über alle Berge.
Warum sind sie wohl geflüchtet?
Sie haben uns gesichtet.
Schneewittchen und die sieben Zwerge
sind längst schon über alle Berge.
"Warum?" werdet ihr euch fragen.
Sie konnten's nicht ertragen.

Sie haben sich die Sache ziemlich lange angeschaut,
dann riefen sie: "Es reicht! Wer hat unsern Wald versaut?"

Schneewittchen und die sieben Zwerge ...

Sie kochten sich ihr Süppchen, es hat immer gut geschmeckt,
dann riefen sie: "Igitt! Wer hat unsern Bach verdreckt?"

Schneewittchen und die sieben Zwerge ...

Wie liebten ihre Nasen den frischen Waldesduft,
dann riefen sie: "Es stinkt! Wer verpestet unsre Luft?"

Schneewittchen und die sieben Zwerge ...

Sie gingen gern spazieren, bis sie es plötzlich sahn.
Da packte sie die Wut: "Wir brauchen keine Autobahn!"

Schneewittchen und die sieben Zwerge ...

Es hängt ein kleiner Zettel an der Zwergentür:
"Wir kommen gerne wieder, macht erst mal alles sauber hier!"

Schneewittchen und die sieben Zwerge ...

Sie konnten's nicht ertragen!

Musik und Text: Rolf Zuckowski
© by MUSIK FÜR DICH Rolf Zuckowski OHG, Hamburg

Illustr. Buch: SIK 1130
Noten: SIK 994, SIK 1143

Als man in der deutschen Öffentlichkeit begann, sich über den Zustand des Waldes Sorgen zu machen, als das Wort vom "Waldsterben" zuerst durch die Medien geisterte, ging es mir so wie den meisten aus unserem Freundeskreis: Ernste Befürchtungen mischten sich mit Zweifeln an den düsteren Prognosen. Ich tauchte tiefer in das Thema ein, abonnierte Horst Sterns Natur-Magazin und suchte als "Großstadtkind" meinen persönlichen Zugang zu dieser Problematik. Dabei entstand das Lied von Schneewittchen, die es mit den sieben Zwergen in ihrem "Märchenwald" nicht mehr ausgehalten hat. Ich wollte über dieses Bild das Thema zum Gesprächsstoff zwischen Kindern und Eltern machen. Es lag mir nichts daran, ein Märchen zu zerstören, vielmehr dachte ich an einen kleinen Beitrag zur Entwicklung neuer Kräfte und Ideen, die die Zerstörung des Waldes aufhalten könnten. Das war 1981, inzwischen haben wir viele neue Erfahrungen zu diesem Thema, leider kaum gute.

Gesungen wurde die Originalfassung von Peter Maffay und meinen Freunden. Ich hatte Peter im Rahmen meiner wöchentlichen Sendung "Moment mal" bei Radio Luxemburg musikalisch porträtiert. Die Frage nach einem Gastspiel bei Radio Lollipop wurde mit einem knappen "mach' ich für dich" beantwortet. Aus dieser Zusammenarbeit entsprang zwei Jahre später unser gemeinsames Projekt "Tabaluga" (siehe auch "Nessaja").

Auf dem Flügel: Niels Peters ("Du da im Radio")

Die Freunde von "Radio Lollipop", aufgenommen im Frühjahr 1981. Von links: Niels, John, Bianca, Katrin, Gabi, Iris, Torsten, Anuschka, Julia, Stefanie, Martina und Olaf.

"So wat giff dat jümmers noch in Hamborg" — meine Freunde von der Finkwarder Lütt Speeldeel bei einem gemeinsamen Konzert.

Aus diesem Kleinen wurde eine wichtige Stütze für unsere Gruppe: Jörg Ellmers ("Ich bau' mir eine Höhle"), aufgenommen bei unserem ersten Kennenlernen im Jahr 1984.

Einige der "starken Kinder" beim gemeinsamen Skateboard-Training.

Unsere erste große TV-Produktion, 1982 für "Das Sonntagskonzert" des ZDF, hier gemeinsam mit dem Kölner Kinderchor auf großer Fahrt. Am Bug, kaum zu verwechseln: Julian.

Pause zwischen den Proben zu "Was Spaß macht", Sommer 1983. Und es hat Spaß gemacht (in der oberen Reihe von links): Julian, Niels, Florian, Martina, Carina, Anuschka, Rolf, Ariane und Yuki; in der unteren Reihe von links: Alexander, Jens, Nandini, Caroline, Wiebke und Ulrike.

„Es ist nicht leicht, ein Narr zu sein." – aber hier sind die Narren los. und Simon (Mitte) ist in seinem Element.

Die Freunde vom „Liederkalender" bei einer Verschnaufpause während der Proben in unserem Wochenendhaus, März 1992. Von links: Jörg, Sonja, Jule, Nina, Nona, Andrea, Jens, Simon, Andreas, Silke, Julia und Jörg.

Bei den Gesangsaufnahmen für „Du brauchst ein Lied", Juli 1994 im Vox Klangstudio. Normalerweise sitzt natürlich Volker Heintzen am Mischpult.

Ganz ohne Dirigieren geht es auch bei uns nicht. Wichtiger als die Hände sind dabei allerdings die Augen.

Meine erste Fernsehsendung mit der Vorstellung von "Rolfs Schulweg-Hitparade" in der "Aktuellen Schaubude" des NDR 1979 aus dem SOS Kinderdorf in Lütjenburg. Dies war zugleich die Geburtsstunde der Aktion "Ein Herz für Kinder".

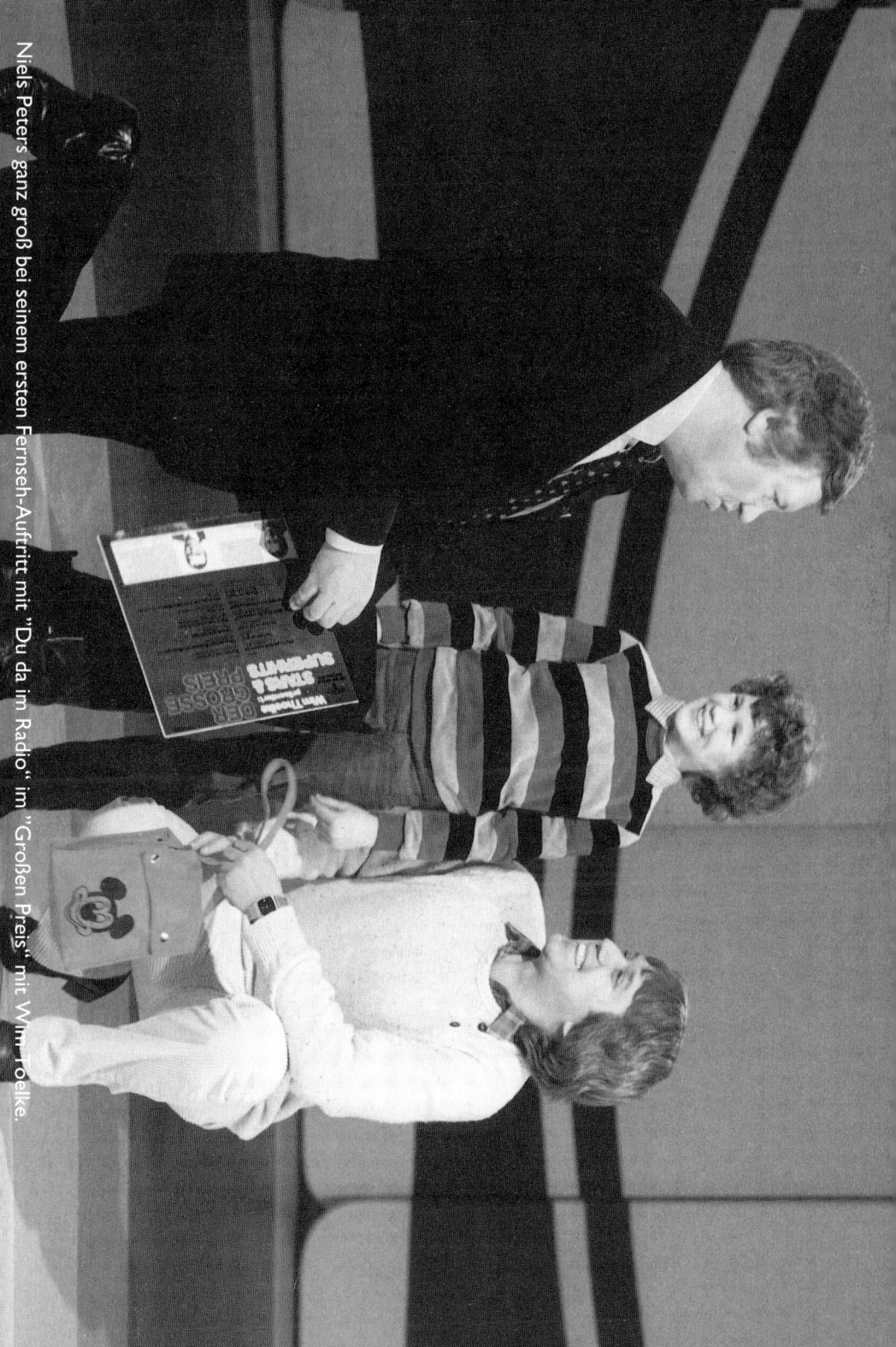

Niels Peters ganz groß bei seinem ersten Fernseh-Auftritt mit "Du da im Radio" im "Großen Preis" mit Wim Toelke.

Ihr dürft es einen Trick nennen: Die Fernsehleute nennen es "Blue Box". So wird aus zwei Bildern eines gemacht, und aus einem disziplinierten Rundgang wird ein Fernsehtraum.

"Kleine Kinder, große Kinder" hieß das Adventslied, das ich mit Peter Maffay in unserer "Großen Show für kleine Leute" live gesungen habe (1984).

Aus "... und ganz doll mich" wurde mit 3766 Zeilen das längste Lied der Welt. Otto Waalkes und der Komponist Michael Reineke feierten mit uns in der "Großen Show für kleine Leute" diese Überraschung.

In diesem Moment, am 3. Mai 1982, erfahren wir, daß "... und ganz doll mich" den ersten Platz in der ZDF-Hitparade belegt. Völlig überrascht und glücklich (von links): Niels, Rolf, Dieter Thomas Heck, Anuschka, Sandra und Julian.

Das Team für die "Dezemberträume" – 1. Reihe vorn von links: Anuschka, Stefan, Kai, Alina, Andreas und Julia. 2. Reihe: Alexander, Jens, Patrick, Nadja, Anne, Nona und Martina. Und hinten: Sandra, Simon, Julian, Florian und Carina.

Der Große ist "der Kleine mit der Nickelbrille", Julian; hier 1993 mit seinem Freund Florian aufgenommen.

ir warten auf Weihnachten
1982

Mit Alexander, Anuschka, Caroline, Christina, Florian, Julian, Martin, Martina, Miriam, Niels, Sandra, Sandra, Susanne, Torsten und Yuki.

Titel:

• Fröhliche Weihnacht (Macht euch bereit)
• Morgen kommt der Nikolaus
• Kleine Kinder, große Kinder (Das Adventskalenderlied)
• Ich wünsche mir zum Heiligen Christ
• ... und Frieden für die Welt
• Weihnacht, was bist du?
• Lieber guter Weihnachtsmann
• Jedes Jahr, wenn Weihnachten ist
• Was bringt der Dezember?
• Höchste Zeit
• Fröhliche Weihnacht (Es ist soweit)
• Das Christkind ist geboren

Als unsere eigenen Kinder sich zum ersten Mal von den Türchen des Adventskalenders verzaubern ließen, dem Nikolaus entgegenfieberten und uns ihre bunt verzierten Wunschzettel übergaben, tauchte auch ich selbst auf eine neue Art ein in die Vorweihnachtswelt. Ich sah noch einmal in den Kinderaugen den Zauber des Advents und spürte das Herzklopfen der Kinder vor der Bescherung. Besinnung und Nachdenklichkeit, vor allem aber Freude flossen ein in neue Lieder, die Kindern und Erwachsenen helfen sollten, die kleinen Wunder der Weihnachtszeit und den Ursprung des Festes neu zu entdecken. Die guten alten Weihnachtslieder lagen und liegen mir am Herzen, sind aber allzu oft für Berieselungszwecke mißbraucht worden. Manche sind wegen ihrer alten Sprache für Kinder nur schwer zugänglich. Meine neuen Lieder sollten diese Lücke schließen.

Unsere Kinder stellten in der Dezembersendung von "Wetten, daß ..." ihr freches "Lieber guter Weihnachtsmann" einem Millionenpublikum vor. Der Weihnachtsmann, den man auch auf dem Coverfoto sieht, hatte übrigens eine erstaunliche Ähnlichkeit mit mir. Auf dieser LP stellte sich mit mehreren Kindern auch unser Sohn Alexander zum ersten Mal mit einem kleinen Solo vor ("Höchste Zeit"). Er hielt sich zwar lieber im Hintergrund auf, zählte aber, so wie seine Schwester Anuschka, ab 1982 zum festen Stamm der Gruppe und ist mir heute ein lieber und kritischer Partner auf der Suche nach Harmonien, Rhythmen und treffenden Formulierungen. Von nun an lernte ich durch meine Konzertreisen nicht nur im Hamburger Umland Kinder kennen. Nach einem Gastspiel in Flensburg z.B. waren nun öfter auch Freunde aus dem "hohen Norden" dabei: Caroline, Ariane, Yuki und Susanne. Ebenso kam Miriam aus der "Bremer Ecke" zu uns.

Fröhliche Weihnacht
(Macht euch bereit)

Macht euch bereit,
macht euch bereit,
jetzt kommt die Zeit,
auf die ihr euch freut.
Bald schon ist Weihnacht,
fröhliche Weihnacht,
macht euch bereit,
macht euch bereit.

Ob Jung oder Alt,
Groß oder Klein,
stimmt doch mit ein!
Stimmt doch mit ein!
Bald schon ist Weihnacht,
fröhliche Weihnacht,
stimmt doch mit ein,
stimmt doch mit ein!

Tannen aus dem Winterwald
schmücken unsre Zimmer bald,
bringen den Kerzenschein
zu uns herein.

Macht euch bereit,
macht euch bereit ...
Bald schon ist Weihnacht,
fröhliche Weihnacht,
macht euch bereit,
macht euch bereit.

Musik und Text: Rolf Zuckowski
© by MUSIK FÜR DICH Rolf Zuckowski OHG, Hamburg

Noten: SIK 1141, SIK 1269, SIK 1287

Morgen kommt der Nikolaus

Kinder, stellt die Stiefel raus,
morgen kommt der Nikolaus!
Kinderchen, wie ihr euch freut,
auch wenn ihr schon achtzig seid.

Einmal im Jahr wird die Schuhcreme benutzt,
und das größte Paar Stiefel wird blankgeputzt.
Einmal im Jahr wird die Schuhcreme benutzt,
und das größte Paar Stiefel wird blankgeputzt.

Komm, Papa, komm und drück dich nicht!
Glaubst wohl, der Nikolaus erblickt dich nicht?

Kinder, stellt die Stiefel raus,
morgen kommt der Nikolaus.

Wenn es raschelt im Haus heute nacht,
still und heimlich, daß niemand erwacht,
sind es ganz bestimmt keine Mäuse,
sondern viele liebe kleine Nikoläuse.

Denn dem Alten fehlt längst schon die Kraft,
und weil er es allein nicht mehr schafft,
setzte er sich im Himmel zur Ruhe
und zeigt nur noch von oben auf die Schuhe.
Seine Augen sind müde und krank,
drum putzt die Stiefel blitzeblank!

Daß ich sie sehen kann!

Kinder, stellt die Stiefel raus,
morgen kommt der Nikolaus ...

Einmal im Jahr wird die Schuhcreme benutzt ...

Komm, Papa, komm und drück dich nicht ...

Kinder, stellt die Stiefel raus ...

Doch am schönsten, das siehst du bald ein,
ist es, selbst einmal Nikolaus zu sein;
denn du brauchst, um Freude zu machen,
gar kein Geld für irgendwelche großen Sachen.

Mehr als gute Ideen brauchst du nicht:
Mal ein Bild oder schreib ein Gedicht,
oder bastel mit Äpfel und Nüssen,
schreib dazu: "Das ist von mir mit tausend Küssen!"
Und am Morgen, na da ist was los,
die Freude wird nochmal so groß.

Und ich werd' arbeitslos.

Kinder, stellt die Stiefel raus,
morgen kommt der Nikolaus ...

Einmal im Jahr wird die Schuhcreme benutzt ...

Komm, Papa, komm und drück dich nicht ...

Kinder, stellt die Stiefel raus ...

Musik und Text: Rolf Zuckowski
© by MUSIK FÜR DICH Rolf Zuckowski OHG, Hamburg

Noten: SIK 1269, SIK 1287

Kleine Kinder, große Kinder
(Das Adventskalenderlied)

Kleine Kinder, große Kinder haben einen Traum:
24 Türchen hat der Weg zum Weihnachtsbaum.
Jeden Morgen machen sie ein neues Türchen auf,
abends, wenn sie schlafen gehn, freu'n sie sich schon darauf.

24 Türchen, und was dahintersteckt,
haben sie – ganz aus Versehen – irgendwann entdeckt.

Kleine Kinder, große Kinder, da sind alle gleich,
finden, daß die Zeit nun mal nicht schnell genug verstreicht.
Schau'n sich den Adventskalender immer wieder an,
warten auf die größte Tür, doch die ist noch nicht dran.

Dabei fallen ihnen so viele Wünsche ein,
hören dann auch noch: "Du darfst nicht ungeduldig sein!"

Kleine Kinder, große Kinder spüren irgendwie:
Diese Türchen, die verlieren ihr Geheimnis nie.
Auch wenn sie dann eines Tages große Leute sind,
schau'n sie den Kalender an, als wär'n sie noch ein Kind.

24 Türchen, und was dahinter steckt,
ganz genau hat das im Leben keiner je entdeckt.

Musik und Text: Rolf Zuckowski
© by MUSIK FÜR DICH Rolf Zuckowski OHG, Hamburg

Noten: SIK 1269

Ich wünsche mir zum Heiligen Christ

Ich wünsche mir zum Heiligen Christ
einen Kopf, der keine Vokabeln vergißt,
einen Fußball, der keine Scheiben zerschmeißt -
und 'ne Hose, die nicht zerreißt.

Ich wünsche mir zum Heiligen Christ
eine Oma, die nie ihre Brille vermißt,
einen Nachbarn, den unser Spielen nicht stört -
und 'nen Wecker, den niemand hört.

Ich wünsche mir zum Heiligen Christ
eine Schule, die immer geschlossen ist,
eine Mutter, die keine Fragen stellt -
und 'nen Freund, der die Klappe hält.

Doch weil ich das alles nicht haben kann,
überlass' ich die Sache dem Weihnachtsmann.

Musik: Rolf Zuckowski   Text: Erica Wildgrube-Ulrici
© by MUSIK FÜR DICH Rolf Zuckowski OHG, Hamburg

Illustr. Buch: SIK 1130
Noten: SIK 1269, SIK 1287

Und Frieden für die Welt
(Mary's Boy Child)

Vor langer Zeit in Bethlehem,
so wird es uns erzählt,
brachte Maria ihren Sohn
in einem Stall zur Welt.

Josef, ihr Mann, kniete neben ihr,
die Tiere sahen zu.
So legten sie auf Heu und Stroh
ihr kleines Kind zur Ruh.

Bald schon klang ein Engelschor
herab vom Himmelszelt:
Freut euch, ihr Menschen überall,
und Frieden für die Welt!

Die Hirten auf dem Felde sah'n
in strahlend hellem Licht
den Engel, der zu ihnen trat
und sprach: "Fürchtet euch nicht!
Denn siehe, ich verkündige
euch allen große Freud'.
Jesus Christus, Gottes Sohn,
ist euch geboren heut'!"

Bald schon klang ein Engelschor
herab vom Himmelszelt ...

Über dem Stall stand hell und klar
noch lang der Weihnachtsstern.
Die heiligen drei Könige
sahen ihn von fern.
Viele Geschenke haben sie
dem Christuskind gebracht,
und alle Kinder freuen sich
noch heut' auf diese Nacht.

Bald schon klang ein Engelschor
herab vom Himmelszelt ...

Musik und Originaltext: Jester Hairston   dt. Text: Rolf Zuckowski
© 1957 by Schumann Music Corp./Bourne Music Ltd.
    für Deutschland, Österreich und die Schweiz: EMI Music Publishing Germany, Hamburg

Noten: SIK 1269

Weihnacht, was bist du?

Weihnacht, was bist du?
Bist du Kerzen und Schnee
oder nur ein Seemann,
der allein ist auf See?
Weihnacht, was bist du?
Bist du Hoffnung der Welt,
oder bist du einfach
das ganz große Geld?

Glaubst du, alle Menschen
verstehn dein Wort noch heut',
oder bist du nur ein Traum
aus unsrer Kinderzeit?

Weihnacht, was bist du ...

Weißt du, viele Menschen
brauchen dich so sehr.
Mancher weiß es selbst noch nicht
und fühlt es um so mehr.

Weihnacht, was bist du ...

Musik und Text: Rolf Zuckowski
© by MUSIK FÜR DICH Rolf Zuckowski OHG, Hamburg

Noten: SIK 1269

Lieber guter Weihnachtsmann

"Oh, guckt mal, der Weihnachtsmann!"
"Wart ihr denn auch schön brav?"
"Ja, natürlich!"
"Und habt ihr denn auch ein Gedicht gelernt?"
"Nöö."
"Na, dann kann ich ja gleich weitergehn!"
"Nein, halt!"

Lieber guter Weihnachtsmann,
bitte bleib doch stehen.
Auch wenn du in Eile bist,
wir woll'n erst was sehen.
Zeig mir nochmal dein Gesicht,
irgendetwas stimmt da nicht;
doch allmählich fang' ich an,
alles zu verstehen.

"Was ist denn los? Was habt ihr bloß?"
"Was ist denn los? Was habt ihr bloß?"

Lieber guter Weihnachtsmann,
ich muß mich beschweren.
Könntest du mir bitte schön
jetzt mal was erklären?
Warum ist die Nase da
ganz genau wie bei Papa?
Auch die Augen sehn so aus,
als ob sie Papas wären.

"Ist ja allerhand, ich bin erkannt."
"Ist ja allerhand, ich bin erkannt."

Lieber guter Weihnachtsmann,
das ist nicht zum Lachen!

Wir soll'n lieb und artig sein,
und du machst solche Sachen.
Langsam wird es mir zu bunt,
das da ist doch Papas Mund!
Du denkst wohl, du kannst mit uns
solche Scherze machen?

"Hat keinen Zweck, ich muß hier weg."
"Hat keinen Zweck, ich muß hier weg."

Lieber guter Weihnachtsmann,
nein, du darfst nicht gehen.
Du siehst ja so traurig aus,
das mag ich nicht sehen.
So war das doch nicht gemeint,
daß am Ende einer weint!
Wir hab'n dich doch trotzdem lieb,
kannst du das nicht verstehen?

"Na ja, na ja, dann bleib' ich da."
"Na ja, na ja, dann bleib' ich da."

Musik: Trad.   Bearb.: Michael Reinecke und Rolf Zuckowski   Text: Rolf Zuckowski
© by MUSIK FÜR DICH Rolf Zuckowski OHG, Hamburg

Noten: SIK 1269

Jedes Jahr, wenn Weihnachten ist

Jedes Jahr, wenn Weihnachten ist,
denkt man an die vielen Leute,
die man sonst so leicht vergißt.
Schickt Pakete und schreibt Karten
und begräbt so manchen Zwist,
jedes Jahr, wenn Weihnachten ist.

Jedes Jahr, wenn Weihnachten ist,
sieht der Pastor all die Schäfchen,
die er sonst so sehr vermißt,
doch sein Traum, daß es so bliebe,
ist vergebens, wie ihr wißt,
jedes Jahr, wenn Weihnachten ist.

Dann treffen sich die Verwandten
und manchmal sogar welche,
die sich fast schon nicht mehr kannten.
Die Kinder lärmen, und die Alten schwärmen.
Wann man sich so fröhlich wiedersieht,
steht leider in den Sternen.

Jedes Jahr, wenn Weihnachten ist,
denkt man an die vielen Leute ...

Jedes Jahr, wenn Weihnachten ist,
siehst du, wie der letzte Griesgram
die Friedensfahne hißt,
und er lächelt dich an,
auch wenn du ihm sonst ein Dorn im Auge bist,
jedes Jahr, wenn Weihnachten ist.

Dann wird beisammengesessen,
geredet und getrunken
und viel zu viel gegessen.
Die Kinder denken: Was die uns wohl alle noch schenken?
Mancher fragt sich, wo das noch hinführt,
doch man will ja niemanden kränken.

Jedes Jahr, wenn Weihnachten ist,
denkt man an die vielen Leute ... (2x)

Jedes Jahr, wenn Weihnachten ist. (2x)

Musik und Text: Rolf Zuckowski
© by MUSIK FÜR DICH Rolf Zuckowski OHG, Hamburg

Noten: SIK 1269

Was bringt der Dezember

Was bringt der Dezember uns Schönes daher?
Bringt Äpfel und Nüsse und bald noch viel mehr.
Ach Mami, ach Papi, ich freu' mich so sehr
und wünsch' mir, daß morgen schon Weihnachten wär'.

Was bringt der Dezember für Groß und für Klein?
Bringt Freude und Licht in die Stuben hinein,
und jeder wär' glücklich, würd's einmal so sein:
Nur fröhliche Herzen und niemand allein.

Was bringt der Dezember mit himmlischer Fracht?
Wie leuchten die Sterne in strahlender Pracht!
Den Glanz und die Stille der Heiligen Nacht
hat uns ganz alleine das Christkind gebracht.

Musik: Peter Reber   Text: Beat Jäggi   Deutscher Spezialtext: Rolf Zuckowski
© 1983 by Edition Taurus, Hamburg

Noten: SIK 1141, SIK 1269, SIK 1287

öchste Zeit

Mami, es ist höchste Zeit
zum Geschenke-Packen.
Außerdem, wir wollten doch
Weihnachtsplätzchen backen.

Papi, es ist höchste Zeit,
ich seh' uns schon laufen,
um wieder mal am letzten Tag
den Tannenbaum zu kaufen.

Oma, es ist höchste Zeit,
wird es dir wohl glücken,
grade noch zum Weihnachtsfest
mein Puppenkleid zu stricken?

Opa, es ist höchste Zeit,
ich seh' dich schon schwitzen,
doch ich glaub', du schaffst es noch,
mein Segelboot zu schnitzen.

Christkind, es ist höchste Zeit,
wir können's kaum erwarten.
Heute morgen kamen schon
die ersten Weihnachtskarten.

Musik und Text: Rolf Zuckowski
© by MUSIK FÜR DICH Rolf Zuckowski OHG, Hamburg

Noten: SIK 1137, SIK 1269

Heute wollen wir Geburtstag feiern.
Den schönsten Geburtstag im ganzen Jahr.
Den Tag, an dem Gottes Sohn zur Welt kam!
Er wurde als Baby geboren, so wie du und ich.
Winzig und hilflos, ohne Lächeln und ohne Zähne.
Und seine Windeln wurden naß, so wie deine und meine.
Seine Mutter war eine junge Frau mit Namen Maria,
und sie gebar ihn wie jede Frau unter Schmerzen und Freude.
Und als sie ihn dann in den Armen hielt,
empfand sie das Glück einer Mutter.
Es war eine Geburt wie alle anderen –
und doch war sie mehr, viel mehr:
Das strampelnde Baby war Gottes Sohn.
Wer kann das verstehen?
Wir können es nur glauben,
denn unser Verstand ist zu eng für die Wahrheit.
Gott schenkte uns seinen Sohn,
um uns zu zeigen, wie sehr er uns liebt.
Wie sehr er bereit ist, uns zu verzeihen,
wenn wir nur seiner Liebe vertrauen.
Das ist das Wunder der heiligen Nacht, die wir heute feiern.
Das Wunder aller Wunder!
Darum wollen wir uns liebhaben und glücklich sein.

Marie-Louise Fischer: "Vor fast 2000 Jahren"
(aus dem Buch "Weihnachtsgedichte",
Franz Schneider Verlag)

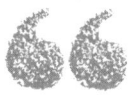

Fröhliche Weihnacht (Es ist soweit)

Es ist soweit,
es ist soweit!
Wir sind bereit,
wir sind bereit!
Fröhliche Weihnacht,
fröhliche Weihnacht!
Es ist soweit,
es ist soweit.

Ob Jung oder Alt,
Groß oder Klein!
Stimmt doch mit ein,
stimmt doch mit ein!
Fröhliche Weihnacht,
fröhliche Weihnacht!
Stimmt doch mit ein,
stimmt doch mit ein!

Unser schönster Weihnachtstraum
liegt dort unterm Tannenbaum.
Wie er strahlt heute nacht,
fröhlich uns macht.

Es ist soweit,
es ist soweit ...

Fröhliche Weihnacht,
fröhliche Weihnacht!
Es ist soweit,
es ist soweit!

Musik und Text: Rolf Zuckowski
© by MUSIK FÜR DICH Rolf Zuckowski OHG, Hamburg

Noten: SIK 1141, SIK 1269, SIK 1287

as Christkind ist geboren

Das Christkind ist geboren
in dunkler Winternacht
und hat in unser Leben
das helle Licht gebracht.

Es will uns allen sagen,
ob groß wir oder klein:
"Ich will an allen Tagen
euch Trost und Hoffnung sein.
Ich will die Kraft euch geben,
die euch den Glauben bringt,
daß ihr durch meine Liebe
den stärksten Feind bezwingt."

Das Christkind ist geboren,
um unser Freund zu sein.
Wenn wir den Mut verlieren,
läßt es uns nicht allein.

Es bleibt an unsrer Seite,
wo immer wir auch gehn,
und fehlen uns die Worte,
kann es uns doch verstehn.

Das Christkind ist geboren
in dunkler Winternacht ...

Es bleibt an unsrer Seite,
wo immer wir auch gehn ...

Musik und Text: Rolf Zuckowski
© by MUSIK FÜR DICH Rolf Zuckowski OHG, Hamburg

Noten: SIK 1269, SIK 1287

Rolf's Kinder lieder buch

Mein allererstes Liederbuch, "mit Genehmigung des Musikverlags" selbst herausgegeben. Als Fotomodelle: Anuschka und Alexander.

reis DM 3,–

as Spaß macht ...

1983

Mit Alexander, Anuschka, Ariane, Caroline, Christina, Florian, Jens, John, Julian, Martina, Nandini, Niels, Sandra, Ulrike, Wiebke und Yuki.

Titel:

• Theo (Der Bananenbrot-Song)
• Herzlich willkommen
• Nasenküsse
• Es gibt noch echte Kinder
• Großpapa
• Nackidei
• Gemeinsam unterwegs
• Was Spaß macht
• Die Traumautomaten
• Zwei Gitarren und ein Mann
• Dein kleines Leben

„Die Kassette mit dem Bananenbrot" wurde sie bald nur noch genannt, und dieses Lied hatte es wirklich in sich. Niels Peters sang sich damit nicht nur in die Kinderherzen hinein. Er machte sich auch um das leibliche Wohl der Gruppe verdient: Wir hatten bei den Fernsehsendungen, in denen unser Lied erklang, nämlich nie Hunger. Jede Redaktion gab sich alle Mühe, ein noch größeres Bananenbrot herbeizuschaffen als die vorige. Die allgemeine Begeisterung für dieses Lied legte sich nur langsam, aber dann wurde deutlich, daß mit "Nackidei", "Nasenküsse" und "Herzlich willkommen" nicht minder beliebte Dauerbrenner geboren worden waren. Ich weiß von vielen Erwachsenen, daß sie bei dieser LP zum ersten Mal ganz intensiv spürten, wie wenig das Wort "Kinderplatte" unsere Liedersammlung beschreiben konnte. "Gemeinsam unterwegs" oder "Großpapa" gingen den Großen sicherlich noch mehr unter die Haut als den Kleinen. Mit "Es gibt noch echte Kinder" gelang uns abermals ein kleiner, aber feiner Radio-Hit. In den Konzertsälen tauchten unterdessen immer mehr Eltern auf, die sich offensichtlich nicht nur als Begleiter ihrer Kinder fühlten.

Waren die Kinder der Aufbruchzeit um 1978 schon bei den vorigen Produktionen nach und nach altersgemäß anderen Spuren gefolgt, so verabschiedeten sich nach dieser LP bald auch Julian, Florian und Niels aus der Gruppe der Mitsänger. Die rockigeren Klänge von Liedern wie "Was Spaß macht..." oder "Die Traumautomaten" deuten an, wohin sie der Weg führen würde. Anuschka und Sandra konnten den Vorteil genießen, nicht vom Stimmbruch übermannt zu werden, und blieben bis heute gute Freundinnen und wichtige Stützen für mich und auch für die nachwachsenden kleineren Freunde.

Wie immer gab es aber auch Nachwuchs, wie z.B. Wiebke aus der Nachbarschaft, Nandini aus Alveslohe und Ulrike aus der Finkwarder Lütt Speeldeel. Von dort kam auch Jens, der mich als Kind vertrat in der etwas melancholischen Rückbesinnung an meinen "Großpapa". Wer es versteht, zwischen den Zeilen zu lesen, wird herausfinden, was sich für unsere Familie hinter dem Lied "Herzlich willkommen" verbarg. Aus einer frohen Erwartung wurde bald ein optimistisches "Hallo Welt".

Dieses war unsere letzte Produktion in den Polydor-Studios, die bald darauf aufgelöst wurden. Wir verdanken unserem Tonmeister Gerd Hauke und seinen Kollegen viele gutgelaunte, kinderfreundliche Stunden und unvergeßliche Aufnahmen.

Lüften wir an dieser Stelle noch ein Geheimnis: Die Melodie des Titels "Dein kleines Leben" paßt bis aufs Komma auch auf den Text "Der Baum des Lebens" von Peter Maffays erster Tabaluga-LP, an der wir kurz zuvor gearbeitet hatten. Der Grund dafür ist unter dem betreffenden Liedertext nachzulesen.

Theo (Der Bananenbrot-Song)

Theo, The-e-e-o!
Komm und hilf mir in meiner Not!
The-, lieber The-, lieber The-, lieber The-,
lieber The-, lieber The-e-e-o,
bitte mach mir ein Bananenbrot!

Ich komm' halb vor Hunger um.
Theo, mach mir ein Bananenbrot.
Egal, ob sie grade ist oder krumm.
Theo, mach mir ein Bananenbrot.

Mach ein bißchen dalli, Mann,
denn mir knurrt der Magen.
Theo, mach mir ein Bananenbrot.
Ich kann das Gefühl im Bauch
nicht mehr lang ertragen.
Theo, mach mir ein Bananenbrot.

The-, lieber The-e-e-o,
komm und hilf mir in meiner Not.
The-, lieber The-e-e-o,
bitte mach mir ein Bananenbrot.

Ich hab' Kohldampf wie ein Tier,
Theo, mach mir ein Bananenbrot.
Soll ich etwa verhungern hier?
Theo, mach mir ein Bananenbrot.

Mach ein bißchen dalli, Mann,
denn mir knurrt der Magen.
Theo, mach mir ein Bananenbrot.
Ich kann das Gefühl im Bauch
nicht mehr lang ertragen.
Theo, mach mir ein Bananenbrot.

The-, lieber The-e-e-o,
komm und hilf mir in meiner Not.
The-, lieber The-e-e-o,
bitte mach mir ein Bananenbrot.

Ich verdrück' ein ganzes Pfund!
Theo, mach mir ein Bananenbrot.
Bananen sind ja so gesund!
Theo, mach mir ein Bananenbrot.

The-, lieber The-e-e-o,
komm und hilf mir in meiner Not.
The-, lieber The-e-e-o,
bitte mach mir ein Bananenbrot.

Musik: Trad.   Bearbeitung: Rolf Zuckowski und John O'Brien-Docker
Deutscher Spezialtext: Rolf Zuckowski
© by MUSIK FÜR DICH Rolf Zuckowski OHG, Hamburg

Noten: SIK 994

Man kaufe sich einen Synthesizer (in diesem Fall den legendären OB 8 (von Oberheim) und erzeuge damit die Nachahmung von jamaikanischen Steel-Drums. Man führe diese seinem siebenjährigen Sohn unter Verwendung der Melodie des weltberühmten Bananaboat-Songs stolz vor, um dann gespannt seine Reaktion zu erwarten. "Was für ein Bananenbrot-Song? Kenn' ich nicht!" Sprach's und entschwand zu wichtigeren Spielsachen. Was blieb, war ein stolzer Soundtüftler mit einer neuen Idee, die bald im wahrsten Sinne des Wortes in aller Munde sein sollte.

Nachdem Niels Peters unser Lied in Thomas Gottschalks damaliger Show "Na sowas" geschmettert hatte, kamen diverse Anfragen für weitere TV-Sendungen mit immer neuen Varianten, ein Bananenbrot zu backen. Das Gleiche für eine weltbekannte Fruchtmarke zu tun, haben wir uns verkniffen.

Eine Insider-Information, nach der oft gefragt wird: Der Bananaboat-Song ist ein traditionelles, überliefertes Lied der Hafenarbeiter aus Jamaika. Harry Belafonte hat es zum Welthit gemacht. Andere Aufnahmen, auch Ulkversionen, sind zahlreich gemacht worden (meine liebste ist die von Spike Jones). In diesem Falle wäre der Prinzen-Spruch "Alles nur geklaut" also nicht ganz angebracht. Allerdings sind die Hafenarbeiter von Jamaika sauer auf Harry Belafonte, weil er aus ihrem Lied, das von harter Arbeit und Ausbeutung erzählt, einen Schlager machte. Ich habe davon erst viel später erfahren. Hoffentlich erwischen mich die Jungs nicht, Urlaub in Jamaika ist für uns jedenfalls kein Thema.

Herzlich willkommen

Auf diesem Planeten, der Erde heißt,
seit Millionen von Jahren um die Sonne kreist,
wird in jeder Sekunde, bei Tag und bei Nacht,
ein kleiner Mensch zur Welt gebracht.

Sieht er seine Eltern zum ersten Mal an,
dann denken sie sich,
was er noch nicht verstehen kann:

Herzlich willkommen!
Schön, daß du da bist!
Wir haben uns schon so auf dich gefreut.
Herzlich willkommen!
Schön, daß du da bist!
Wann gibt's schon mal einen Tag so wie heut!

Herzlich willkommen,
schön, daß du da bist,
herzlich willkommen auf dieser Welt!

Wenn einer von uns in die Ferne zieht
und man weiß nicht genau, wann man sich wiedersieht,
dann wird Abschied gefeiert, und jeder verspricht:
Ich schreib' dir mal und vergess' dich nicht.
Die Jahre vergehn, und das Schreiben fällt schwer;
doch kommt er nach Haus,
dann freu'n sich alle umso mehr.

Herzlich willkommen ...

Herzlich willkommen,
schön, daß du da bist,
herzlich willkommen bei uns zu Haus!

Herzlich willkommen ...

Musik und Text: Rolf Zuckowski
© by MUSIK FÜR DICH Rolf Zuckowski OHG, Hamburg

Illustr. Buch: SIK 1130
Noten: SIK 994, SIK 1138

asenküsse

Es war einmal ein Komponist, noch jung und unbekannt,
der schrieb so manches schöne Lied mit Sinn und mit Verstand.
Er gab sich große Mühe, aber der Erfolg blieb aus.
Nur von seinem Töchterlein bekam er viel Applaus.

Ging sie am Abend schlafen, machte er noch längst nicht Schluß,
drum gaben sich die beiden auf die Nase einen Kuß.
Dann lachte sie ihn an und hüpfte in ihr Bett hinein,
und dabei fiel ihm eines Tages dieses Liedchen ein:

Nasenküsse schmecken gut,
Nasenküsse gehn ins Blut,
aber eines muß man wissen:
Man sollte nie mit Schnupfen küssen!

Ein sehr gestrenger Studienrat ging grad' am Haus entlang,
doch plötzlich blieb er stehn und lauschte heimlich dem Gesang.
Das kleine Lied verfolgte ihn im Schlaf die ganze Nacht,
und noch am nächsten Morgen ist er damit aufgewacht.

Er pfiff das Lied noch immer, als er in die Schule trat,
und summte es gedankenvoll - sogar noch beim Diktat.
Den Schülern kam der Text zwar irgendwie recht komisch vor,
doch in der großen Pause sangen alle schon im Chor:

Nasenküsse schmecken gut ...

Soldaten zogen grad' vorbei zu einem Staatsempfang.
Da standen sie und schwitzten in der Sonne stundenlang.
Aus lauter Langeweile fingen sie zu singen an,
und nach ein paar Minuten sangen alle hundert Mann.

Dann landete das Flugzeug und der Präsident erschien.
Die Herren der Regierung gingen langsam zu auf ihn.

Als man sich zur Begrüßung herzlich in die Arme nahm,
da spielte das Musikkorps, und man staunte, was da kam:

Nasenküsse schmecken gut ...

Es war einmal ein Komponist, noch jung und unbekannt,
der schrieb so manches Lied, mit Sinn und mit Verstand.
Da sitzt er nun und fragt sich, war es Zufall oder nicht,
daß jedermann noch heute voll Bewund'rung von ihm spricht.

Musik und Text: Rolf Zuckowski
© by MUSIK FÜR DICH Rolf Zuckowski OHG, Hamburg

Noten: SIK 994

Es gibt noch echte Kinder
(L'Italiano)

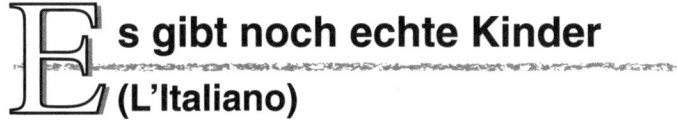

Es gibt noch echte Kinder,
die in der Sonne spielen
und die sich, wenn sie schmutzig sind,
erst richtig glücklich fühlen.

Es gibt noch echte Kinder,
die kann man nicht dressieren,
und wer sie liebt,
der wird es niemals ausprobieren.

Ich bin ein Junge mit zwei schnellen Füßen,
mein allergrößtes Glück ist Tore schießen;
doch gestern morgen flog der Ball in eine Fensterscheibe,
immer muß das mir passier'n!

Ich bin der Schrecken aller Waschmaschinen
und kann mit jeder Art von Flecken dienen.

Es soll doch keiner sagen, ich wär' schuld daran,
wenn meine Mutter Langeweile kriegt.

Das sind die Freuden, die Kinder uns bringen,
und mancher kann davon ein Liedchen singen,
drum singt mit mir - und dankt dem Himmel dafür:

Es gibt noch echte Kinder ...

Ich bin ein Mädchen und mag gerne lachen
und mich verkleiden mit verrückten Sachen.
Zum Beispiel neulich hab' ich Räuberbraut gespielt
und hatte eine tolle Höhle im Kamin.

Wenn ich in der Badewanne sitze
und mal ein bißchen mit dem Wasser spritze,
kommt Papa rein mit einem Rettungsring am Hals
und sagt: "Ich glaub', wir gehn unter!"

Das sind die Freuden, die Kinder uns bringen ...

Es gibt noch echte Kinder ...

Ba-da-ba-da-da ...

Es gibt noch echte Kinder ...

Musik: T. Cotugno   Originaltext: C. Minellono
Deutscher Text: Rolf Zuckowski
© 1983 by Edizioni Musicali Number Two S.r.L./Edizioni Curci S.r.L./Edizioni Star, Milano
Für Deutschland, Österreich und die Schweiz: Edition Titania Hans Gerig KG, Bergisch Gladbach
Noten: SIK 994

Ibiza, Sommer 1982: Die Familie Zuckowski übt Italienisch mit dem Hit "L'Italiano" von Toto Cotugno. Viel mehr als "Laschatemikantare" kommt dabei nicht heraus. Aber der Ohrwurm bleibt, und die Urlaubslaune steigt.

Es gab nur eine Lösung für diese Herausforderung: Ein eigener Text mußte her. Auf mehreren Fahrten zum Strand fand ich die Verse von den echten Kindern, die in der Sonne spielen (nicht in der Sahne, wie mir am Rande eines Konzerte eine empfindliche Dame vorwarf, die unser breites Hamburgisch falsch interpretiert hatte). Die "Freuden, die Kinder uns bringen" hat nicht jeder so doppeldeutig nachempfunden, wie es von mir gemeint war. Volle Übereinstimmung gab es allerdings immer im Lieblingsteil der Kinder aller Altersklassen: "Badabmdabm-dudau..."

Die Melodie war nicht nur für uns ein Ohrwurm, sie machte sich in unserer Kinderversion auch im Radio und im Fernsehen so gut, daß die Titelzeile zu einem weiteren Markenzeichen für unsere Idee wurde. Daß sie von vielen in "Wir sind noch echte Kinder" verdreht wurde, hat mich nie gestört, aus dem Mund erwachsener Menschen klang es manchmal sogar besonders überzeugend.

Was Niels, Jens, Nandini und Ulrike da so locker vom Hocker singen, gehört nicht gerade zu unseren leichtesten Melodien. Die Kinder, die das in eigenen Konzerten ausbaden mußten, sollen sich bei Signore Cotugno in Italien beschweren.

Großpapa
(Excerpt From A Teenage Opera)

Die Bilder aus der Kinderzeit
scheinen mir schon so weit.
Doch manchmal sind sie zum Greifen nah.
Dann seh' ich ihn, als wär' er da
und ständ' vor mir, mein Großpapa.
Keiner war geschickt wie er,
für Großpapa war nichts zu schwer.
Er wußte, wie man Drachen baut,
und wenn sie flogen, sang ich laut:

Großpapa, Großpapa,
geh niemals weg, bleib immer da,
am liebsten noch für hundert Jahr!

Großpapa, Großpapa ...

Er war ein ganz besond'rer Mann,
und irgendwie zog er alle Kinder magisch an,
und saßen wir um ihn herum,
dann hatte er sein Publikum,
erzählte uns von Abenteuern,
vom Kampf mit Meeresungeheuern.
Wir nannten ihn den Kapitän
und sangen beim Nachhausegehn:

Großpapa, Großpapa ...

Ich saß einmal auf seinem Schoß,
da sagte er: "Na, kleiner Mann,
bald bist du groß.
Wenn's dir erst geht wie vielen heut':
Beruf und Streß und keine Zeit,
dann denk an deinen Großpapa,
bei dem es so gemütlich war."

Und find' ich heute keine Ruh,
dann glaub' ich fast, er sieht mir zu.

Großpapa, Großpapa ...

Musik und Originaltextext: C. Philit, K. Hopkins
Deutscher Spezialtext: Rolf Zuckowski
© by Robbins Music Corp. Ltd.
   für Deutschland: EMI MUSIC, Hamburg

Noten: SIK 994

ackidei

Der Eber sagt zu seiner Frau:
"Hör zu, du süße kleine Sau.
Wir machen heut' 'ne Schweinerei
und gehn mal wieder nackidei!"

Nackidei, nackidei, alle sind heut' nackidei.
Nackidei, nackidei, und keiner findet was dabei.

Nackidei, nackidei ...

Dem Schaf wird in der Wolle heiß,
und von der Stirn rinnt ihm der Schweiß.
Doch nach der Schur sagt es: "Ja mei,
dös is fantastisch, nackidei!"

Nackidei, nackidei ...

Nackidei, nackidei ...

Das Küken hält es nicht mehr aus,
will endlich aus dem Ei heraus.

Zerpickt die Schale eins-zwei-drei:
Plumps, da liegt es nackidei!

Nackidei, nackidei ...

Nackidei, nackidei ...

Dem Karpfen fall'n die Schuppen ab,
er guckt und guckt und lacht sich schlapp.
Was schwebt da an der Schnur vorbei?
Ein Wurm, und dann noch nackidei!

Nackidei, nackidei ...

Nackidei, nackidei ...

Musik und Text: Rolf Zuckowski
© by MUSIK FÜR DICH Rolf Zuckowski OHG, Hamburg

Noten: SIK 994

Wir verdanken dieses Lied einem kaputten Autoreifen, einem Duschbad in Urlaubslaune und nicht zuletzt meiner Rücksichtslosigkeit gegen den guten Geschmack einiger Mitglieder meiner Familie.

Wie die "Echten Kinder" ist auch "Nackidei" ein Mitbringsel von unserem Urlaub auf Ibiza. Dieser Sommer 1982 hatte es in sich. Den Staub der ausgetrockneten Feldwege mußten wir uns jeden Abend von der Haut duschen. Oft gemeinsam in allerbester Mittelmeerlaune. Daß dabei ein Lied wie "Nackidei" herauskommen kann, liegt auf der Hand. Solche Schnapsideen werden allerdings meistens schnell wieder vergessen, sind nur für den Tag und für die Familie. Nicht so mit diesem Einfall. Er verfolgte mich nach dem Duschen auf der Fahrt in die Stadt Ibiza, wo ich einen feldweggeschädigten Reifen reparieren lassen mußte. Zwei Strophen auf der Hinfahrt, drei auf der Rückfahrt, fertig war die Laube. Familie leicht verstört, ob man so was öffentlich singen sollte.

Vater fest entschlossen, dieses Naturereignis nicht zu verhindern. Inzwischen dürfte es in Deutschland nur noch wenige Badezimmer geben, denen unser Lied verborgen blieb.

Wer richtig mitgezählt und verglichen hat, wird nun die fünfte Strophe vermissen. Sie ist ein Opfer der Kürzung geworden, weil ich die beiden Seiten der Kassette gleich lang machen mußte (damals eine ganz strenge Vorschrift der Fabrik). Ausgerechnet "Frau Müller" wurde dabei ausgekippt. Schande über mich! Hier kann ich es endlich wieder gutmachen, für den Hausgebrauch (Jeder Name paßt.):

Frau Müller sitzt vor ihrem Haus
und hält die Hitze kaum noch aus.
Nach kurzer Zeit ein spitzer Schrei:
"Ein Frosch! Und völlig nackidei!"

Die oft gestellte Frage, warum "nackidei" und nicht "nackedei", ist aufgrund der Vorgeschichte auch schon fast beantwortet: Urlaubslaune, Schnapsidee, Babysprache. Da wäre der Schritt zurück zur Vernunft kaum glaubhaft gewesen. Um so vernünftiger haben die erwachsenen Chorsänger ihren mehrstimmigen Gesang zu unserem Spaß beigetragen. Mein Traum, das Lied einmal in Begleitung von vier Sängern in eleganter Abendgarderobe zu singen, ging bisher leider nicht in Erfüllung (vielleicht blieb mir so die Entscheidung über meine Garderobe erspart).

Gemeinsam unterwegs

Wir sind gemeinsam unterwegs
auf einer Reise durch die Zeit.
Wir steuern unser kleines Schiff
im großen Meer der Ewigkeit.

Solang wir noch Matrosen sind,
drehn wir die Segel in den Wind,
und scheint die Zeit auch stillzustehn,
bald sind wir selber Kapitän.

Wir sind gemeinsam unterwegs ...

Den bunten Träumen hinterher,
und ist die See auch noch so schwer,
wir hoffen, daß der Sturm sich legt,
damit das Schiff nicht untergeht.

Wir sind gemeinsam unterwegs ...

Am Ziel der Reise irgendwann
kommt unser Schiff im Hafen an.
Wir laufen ein mit letztem Schwung,
beladen mit Erinnerung.

Wir sind gemeinsam unterwegs ...

Musik und Text: Rolf Zuckowski
© by MUSIK FÜR DICH Rolf Zuckowski OHG, Hamburg

Illustr. Buch: SIK 1130
Noten: SIK 994

"Gemeinsam unterwegs" – diese Worte standen über der Eingangstür des katholischen Kindergartens in Kerpen-Blatzheim. Seine Leiterin, Frau Pütz, hatte mich zum Sommerfest eingeladen. Zum Glück war ich früh genug gekommen, um etwas von dem besonderen Leben in diesem Kindergarten mitzubekommen. So lernte ich Sandra kennen, ein damals etwa fünfjähriges blindes Mädchen. Es war Frau Pütz und ihrem Team gelungen, Sandra so in die Gruppe zu integrieren, daß die Kinder wie selbstverständlich für Sandra da waren und daß sie ganz intensiv durch Sandra das wahrnahmen, was wir Sehenden so leicht übersehen. Ich habe nach meinem Konzert eine ganze Stunde lang mit Sandra gesprochen, gesungen und sie die Schwingungen meiner Gitarre 'Tweety' fühlen lassen. Zwei große Sonnenblumen haben uns dabei über die Schulter geschaut. Auf dem Weg zum nächsten Konzert habe ich dieses Lied geschrieben, noch erfüllt von der Stimmung im Kindergarten. Es ist immer eines meiner heimlichen Lieblingslieder geblieben.

Was Spaß macht ...

Papa kam schwer bepackt nach Haus,
und er sah ganz stolz und glücklich aus.
Auf dem großen Pappkarton, oho,
stand irgendwas von Video.

Die Schere lag sofort bereit,
denn bei sowas helf' ich jederzeit.
Ein kurzer Schnitt und, uh-la-la,
das Glück war schon zum Greifen nah,
doch plötzlich rief Papa: "Na, na!"

"Weg da mit den Pfoten!"
"Was Spaß macht, ist verboten."
"Was ist das für 'n Benehmen?"
"Ja, ich werd' mich ganz doll schämen."
"Weg da mit den Fingerchen,
mit den kleinen frechen Dingerchen!

Du kommst sicher auch mal dran."
"Ja, ja, vielleicht als alter Mann."

Dann hat Papa sich rangemacht,
hat alle Kabel angebracht,
nach Betriebsanleitung ganz genau,
ich sah ihm zu und dachte: Wow!

Welch interessantes Flimmerbild,
und Papa, der war fuchsteufelswild.
Er sah mich ganz verzweifelt an.
Ich fragte, ob ich helfen kann,
und da lief er ganz rot an.

"Weg da mit den Pfoten ..."

Er hat es schließlich doch geschafft
und saß da völlig abgeschlafft.
Ich fragte ihn, tiririti:
"Der Herr, vielleicht ein Bier für Sie?"

Er nickte nur mit müdem Blick,
und ich sagte: "Ich bin gleich zurück!"
Und als ich wieder bei ihm war
und er das kühle Bierchen sah,
da griff er zu, doch ich rief: "Na, na, na!"

"Weg da mit den Pfoten!"
"Was Spaß macht, ist verboten."
"Was ist das für'n Benehmen?"
"Ja, ich werd' mich ganz doll schämen."
"Weg da mit den Fingerchen,
mit den großen dicken Dingerchen!
Vielleicht denkst du jetzt mal daran,
daß ich das nicht mehr hören kann."

Musik und Text: Rolf Zuckowski
© by MUSIK FÜR DICH Rolf Zuckowski OHG, Hamburg

Noten: SIK 994

Die Traumautomaten

Die Traumautomaten,
die ihren Dienst tun wie Soldaten,
besiegen auch dich,
und du merkst es nicht.

Die Vergnügungsmaschinen,
die wie ein Sklave jedem dienen,
wissen, daß du verlierst,
bis du perfekt funktionierst.

Sie organisieren, manipulieren, eliminieren
deine Gefühle – nur so zum Spiele.
Die Traumautomaten,
die ihren Dienst tun wie Soldaten,
sind hilflos und blöd
ohne Elektrizität.

Ich will mit dir spielen,
ganz einfach nur so.
Ich will dich nah bei mir fühlen.
Du schüttelst den Kopf
und drückst auf den Knopf?

Die Traumautomaten,
die ihren Dienst tun wie Soldaten,
besiegen auch dich,
und du merkst es nicht.

Die Vergnügungsmaschinen,
die wie ein Sklave jedem dienen,
wissen, daß du verlierst,
bis du perfekt funktionierst.

Sie organisieren, manipulieren, eliminieren
deine Gefühle - nur so zum Spiele.

Die Traumautomaten,
die ihren Dienst tun wie Soldaten,
sind hilflos und blöd
ohne Elektrizität.

Ich will mit dir träumen,
allein mit dir sein.
Ich brauch' dich
und nicht irgendeinen.
Du schüttelst den Kopf
und drückst auf den Knopf?

Sie organisieren, manipulieren, eliminieren
deine Gefühle - nur so zum Spiele.

Die Traumautomaten,
die ihren Dienst tun wie Soldaten,
sind hilflos und blöd
ohne Elektrizität.

Musik und Text: Rolf Zuckowski
© by MUSIK FÜR DICH Rolf Zuckowski OHG, Hamburg

Noten: SIK 994

Zwei Gitarren und ein Mann

Tweety hat jetzt eine Schwester,
die ist noch sehr klein.
Die gibt vielleicht an
und will schon 'ne Gitarre sein, pöh!

Sie kann zwar noch nicht sprechen,
aber spielen kann sie schon.
Und mir fall'n bald die Ohren ab
von ihrem schrillen Ton.

Zwei Gitarren und ein Mann
und viele Kinder
haben Spaß und wollen fröhlich sein.
Zwei Gitarren und ein Mann,
und auch die Großen
wär'n am liebsten noch mal wieder klein.

"Du, Tweety, manchmal glaub' ich,
daß du eifersüchtig bist."
"Du siehst wohl Gespenster,
ich weiß nicht mal, was das ist."
"Nun gib schon zu,
du wärst hier gern allein der große Star."
"Du wärst doch ohne mich ein kleines Licht,
ist dir das klar?"
"Ja, ja, natürlich."

Zwei Gitarren und ein Mann ...

"Mir fällt für das Gitarrenkind
kein guter Name ein."
"Wenn ich hier schon der Star bin,
kann sie gern das Sternchen sein."
"Du, Tweety, war das ernst gemeint?"
"Na, ja."
"Dann ist es abgemacht.
Jetzt hab'n wir beide ganz allein
ein Sternchen in der Nacht."

Zwei Gitarren und ein Mann ...

"Und wenn ich abends mal nicht schlafen kann,
dann fang' ich mit dem Sternchen
ganz allein zu spielen an."

"Schlaf gut, Sternchen!"

Musik und Text: Rolf Zuckowski
© by MUSIK FÜR DICH Rolf Zuckowski OHG, Hamburg

Noten: SIK 994

ein kleines Leben

Halb elf - und du kannst wieder mal nicht schlafen.
Zu groß sind die Gedanken für deinen kleinen Kopf,
verirren sich, wie Schiffe ohne Hafen,
im Ozean der Stille, wo nur dein Herz noch klopft.

Du weißt, daß der Mond am Himmel steht,
die Erde sich um die Sonne dreht,
und allen Sternen wurde ihre Bahn gegeben.
Wer immer sich all das ausgedacht,
er wird es behüten Tag und Nacht,
und auch sein größtes Wunderwerk,
dein kleines Leben.

Aus Angst, du könntest morgen nicht erwachen,
hältst du die Augen offen, bis dich der Schlaf besiegt,
und jeder, der es wagt, dich auszulachen,
hat nie den Stein gespürt, der jetzt auf deinem Herzen liegt.

Du weißt, daß der Mond am Himmel steht ...

Wer weiß, wozu es gut ist, wachzuliegen
und nur auf das zu hören, was in dir selber klingt,
um dann mit deinen Träumen fortzufliegen,
in einen neuen Morgen, der auch diese dunkle Nacht bezwingt.

Musik und Text: Rolf Zuckowski
© by MUSIK FÜR DICH Rolf Zuckowski OHG, Hamburg

Noten: SIK 994

"Tweety" und "Sternchen" – oder: Alexander mit seinem Gitarrenlehrer.

Tabaluga
1983

Titelauswahl:
- Nessaja
- Der Baum des Lebens

Nessaja

Ich wollte nie erwachsen sein,
hab' immer mich zur Wehr gesetzt.
Von außen wurd' ich hart wie Stein,
und doch hat man mich oft verletzt.

Irgendwo tief in mir bin ich ein Kind geblieben.
Erst dann, wenn ich's nicht mehr spüren kann,
weiß ich, es ist für mich
zu spät, zu spät, zu spät.

Unten auf dem Meeresgrund,
wo alles Leben ewig schweigt,
kann ich noch meine Träume sehn,
wie Luft, die aus der Tiefe steigt.

Irgendwo tief in mir bin ich ein Kind geblieben ...

Ich gleite durch die Dunkelheit
und warte auf das Morgenlicht.
Dann spiel' ich mit dem Sonnenstrahl,
der silbern sich im Wasser bricht.

Irgendwo tief in mir bin ich ein Kind geblieben ...

Musik: Peter Maffay   Text: Rolf Zuckowski
© 1985 by Red Rooster Musikverlag, Tutzing
© 1990 assigned to Edition Re/Ro –
    c/o Musik-Edition Discoton GmbH (BMG UFA Musikverlage), München

Als Peter Maffay 1983 an mich herantrat, ging es ihm darum, "mal etwas ganz anderes, etwas mit viel Fantasie zu machen". Nach zwei langen Nächten und tiefsinnigen Gesprächen wurde "Tabaluga", das Drachenkind, geboren. Meine Idee dieser Geschichte hat viel mehr mit Peter zu tun, als es im ersten Moment den Anschein hat. Können oder wollen Musiker so richtig "erwachsen und vernünftig" werden? Ist ein Rockstar wie Peter wirklich hart bis auf den Kern? Was treibt einen Songwriter immer weiter voran, und was unterscheidet ihn von dem kleinen, neugierigen Drachen, der auf die Kraft der Fantasie vertraut? In dem Text "Ich wollte nie erwachsen sein" schwingt die Antwort auf diese Fragen mit. Peter singt das Lied so einfühlsam, daß es für viele "Erwachsene" zur Hymne an das Kind geworden ist, das tief in ihnen auch nicht erwachsen werden will. Tabaluga mußte auf seiner zweiten Reise, die ohne meine Mitwirkung von einem Autorenteam entwickelt wurde, leider Dinge erleben, die nicht viel mit meinen Träumen zu tun haben. Glücklich bin ich über all die vielen begeisterten Schulaufführungen, von Tabalugas erster Reise. Sie haben viel dazu beigetragen, daß er zum Liebling vieler Kinder und Erwachsener im ganzen Land wurde.

Der Baum des Lebens

Im Frühling zähl' ich ruhelos die Tage
und spüre, wie das Leben neu in mir erwacht,
bin stolz, wenn ich die ersten Blüten trage,
die bald darauf die Sonne zu reifen Früchten macht.

Im Sommer fange ich die ersten Sonnenstrahlen,
und neben mir legt mancher seinen müden Kopf zur Ruh.
Wenn meine Blätter Schattenbilder malen,
dann singen sie im Wind, und ich hör' ihren Liedern zu.

Ich geb' den Vögeln ihr Zuhaus',
die Bienen fliegen ein und aus,
wer zu mir kommt, macht seine Reise nicht vergebens.
Ich brauch' die Erde, Luft und Licht,
und bis mein letzter Zweig zerbricht,
bin ich für alle der Baum des Lebens.
Bin ich für alle der Baum des Lebens.

Im Herbst lass' ich mich von den Stürmen biegen
und schenke dieser Welt die allerschönste Farbenpracht.
Seh' meine Blätter hoch im Winde fliegen
und weiß, daß ihre Freude den Abschied leichter macht.
Im Winter trag' ich Schnee auf meinen Zweigen
und spür' die Ewigkeit in manchem stillen Augenblick.
Ich sammle neue Kraft in meinem Schweigen
und gebe sie bald wieder zurück.

Ich geb' den Vögeln ihr Zuhaus' ...

Musik: Peter Schirmann   Text: Rolf Zuckowski
© 1990 by Edition Re/Ro –
    c/o Musik-Edition Discoton GmbH (BMG UFA Musikverlage), München

Er, nein "sie" steht vor unserem Fenster, eine prächtige Kastanie. Natürlich steht noch an tausend anderen Orten so ein "Baum des Lebens" und trägt Früchte jeder Art. Aber nur unsere Kastanie kann ich von meinem Klavier aus sehen, und sie führt unsere Familie durch die Jahreszeiten wie kein anderer Baum. Sie mag hundert Jahre oder älter sein. Im Frühjahr "explodiert" sie über Nacht, setzt sich, wenn der Sommer kommt, Hunderte weißer Kerzen auf die Zweige und zeigt uns mit ihren kleinen grünen Stachelkugeln, daß er viel zu schnell wieder zu Ende geht. Sturm gibt es bei uns an der Küste mehr als genug, sie hat bisher auch den schwersten Orkanen getrotzt, nur ihre Blätter läßt sie sich rauben, um uns für fünf Monate den Blick auf die Elbe freizugeben. Das mit dem "Schnee auf den Zweigen" ist leider nur ein Traum, der für uns viel zu selten wahr wird, aber die weiße Pracht des Rauhreifs, der aus dem Hamburger Nebel wächst, kann damit leicht standhalten. Meine ursprüngliche Melodie zu diesem Text gefiel Peter Maffay für sein Tabaluga-Album nicht so besonders. Ich mag die von Peter Schirmann neu geschriebene sehr. Wer sich fragt, wo meine Töne geblieben sind, der soll sich mal genau das Lied "Dein kleines Leben" anhören ...

Große Show für kleine Leute
1984

Mit Alexander, Anuschka, Florian, Jan, Jens, Julia, Julian, Liliana, Maike, Monika, Nandini, Niels, Sandra, Ulrike, Wiebke und vielen Gästen.

Titelauswahl:

- ... und was sag' ich
- Nachts sind wir bei unsern Freunden
- Träume sind wie Zeitmaschinen
- Hallo Welt

Diese LP zur ZDF-Fernsehsendung war nur wenige Jahre verfügbar. Dann liefen die Verträge mit den Gastkünstlern aus. Die meisten Lieder sind inzwischen aber auf zusammengestellten CDs wie z.B. "Ich schaff' das schon" wiederveröffentlicht worden.

Die ZDF-Sendung "Große Show für kleine Leute" hat mich ein ganzes Jahr intensivster, nervenaufreibender Arbeit gekostet. Die Show wurde kein Mißerfolg, stellte aber doch eine Wende in meiner Arbeit dar. Das Podest des Samstagabends im Fernsehen erschien mir zuvor lange Zeit als das höchste erreichbare Ziel. Nach der Ausstrahlung unserer "Großen Show" wußte ich, daß dort, auf dem Fernseh-Olymp, Gefahren lauerten, die weder den Kindern noch mir guttaten. Die Erwartungshaltung der gesamten (nicht nur kinderfreundlichen) Nation zu erfüllen, Gremien und Beiräten gerecht zu werden, die sich angeblich für den Schutz der Kinder einsetzen, den Einschaltquoten-Wunschvorstellungen der Hauptredaktion zu genügen und dabei nebenbei noch völlig ungeahnt den kommerziellen Ambitionen von Sponsoren zu dienen, das ging weit über das hinaus, was ich leisten konnte und wollte. So blieb dieses Programm ein lehrreicher Einzelfall unserer Arbeit. Aus diesem Schlüsselerlebnis entwickelte sich wenige Jahre später aber eine ungemein erfreulichere und dauerhaftere Zusammenarbeit mit der Kinder- und Jugendredaktion des ZDF.

Von der "Großen Show" blieben ein paar unvergeßliche Erlebnisse für die Kinder und mich. Dazu zählte auch die Begegnung mit Otto Waalkes, der in unserer Version des "Babysitter-Boogie" das Baby spielt. Sein Neffe Jan vertrat Ostfriesland in unserer Mundart-Spezialfassung von "Und ganz doll mich". Sie gehört unter dem Titel "... Und ganz doll noch einmal" zu den Raritäten unserer Liedersammlung. Diese Version enthält viele Strophen aus dem mit 3776 Zeilen längsten Lied der Welt. Im Guinness-Buch der Rekorde waren wir gelandet mit unserem Lied über alles, was Kinder mögen.

Seit im Finale dieser Sendung unsere Melodie "Lieder, die wie Brücken sind" von Kindern aus aller Welt in mehreren Sprachen gesungen wurde, ist eine kleine internationale Sammlung zu diesem Lied entstanden, die von Jahr zu Jahr ein bißchen weiter wächst. Mir persönlich bedeuten zwei Lieder auf dieser LP (die unsere erste CD wurde) sehr viel. Sie waren aus redaktionellen Gründen in der Fernsehsendung nicht zu sehen: ”Hallo Welt“, geschrieben für unseren inzwischen geborenen (und als Baby mitwirkenden) Andreas, sowie ”... und was sag’ ich?“, geschrieben für ein nicht genanntes Kind, dessen Eltern getrennte Wege gingen.

Was sich auf der LP ”Was Spaß macht ...“ andeutete, wurde nun unvermeidlich: Die ”Große Show für kleine Leute“ entwickelte sich für meine groß gewordenen ”Stammkinder“ aus der Zeit von ”Radio Lollipop“ zur vorläufigen Abschiedssendung. Wir konnten damals nicht ahnen, daß wir 1993 mit unseren ”Dezemberträumen“ wieder an die alten Zeiten anknüpfen würden.

Da ab 1984 alle Produktionen als CD, LP und MC erschienen (seit 1991 nur noch als CD/MC), werde ich die folgenden Alben nicht mehr als ”LP“ bezeichnen. Seit 1992 sind keine LPs mehr hergestellt worden.

Und was sag’ ich

Mami sagt,
sie fängt noch einmal ganz von vorne an.
Papa sagt,
daß er jetzt wieder freier atmen kann.
Mami sagt,
wir machen’s uns alleine richtig schön.
Papa sagt,
wir könnten öfter mal ins Kino gehn.

... und was sag’ ich?
Ich weiß ja nicht mal, was ich fühlen soll,
dabei ist mir der Kopf so voll.
... und was sag’ ich?
... und was sag’ ich?

Mami sagt,
sie wäre endlich richtig aufgewacht.
Papa sagt,
daß er jetzt mehr aus seinem Leben macht.
Mami sagt,
sie wird ab jetzt auf eignen Füßen stehn.
Papa sagt,
ich würd' das später alles anders sehn.

... und was sag' ich? ...

Mami sagt,
sie hat jetzt viel mehr Zeit für mich allein.
Papa sagt,
er wird die Jahre mit uns nie bereu'n.

... und was, und was, und was sag ich ...

... und was sag ich?
Ich will sie endlich wieder lachen sehn,
so kann das doch nicht weitergehn.

Musik und Text: Rolf Zuckowski
© by MUSIK FÜR DICH Rolf Zuckowski OHG, Hamburg

Noten: SIK 994

Nachts sind wir bei unsern Freunden

Nachts sind wir bei unsern Freunden,
und wir fliegen schneller als der Wind.
Nachts sind wir bei unsern Freunden,
die für uns die allergrößten sind.

Ich hab' heute nacht die Römer verdroschen
und mit Obelix ein Wildschwein verputzt.
Ich war auf der Flucht mit Bernhard und Bianca.
Ich hab' Supermann die Flügel gestutzt.

Nachts sind wir bei unsern Freunden ...

Ich war auf dem Mond mit Benjamin Blümchen.
Ich war bei den Schlümpfen mitten im Wald.
Ich bin mit E.T. im UFO geflogen.
Und ich hab' mich in Miss Piggy verknallt!

Nachts sind wir bei unsern Freunden ...

Jetzt geht mir ein Licht auf,
und mich wundert gar nichts mehr.
Nächte voller Abenteuer,
Kinder - ihr habt's schwer!
Dann sollt ihr am Morgen auch noch
frisch und munter sein
und schlaft hundemüde
in der Mathestunde ein!

Nachts sind wir bei unsern Freunden ...
Nachts sind wir bei unsern Freunden.

Musik: Rolf Zuckowski   Text: Paul Peters-Maruhn und Rolf Zuckowski
© by MUSIK FÜR DICH Rolf Zuckowski OHG, Hamburg

Noten: SIK 994

Träume sind wie Zeitmaschinen

Träume sind wie Zeitmaschinen,
man kann auf Reisen gehn mit ihnen.
Stellt euch vor, ein Kind zu sein,
oder wart ihr niemals klein?

Wenn Papa vor dem Spielzeugladen
traumversunken stehenbleibt,
bewundert er die Eisenbahn,
die seinen Pulsschlag höhertreibt.
Die Nase an der Fensterscheibe,
mit großen Augen steht er da
und fühlt sich wieder so wie damals,
als er ein kleiner Junge war.

Denn Träume sind wie Zeitmaschinen ...

Wenn Mama vor der Faschingsparty
heimlich stöbert unterm Dach,
wird bald schon mit den alten Kleidern
die Erinn'rung wieder wach,
und wenn sie dann als Pippi Langstrumpf
lachend vor dem Spiegel steht,
dann wär' sie gern nochmal ein Mädchen,
das aufgeregt zur Party geht.

Denn Träume sind wie Zeitmaschinen ...

Wenn Oma nach dem Klassentreffen
gut gelaunt nach Hause kommt,
sieht Opa nur in ihre Augen,
und was er ahnte, macht sie prompt:
Sie holt das alte Fotoalbum
und nimmt die Bilder in die Hand,
und bald schon ist sie in Gedanken
irgendwo im Kinderland.

Denn Träume sind wie Zeitmaschinen ...

Musik und Text: Rolf Zuckowski
© by MUSIK FÜR DICH Rolf Zuckowski OHG, Hamburg

Noten: SIK 994

allo Welt

Hallo Welt!
Ich bin da.
Hallo Welt!
Alles klar?
Du bist die Sensation,
und ich ahnte sowas schon.
Hallo Welt!
Ich bin da.
Hallo Welt!
Alles klar?
Ich bin hier wie bestellt,
was sagst du nun?
Hallo Welt!

Möchtest du mich lächeln sehen?
Dann sei lieb zu mir!
Mag es dir auch dreckig gehen,
ich kann schließlich nichts dafür!

Hallo Welt! ...

Möchtest du mich leise haben,
immer brav und lieb?
Bis du eines Tages sagst:
"Was ist das für ein lahmer Typ?"

Hallo Welt! ...

Ich hab' eine große Bitte:
Lach nicht über mich!
Mach' ich auch nur kleine Schritte,
deine Zukunft, das bin ich!

Hallo Welt!
Ich bin da!
Hallo Welt!
Alles klar!
Du bist die Sensation ...

Musik und Text: Rolf Zuckowski
© by MUSIK FÜR DICH Rolf Zuckowski OHG, Hamburg

Noten: SIK 994

1984, im Jahr der Geburt unseres Sohnes Andreas, entstand dieses Lied. In ihm sind viele Stimmungen und Erfahrungen aus den ersten Jahren mit Anuschka und Alexander verdichtet. Was wird auf dich zukommen, kleiner Mann? Was wird man dir vorsetzen, was von dir erwarten? Wie kannst du dir, deinen Mitmenschen und der Welt gerecht werden? Kann man das überhaupt? Und was heißt hier "Hallo Welt, alles klar?" Wird die Welt überhaupt Notiz von dir nehmen? Wie wirst du dich bemerkbar machen, dich durchsetzen? Mit der Zeit wird vieles, was dir zunächst klar erschien, immer weniger klar werden. Aber laß dir die Offenheit, den Elan, den Glauben an dich selbst nicht nehmen, schaff für dich so viele Klarheiten, wie du kannst, und laß dich nicht unterkriegen. Das etwa mögen meine Gedanken gewesen sein, die mit einem gemischten Gefühl von Freude und Besorgnis in dieses Lied flossen.

Zum Glück können Töne und Harmonien manches ersetzen, was ich nicht in Worte fassen konnte. Mir war wichtig, daß hier endlich einmal ein Kind stellvertretend für alle Neugeborenen singt. Daraus konnte nur ein "Ich-will-leben-Lied" werden. Die vielen Fragezeichen, die man in ähnlichen, von Erwachsenen gesungenen Liedern (etwa von Reinhard Mey) hört, muß man hier in den Zwischentönen suchen. Nachdem Ulrike Hiby das Lied im Original gesungen hatte, vertrat Sonja Otto 1988 unser Land beim Kinderliederfestival für UNICEF in Holland.

Zeit für Kinder – Zeit für uns

1985

Titel:

- Überall ist Wunderland
- Du schaffst mich
- Was braucht ein Kind noch mehr
- Sternenkinder
- Lichter in der Dunkelheit
- Bis ans Ende der Welt
- So wollt' ich doch nie sein
- Ich könnte ein Lied davon singen
- Gepäck fürs Leben
- ... und die Kinder schlafen

Die Fragezeichen, die die "Große Show für kleine Leute" in mir hinterlassen hatte, klingen auf dieser LP nach. Seit über zehn Jahren war ich nun "an den Kindern dran". Wo würde das alles hinführen, was würde von meinen Träumen übrigbleiben, in erster Linie Musiker und nicht "singender Sozialarbeiter" oder "Deutschlands prominentester Kinderverwerter" (Originalton eines ZDF-Verantwortlichen) zu sein. So sehr mir die Kinder am Herzen lagen, da war doch noch was anderes ...

Ein paar "erwachsene" Lieder, die ich auf den überwiegend den Kindern gewidmeten LPs nicht passend fand, wollte ich nicht für immer in der Schublade lassen. Nun war die Zeit gekommen, zunächst weitere Themen über und für Eltern zu behandeln. Das brachte mir musikalisch neue Spielräume und inhaltlich Luft für Gedanken, die mich schon lange bewegten. Daß die Lieder dieses Albums überwiegend nachdenklich sind, erklärt sich wohl aus einem gewissen gedanklichen Defizit der Jahre davor und aus meiner Gemütsverfassung im Jahre 1985.

Die Bücher des polnischen Kinderarztes Janusz Korczak waren meine wichtigste Lektüre jener Zeit. Dazu kamen die Gedanken von Kalil Ghibran über "Eure Kinder" aus seinem Buch "Der Prophet". So entstanden Lieder wie "Sternenkinder" und "Gepäck fürs Leben". Anuschka bekam mit "Ich könnte ein Lied davon singen" ein leicht wehmütiges Konfirmationsgeschenk und meine Frau ein um so optimistischeres mit "Bis ans Ende der Welt". Ich glaube heute noch, daß man meine "Kinderlieder" nur im Zusammenhang mit den Liedern dieses Albums ganz verstehen kann.

Hier ist der Platz, um Rainer Schmidt-Walk zu danken, der es verstand, gegen erhebliche Widerstände in der Schallplattenfirma zu mir und meiner persönlichen Entwicklung zu stehen. Nicht minder dankbar bin ich den vielen Erwachsenen, die mir gerade zu diesen Liedern die intensivsten Briefe schrieben. Wenn es nur nach meinem Verhältnis zu den Medien gegangen wäre, hätte ich 1985 gesagt: "Danke, das war's". Aber mir wurde erst in diesem Jahr völlig klar, daß die Medien eben "nur" Medien sind. Mein Publikum war mit den Jahren gewachsen, stand zu mir und wuchs mit mir. Nicht nur unsere eigenen Kinder wurden größer, und nicht nur ich fühlte, daß Kinder viel zu wichtig sind, um wegen ein paar vergänglicher Zweifel das Handtuch zu werfen.

Meine Musikerkollegen hatten es in diesen Wochen nicht ganz leicht mit mir; denn ich wollte, gerade weil es um eine neue Richtung für mich ging, alles besonders gut machen. Allen voran habe ich meinem Freund und Tonmeister Volker Heintzen zu danken, der sein ganzes Herz, sein unvergleichliches Fingerspitzengefühl für Menschen und Töne und viele lange Nächte in diese Produktion einbrachte.

Nicht nur mit den "Sternenkindern" hatte er eine seiner Sternstunden. John O'Brien-Docker brachte oft Töne zum Klingen, die ich mir kaum hätte erträumen können.

Überall ist Wunderland

Kinder sind Seelen, die spür'n,
wofür wir längst schon stumpf sind.
Sie zeigen ihre Gefühle und schämen sich nicht.

Kinder sind Augen,
die sehn, wofür wir längst schon blind sind.
Sie zeigen uns von den Dingen das andre Gesicht.

Überall ist Wunderland,
jeder kann es sehn
und noch einmal unter dem
Regenbogen stehn.
Überall ist Wunderland,
jeder darf hinein,
und man sagt, ein Kinderherz
kann der Schlüssel sein.

Kinder sind Ohren,
die hör'n, wofür wir längst schon taub sind.
Sie geben Tönen und Worten ein neues Gewicht.

Überall ist Wunderland ...

Kinder sind Spiegel,
die zeigen, was wir gern verbergen.
Sie sagen uns, wer wir sind,
ob wir's woll'n oder nicht.

Überall ist Wunderland ...

Musik und Text: Rolf Zuckowski
© by MUSIK FÜR DICH Rolf Zuckowski OHG, Hamburg

Noten: SIK 1133

u schaffst mich

Ich hab' schon manches mitgemacht,
doch das hat keiner je gebracht:
Du schaffst mich.
Du schaffst mich.
Ich fühl' mich wehrlos, wenn du lachst.
Der Himmel weiß, wie du das machst.
Du schaffst mich. Mmh-mmh.

Du bringst mich morgens schon auf Trab,
weißt, wann ich aufzuwachen hab'.
Du schaffst mich.
Du schaffst mich.
Und soll am Abend Ruhe sein,
fall'n dir noch tausend Fragen ein.
Du schaffst mich. Mmh-mmh.

Ich komm' total kaputt nach Haus,
hab' nicht mal ganz die Schuhe aus,
schon stehst du lachend in der Tür
und fragst: "Was spielst du jetzt mit mir?"

Du schaffst mich,
kennst jeden Trick und jeden Kniff.
Du schaffst mich,
du hast mich längst schon fest im Griff.
Du schaffst mich,
und was ich kaum begreifen kann:
Ich hab' sogar noch Spaß daran.

Du schaffst mich.

Du schaffst mich. Mmh-mmh.

Dein Kopf, der sprudelt vor Ideen,
und ich kann dir nicht widerstehn.
Du schaffst mich.
Du schaffst mich.
Ich glaub', dich treibt dein sechster Sinn,
bis ich k.o. und glücklich bin.
Du schaffst mich. Mmh-mmh.

Ich lass' mir Badewasser ein,
du steigst bestimmt als erster rein
und sagst: "Ich bin der Kapitän,
und dieses Schiff wird untergehn!"

Du schaffst mich,
kennst jeden Trick und jeden Kniff ...

Du schaffst mich.

Du schaffst mich.
Mmh-mmh.

Du weißt genau, wo's bei mir funkt,
und findest meinen schwachen Punkt.
Du schaffst mich.
Du schaffst mich.
Du zwingst mich lächelnd in die Knie,
woher nimmst du die Energie?
Du schaffst mich. Mmh-mmh.

Du schaffst mich.

Du schaffst mich. Mmh-mmh.

Du schaffst mich.

Musik und Text: Rolf Zuckowski
© by MUSIK FÜR DICH Rolf Zuckowski OHG, Hamburg

Noten: SIK I I33

Was braucht ein Kind noch mehr

Das Kinderzimmer läuft vor Glück fast über,
mit Kuscheltier und Flummiball,
mit Puppenhaus und Pferdestall,
Roulette, Jo-Jo, Monopoly,
das hatten wir doch nie.

Das Fotoalbum voll mit schönen Bildern:
Da spielt sie braungebrannt am Strand,
hat Luftballons in ihrer Hand.
Und hier schmückt sie den Tannenbaum,
mehr bieten kann man kaum.

Herr Doktor, haben wir was falsch gemacht?
Die Kleine ist so still
und hat so lange nicht gelacht.

An Langeweile kann es doch nicht liegen.
Sie hat das neuste Telespiel
und liest zum Glück noch ziemlich viel,
und außerdem, so oft sie kann,
ruft sie die Freundin an.

An Taschengeld kann es ihr auch nicht fehlen.
Sie lädt die halbe Klasse ein,
und sie genießt, beliebt zu sein,
ist gut gekleidet jeden Tag.
Was sie nur haben mag?

Herr Doktor, haben wir was falsch gemacht?
Die Kleine ist so still
und hat so lange nicht gelacht.

Ihr Tennislehrer sagt, sie macht sich prima,
auch im Ballett ist sie ganz groß,

und sie spielt Mozart tadellos,
und ihren Hund liebt sie so sehr.
Was braucht ein Kind noch mehr?

Musik und Text: Rolf Zuckowski
© by MUSIK FÜR DICH Rolf Zuckowski OHG, Hamburg

Noten: SIK 1133

Sternenkinder

Sternenkinder,
das seid ihr.
Auf der Reise,
so wie wir.

Unser Sternenschiff heißt Erde,
niemand weiß, woher es kam.
Was wir suchen,
das finden wir auf seiner Bahn:
Eine Insel für das Leben,
in der Kälte ein Zuhaus',
und wir fliegen der Ewigkeit
ein Stück voraus.

Sternenkinder ...

Unser Horizont heißt morgen.
Was dahinter liegt?
Wer weiß.
Wir vertrauen dem Zauberwort,
das Zukunft heißt.

Unser Sternenschiff zieht weiter,
und ihr haltet es bereit
für den Flug mit den Kindern
einer neuen Zeit.

Sternenkinder ...

Unser Sternenschiff heißt Erde ...

Sternenkinder ...

Musik und Text: Rolf Zuckowski
© by MUSIK FÜR DICH Rolf Zuckowski OHG, Hamburg

Noten: SIK 1133

In vielen Familien hängt, wie bei uns, die Weisheit des libanesischen Dichters und Malers Kahlil Gibran aus dem Buch "Der Prophet" an der Wand. Was er über "Eure Kinder" gesagt hat, traf mich mitten ins Herz. Dazu kamen die Berichte der ersten Astronauten, die unsere Erde als ein kleines Raumschiff für das Leben in der unendlichen Kälte und Dunkelheit des Alls beschrieben. Beides fand seinen Niederschlag in meinem Lied von den Sternenkindern (mit einem Vorspiel, wie es nur John O'Brien-Docker schreiben kann). Das Bild vom Sternenschiff taucht auf der CD "Starke Kinder" wieder auf. Es begleitet mich ebenso wie manche Sprichwörter und Weisheiten, die mir helfen, im Alltag den Blick für das Wesentliche nicht zu verlieren. Die Melodie dieses Liedes mit ihrer für mich ungewöhnlichen Harmonik gehört zu den ungelösten Rätseln meiner Arbeit. Ich weiß nur, daß sie plötzlich da war, an das Komponieren kann ich mich nicht erinnern. Vielleicht darf ich die Sternenkinder darum ein wenig mehr lieben als viele andere meiner Lieder.

Damit noch mehr Familien die Worte Kahlil Gibrans an ihre Pinnwand heften und in sich aufnehmen können, drucke ich sie hier ab:

Eure Kinder sind nicht eure Kinder.
Es sind die Söhne und Töchter von des Lebens Verlangen nach sich selber.
Sie kommen durch euch, doch nicht von euch;
und sind sie auch bei euch, so gehören sie euch doch nicht.
Ihr dürft ihnen eure Liebe geben, doch nicht eure Gedanken.
Denn sie haben ihre eigenen Gedanken.
Ihr dürft ihren Leib behausen, doch nicht ihre Seele;
denn ihre Seele wohnt im Hause von morgen,
das ihr nicht zu betreten vermöget, selbst nicht in euren Träumen.
Ihr dürft euch bestreben, ihnen gleich zu werden,
doch suchet nicht, sie euch gleich zu machen.
Denn das Leben läuft nicht rückwärts, noch verweilt es beim Gestern.
Ihr seid die Bogen, von denen eure Kinder als lebende Pfeile entsandt werden.
Der Schütze sieht das Zeichen auf dem Pfade der Unendlichkeit,
und er biegt euch mit seiner Macht,
auf daß seine Pfeile schnell und weit fliegen.
Möge das Biegen in des Schützen Hand euch zur Freude gereichen;
denn gleich wie er den fliegenden Pfeil liebt,
so liebt er auch den Bogen, der standhaft bleibt.

(Kahlil Gibran, Der Prophet, Walter Verlag, Freiburg im Breisgau)

Lichter in der Dunkelheit

Morgen wirst du wieder lachen
und in deinem Bettchen stehn,
wirst dir eine Höhle bau'n
und mit dem Teddy baden gehn.

Wirst vom Tisch die Decke reißen
mit der Blumenvase drauf,
Spielzeug an den Kopf mir werfen,
all das nehm' ich gern in Kauf.

Aber jetzt schlaf ein.
Aber jetzt schlaf ein.

Wirst an meinen Haaren ziehen
und dich mit Kakao beschmier'n
und mit Mamas Lippenstiften
die Tapeten bunt verzier'n.

Wirst auf meinem Schreibtisch sitzen,
schließlich bist du hier zu Haus,
wirst lächelnd einen Brief zerreißen,
all das macht mir kaum was aus.

Aber jetzt schlaf ein.
Aber jetzt schlaf ein.

Wirst uns noch ein Stück begleiten
und mit uns durchs Leben gehn,
später alles anders machen,
uns mit andern Augen sehn.

Wirst bemerken, wie die Tage
schneller laufen jedes Jahr,
und an manchem Ziel erfahren,
daß der Weg das Beste war.

Wirst vielleicht die Antwort finden
bis zum Ende deiner Zeit:
Alle, die dich liebten,
waren Lichter in der Dunkelheit.

Musik und Text: Rolf Zuckowski
© by MUSIK FÜR DICH Rolf Zuckowski OHG, Hamburg

Noten: SIK 1133

is ans Ende der Welt

"Gestern" ist nur ein Wort,
"Heute" beinah schon fort.
Alles verändert sich.
Eins bleibt:
Ich liebe dich.
Ich liebe dich.

Eltern sind dann und wann
einfach nur Frau und Mann.
Alles verändert sich.
Eins bleibt:
Ich liebe dich.
Ich liebe dich.

Ich geh' mit dir bis ans Ende der Welt,
und wenn du willst, ein bißchen weiter.
Wir wissen nie, was dem Himmel gefällt,
doch morgen früh sind wir gescheiter.
Wie wir uns spüren
und uns berühren,
uns nicht verlieren,
bleibt unsre eigne Art von Harmonie.

Kinder sind einmal groß,
warten auf morgen bloß.
Alles verändert sich.
Eins bleibt:
Ich liebe dich.
Ich liebe dich.

Ich geh' mit dir bis ans Ende der Welt ...

Wie wir uns spüren
und uns berühren,
uns nicht verlieren,
bleibt unsre eigne Art von Harmonie.

Musik und Text: Rolf Zuckowski
© by MUSIK FÜR DICH Rolf Zuckowski OHG, Hamburg

Noten: SIK 1133

So wollt' ich doch nie sein

Das hab' ich dir ja gleich gesagt,
so hat's ja kommen müssen,
aber du, du mußtest ja mal wieder
alles besser wissen.

Wir meinen's doch nur gut mit dir,
nun hör doch einmal zu!
In deinem Alter durften wir
nicht halb soviel wie du.

Hallo! Wer spricht denn da?
Bist du's, Papa?
Bist du's, Mama?
Hallo! Wer spricht denn da?

Wie sonderbar,
ob ich das war?
So wollt' ich doch nie sein.
So wollt' ich doch nie sein.
Das hatt' ich mir doch felsenfest geschworen.

Du weißt ja nicht, wie gut du's hast.
Was soll'n denn andre sagen?
Ein bißchen mehr Bescheidenheit
würd' dir bestimmt nicht schaden.

Nun reiß dich mal zusammen,
und hör auf zu überdrehn,
tu nicht immer so,
als würd' die Welt gleich untergehn!

Hallo! Wer spricht denn da ...

Wo soll das denn noch hinführ'n,
kannst du uns das mal erklär'n?
Sei mal ehrlich,
du hast keinen Grund, dich zu beschwer'n.

So wollt' ich doch nie sein.
So wollt' ich doch nie sein.

Musik und Text: Rolf Zuckowski
© by MUSIK FÜR DICH Rolf Zuckowski OHG, Hamburg

Noten: SIK 1133

Also doch nicht immer der "liebe Rolf"? Fast erleichtert haben mich viele Eltern, die sich in den Zeilen wiedererkannten, auf dieses Lied angesprochen. Die Zitate aus unserem Familienleben stammen nicht allein aus meinem Munde. Dafür habe ich mir einige andere lieber verkniffen. Nicht nur als Vater habe ich mich oft genug vor mir selbst erschrocken, auch als Ehemann. "So wollt' ich doch nie sein" ist ein geflügeltes Wort in meinem Leben geworden.

Haben wir eine Chance, die Worte und Handlungen zu vermeiden, die uns an den eigenen Eltern so sehr gestört haben? Oder ist es nur eine Frage der Zeit, bis wir uns fragen müssen: "Hallo, wer spricht denn da?" Der letzte Satz, den ein Mann gerne hören möchte, ist wohl "Du bist genau wie dein Vater", und sei der Vater noch so positiv zu bewerten. Sich selbst zu finden, eine eigene Persönlichkeit zu entwickeln, ist Ziel eines jedes Menschen, der erwachsen wird. Daß es dennoch unvermeidliche Wiederholungen gibt, scheint ein Generationsproblem zu sein, dem wir uns nicht entziehen können. Vielleicht waren die Eltern gar nicht so anders als wir?

Nur selten habe ich für so eckige Worte die richtigen Töne gefunden. Auf mich wirken die Verse immer noch wie ein Klangexperiment. Die Lust, öfter so experimentell zu arbeiten, ist groß, die Neigung, wohlklingende, möglichst singbare Lieder zu schreiben, noch größer. Das ist auch im melodiösen Refrain von "So wollt' ich doch nie sein" zu spüren, der fast wie eine Wiedergutmachung für den Vers klingt.

Ich könnte ein Lied davon singen

Ich könnte ein Lied davon singen,
wie es war, wochenlang in der Nacht aufzustehn
und mit dir auf dem Arm durch die Wohnung zu gehn,
du putzmunter und wir immer müder,
doch die Zeit ist längst vorüber.

Ich könnte ein Lied davon singen,
wie es war, wenn du morgens ins Bett kamst zu mir,
und wie schön ich es fand, dann zu kuscheln mit dir
oder einfach das Bett zu zerwühlen
und mit dir Artist zu spielen.

Und von wegen "Heile, heile Segen",
ganz so einfach war es leider nicht.
Ein paar Schritte weiter
auf der Lebensleiter
sehn wir es nur in andrem Licht.

Ich könnte ein Lied davon singen,
wie es war, als die Freundin, die beste sogar,
dich im Stich ließ und höchstens noch Luft für dich war,
ohne Luft konntest du wohl nicht leben,
auch wenn's schwer war nachzugeben.

Ich könnte ein Lied davon singen,
wie es war, Hand in Hand auf den Jahrmarkt zu gehn
und dich hoch in der Luft glücklich fliegen zu sehn,
immer nochmal herum ohne Pause,
bis es hieß: "Wir gehn nach Hause".

Und von wegen: "Heile, heile Segen" ...

Ich könnte ein Lied davon singen,
wie es war, auf die Schule zu schimpfen mit dir
und zu hoffen, daß ich die Geduld nicht verlier',
und nach Fünfen noch an dich zu glauben,
um dir nicht den Mut zu rauben.

Ich könnte ein Lied davon singen,
wie es war, als ich dachte: "So groß ist sie schon",
was ich fühlte am Tag deiner Konfirmation,
als ich anfing dies Lied hier zu schreiben,
und den Schluß – den lass' ich bleiben.

Musik und Text: Rolf Zuckowski
© by MUSIK FÜR DICH Rolf Zuckowski OHG, Hamburg

Noten: SIK 1133

"Wo entstehen deine Lieder?" In vielen Fällen kann ich auf diese Frage kaum eindeutig antworten. Ausnahmen bestätigen auch hier die Regel: Am Klavier, da wo man sich einen Komponisten im Bilderbuch hinwünscht, ist mir dieses Lied in die Finger und in den Sinn gekommen. Mein Traum, doch noch Klavier spielen zu lernen, schien zum Greifen nah, entschwand aber wieder im Alltagsnebel, nachdem der Text über und für unsere Anuschka fertig war. Wir werden sehen, mit welchem Lied der Pianistentraum neu erwacht.

Konfirmation ist erstaunlicherweise auch heute noch ein Wendepunkt. Ob es nur das Wort ist? Verhalten wir uns nach der Konfirmation anders gegenüber den Kindern? Anuschka war jedenfalls mit ihren 14 Jahren unser erstes Kind auf dem Absprung ins Leben der Erwachsenen. Zeit für einen Rückblick, ein wenig Melancholie und die Weigerung, über einen Schluß auch nur nachzudenken – all das ist in dieses Lied eingeflossen. Das erste Kind macht mit seiner eigenen Entwicklung viele neue Türen für die Eltern auf, Türen zu Räumen, in denen man sich zunächst verwundert umsieht, dann aber schnell einrichtet. Durch solche Erlebnisse habe ich manchen Anstoß für ein neues Lied erhalten. Ich könnte (ebenso wie meine Frau) natürlich noch viele andere Lieder über Anuschka singen, aber ich bin bei diesen "musikalischen Schnappschüssen" geblieben. Wir haben noch viele kleine Geheimnisse, die nur wir zwischen den Noten hören.

Gepäck fürs Leben

Ich möchte einen Baum in dir pflanzen,
einen Baum, der Hoffnung heißt,
der wachsen will, hinauf ins Licht,
und den so leicht kein Sturm zerbricht.

Lesen lernen, rechnen, schreiben,
nicht vergessen, Sport zu treiben,
Flötenunterricht, du hast manche Pflicht.

Komm, ich will dir noch was geben,
mehr als nur Gepäck fürs Leben.

Ich möchte einen Baum in dir pflanzen,
einen Baum, der Liebe heißt,
der tief in dir noch Wurzeln schlägt
und immer neue Früchte trägt.

Ins Museum mit dir fahren
und für später etwas sparen,
man versucht so viel,
doch wer kennt dein Ziel?

Komm, ich will dir noch was geben,
mehr als nur Gepäck fürs Leben.

Ich möchte einen Baum in dir pflanzen,
einen Baum, der Frieden heißt,
mit einem Stamm aus Selbstvertrau'n
und Kraft genug, darauf zu bau'n.

Ich möchte einen Baum in dir pflanzen.

Musik und Text: Rolf Zuckowski   © by MUSIK FÜR DICH Rolf Zuckowski OHG, Hamburg

Noten: SIK 1133

Und die Kinder schlafen

... und die Kinder schlafen friedlich,
gehn für ein paar Stunden
auf die Reise durch die Nacht,
und das Tor der Träume schließt sich.
Niemand wird es öffnen,
bis der neue Tag erwacht.

Lehn den Kopf zurück
und vergiß die Welt
einen Augenblick.
Nur noch du und ich,
nur noch dieser Raum
und ein bißchen Zeit
zwischen Tag und Traum.

... und die Kinder schlafen friedlich ...

Lehn den Kopf zurück ...

... und die Kinder schlafen friedlich,
gehn für ein paar Stunden
auf die Reise durch die Nacht.

Musik und Text: Rolf Zuckowski
© by MUSIK FÜR DICH Rolf Zuckowski OHG, Hamburg

Noten: SIK 1133

Eine der Gästerunden in meiner Sendereihe "Sonntags-kinder" bei der NDR-Welle Nord, 1988 in Kiel im Studio aufgenommen.

Frag mir doch kein Loch in'n Bauch

1986

Mit Alexander, Anna, Anusch-
ka, Bianca, Christiane, Eva,
Florian, Jan, Jens, Jochen,
Jörg, Kristina, Malte, Marion,
Martin, Martina, Melanie,
Niels, Sandra, Simon, Tanja, Tina, Ulrike, Verena, Yaak sowie dem Kin-
dergarten Mallettstraße, dem Schülerchor Hamburg-Lokstedt und dem
Jugendchor der Realschule Glinde.

Titel:

- Frag mir doch kein Loch in'n Bauch
- Im Kindergarten
- Ich bau' mir eine Höhle
- Kinder sind das Größte
- Papa, bist du müde
- Ohne dich
- Du gehörst zu uns
- Ich hab' einen Walkman (Was hast du gesagt?)
- Wenn der Sommer kommt
- Mama ist in Panik
- Ich schaff' das schon (Maikes Lied)
- Drachen im Wind
- Kinder brauchen Träume

Was habe ich mir für Gedanken gemacht: Ist das nun einfach nur falsches Deutsch oder etwa typisch Hamburgisch? Müßte es nicht richtiger: "Frag mich doch kein Loch in den Bauch" heißen? Ich habe den Text schließlich so gesprochen, wie in unserer Familie die Eltern in solchen Situationen mit den Kindern redeten. Niemand hat sich je darüber beklagt, noch nicht einmal ein Deutschlehrer. (Wahrscheinlich, weil es sich um einen hoffnungslosen Fall falschen Deutsches handelt, gell?)

Diese LP war wie ein neuer Anfang mit mehreren neuen Freunden. Ein paar von den "Alten" waren im großen Chor "per U-Boot" noch einmal dazugekommen, weil wir mit "Wenn der Sommer kommt" einen etwas älteren Titel hier zum ersten Mal auf CD veröffentlichten. Zwei Jahre waren vergangen seit der "Großen Show für kleine Leute". Ziemlich unbeschwert hatte ich seit "Zeit für Kinder – Zeit für uns" einfach so drauflos geschrieben. Entsprechend breit fächerte sich das Repertoire dieser LP zwischen dem drolligen "Im Kindergarten" und dem fetzigen "Ich hab' einen Walkman". Mit den Jahren hatte ich es immer mehr aufgegeben, mir zu viele Gedanken über "altersstufengerechte Lieder" zu machen. Unsere Kinder waren ganz klein (Andreas kam in den Kindergarten), mittendrin (Alexander besuchte das Gymnasium) und ziemlich groß (Anuschka machte allein mit ihrem Kirchenchor die erste Fernreise). Außerdem wurde mir bewußter, daß es in vielen anderen Familien ebenfalls Kinder unterschiedlichen Alters gibt. Die Kleineren wollen ohnehin oft genau das, was die Großen haben oder dürfen, und die Großen finden nichts schlimmer, als noch für klein gehalten zu werden. So entstanden einerseits kuschelige Lieder wie "Ich bau' mir eine Höhle", andererseits Pop-Songs wie "Drachen im Wind". Daß man beides auf ein und derselben Platte akzeptierte, machte mich glücklich. Nur die Zeit, meine Ideen umzusetzen, wurde immer knapper. Es begannen die Jahre des Kämpfens um genügend kreative Freiräume zwischen Büro-, Tournee- und Medienarbeit sowie gesellschaftlichen und familiären Pflichten (die natürlich oft genug auch Freuden waren).

Mit dieser LP mußte ich eine neue Erfahrung verdauen lernen: Die Rundfunksender hatten sich immer konsequenter auf eine eng begrenzte Musikfarbe und Altersgruppe spezialisiert. In diesen "Radioformaten" gab es immer weniger Platz für Kinder- und Familienthemen. Die "goldenen Zeiten", als Lieder wie "... und ganz doll mich" auf fast allen

Wellen liefen, waren vorbei. Das spürten wir deutlich in den ersten Wochen nach der Veröffentlichung. Dennoch fand "Frag mir doch kein Loch in'n Bauch" bald ein großes Publikum, wenn auch mit einiger Verzögerung.

Mit "Papa, bist du müde" sang Melanie Bank (eines von fünf Kindern aus dem Chor der Schule in Hanerau-Hademarschen) auf dieser LP ihr Solo-Lied. Sie sang es im ersten Durchgang gleich so beeindruckend, daß wir nichts mehr daran korrigieren mußten. In solchen Momenten wird es ziemlich still am Mischpult, wo wir schon manchen gestandenen Sänger an der Grenze seiner Möglichkeiten erlebt haben. Eva Wolf, das Mädchen mit dem frechen Titelsong (sie steht auf dem Foto im Nachthemd vor mir), habe ich leider nicht mehr allzu oft gesehen. Die Entfernung Hamburg – Ebersdorf war wohl doch etwas zu groß.

Liebe Freunde kamen für eine Stippvisite aus Osterholz-Scharmbek dazu: Der Kindergarten Malletstraße sang sein Lied "Im Kindergarten" und war später auch in meinem ZDF-Porträt "Lieder, die wie Brücken sind" damit zu sehen. Die Zusammenarbeit mit Chören wurde von nun an immer intensiver, vor allem auf der Bühne. Auf diesem Album waren der Lokstedter Schülerchor ("Du gehörst zu uns") und der Chor der Realschule Glinde ("Drachen im Wind") zu Gast .

Eine besondere Erwähnung verdient das Coverfoto, das Jo van den Berg im legendären "Rockwell-Stil" ausgeführt hat. Nur selten war ich, auch nach Jahren noch, mit einem Motiv so glücklich.

Frag mir doch kein Loch in'n Bauch

Kind: Du, Papa?
Vater: Na, was hast du denn?
Kind: Ich kann nicht einschlafen.
Vater: So, mal wieder – und nun?
Kind: Ich wollte dich was fragen.
Vater: Na gut, was denn?

Kind: Papa, warum brennt das Feuer?
      Papa, wohin weht der Wind?
      Papa, gibt es Ungeheuer?
      Papa, woher kommt ein Kind?

      Haben Engel wirklich Flügel?
      Wieviel Stacheln hat ein Igel?
      Papa, du bist doch so schlau,
      sag mir das mal ganz genau.

Vater: Also, – mmh – , weißt du, na ja,
      eigentlich ist das ganz klar.
      Mama weiß das sicher auch,
      frag mir doch kein Loch in'n Bauch.

Kind: Mama sagt, du drückst dich bloß,
      Papa, komm, nun schieß schon los.

      Papa, warum fliegt ein Drachen?
      Papa, wem gehört die Welt?
      Papa, können Tiere lachen?
      Papa, warum gibt es Geld?

      Muß die Sonne immer scheinen?
      Darf ein König niemals weinen?
      Papa, du bist doch so schlau,
      sag mir das mal ganz genau.

Vater: Also, – mmh – , wie war das noch,
komisch, eben wußt' ich's doch.
Mama weiß das sicher auch,
frag mir doch kein Loch in'n Bauch.

Kind: Mama sagt, sie kennt das Spiel,
einmal fragen nützt nicht viel.
Na dann, das Ganze nochmal von vorne:

Papa, warum brennt das Feuer?
Papa, wohin weht der Wind?
Papa – !

Vater: Jetzt ist aber wirklich Schluß.
Komm, ab ins Bett mit dir!
Irgendwann muß man ja auch mal seine Ruhe haben, nicht?
Kind: Na gut.
Vater: Morgen erklär' ich dir das dann alles ganz genau.
Kind: Aber auch wirklich!
Vater: Ja, ja, ganz bestimmt.
Also, schlaf gut.
Kind: Tschüß!
Vater: Und träum schön.
Fragen haben die Kinder...
Kind: Was hast du gesagt?
Vater: Du, jetzt ist aber wirklich gut.
Nacht!
Kind: Nacht.

Musik und Text: Rolf Zuckowski
© by MUSIK FÜR DICH Rolf Zuckowski OHG, Hamburg

Noten: SIK 1133

Im Kindergarten

Wo hat der Bürgermeister schon im Sand gespielt
und sich im tiefen Matsch so richtig wohlgefühlt?
Wo zupfte seine Frau den Puppen alle Haare aus?
Ich glaub', sie weiß es noch genau:

Im Kindergarten, im Kindergarten,
da fangen alle mal als kleine Leute an.
Im Kindergarten, im Kindergarten,
und wenn sie groß sind, fragen sie sich irgendwann,
wie nur die Zeit so schnell vergehen kann?

Wo hat der Polizist sich im Gebüsch versteckt
und immer wieder neue Streiche ausgeheckt?
Wo war die Lehrerin gefangen in der Räuberhöhle
als entführte Königin?

Im Kindergarten ...

Wo hat der Pfarrer seine Fäuste ausprobiert
und hin und wieder einen kleinen Kampf riskiert?
Wo war der Kapitän bei Hagel, Blitz und Donner
in der Koje unterm Tisch zu sehn?

Im Kindergarten ...

Musik und Text: Rolf Zuckowski
© by MUSIK FÜR DICH Rolf Zuckowski OHG, Hamburg

Noten: SIK 1133

Ich bau' mir eine Höhle

Ich bau' mir eine Höhle,
und dann versteck' ich mich darin.
Ich bau' mir eine Höhle,
und alle suchen, wo ich bin.
Mit Kissen und mit Decken
und einem Strauß Vergißmeinnicht;
und in der dunklen Höhle,
da brennt mein Taschenlampenlicht,
da brennt mein Taschenlampenlicht.

Ich bau' mir eine Höhle,
und dann lad' ich mir Gäste ein
mit Eis und Schokolade,
kommt alle her und macht euch klein.
Hier gibt es tolle Spiele,
und fröhlich sind wir sowieso,
auch ohne Tisch und Stühle,
wir sitzen einfach auf dem Po,
wir sitzen einfach auf dem Po.

Ich bau' mir eine Höhle,
und abends, wenn ich müde bin,
dann fang' ich an zu gähnen
und leg' mich auf den Kissen hin.
Da träum' ich ganz gemütlich
und kuschel mit dem Teddybär.
Wir schlafen beide friedlich
und hören von der Welt nichts mehr,
und hören von der Welt nichts mehr.

Musik und Text: Rolf Zuckowski
© by MUSIK FÜR DICH Rolf Zuckowski OHG, Hamburg

Noten: SIK 1133, SIK 1137, SIK 1143

Kinder sind das Größte

Kinder sind das Größte,
Kinder sind beliebt,
alle Leute freu'n sich,
daß es Kinder gibt.

Solang sie putzig sind
und nicht zu schmutzig sind,
solang sie niedlich sind
und immer friedlich sind,
doch wenn sie mehr kapier'n
und den Respekt verlier'n,
was hör'n sie dann:
"Was geht denn dich das an?"

Kinder sind das Größte ...

Solang sie drollig sind
und nicht zu mollig sind,
solang sie witzig sind
und immer spritzig sind,
doch wenn sie zu viel fragen,
ihre Meinung sagen,
hör'n sie bloß:
"Werd du man erst mal groß!"

Kinder sind das Größte ...

Alle Leute freu'n sich, daß es Kinder gibt!
– Oder? –

Musik und Text: Rolf Zuckowski
© by MUSIK FÜR DICH Rolf Zuckowski OHG, Hamburg

Noten: SIK 1133

apa, bist du müde

Papa, bist du müde?
Papa, was ist los mit dir?
Papa, bist du müde?
Komm doch her und spiel mit mir!

Guck doch mal, der Elefant
klettert rauf an meiner Wand,
plumps, da fällt er runter:
Macht dich das nicht munter?

Papa, bist du müde ...

Siehst du nicht mein Segelboot
auf dem Meer in größter Not?
Weit und breit kein Hafen,
kannst du dabei schlafen?

Papa, bist du müde ...

Mama ist am Telefon,
seit ein paar Minuten schon.
Sie sagt, sie steigt dir gleich aufs Dach.
Guck mal an:
Nun bist du wach!

Musik und Text: Rolf Zuckowski
© by MUSIK FÜR DICH Rolf Zuckowski OHG, Hamburg

Noten: SIK 1133

"Bring du mal den Kleinen ins Bett." Gerne, kein Thema. Ein bißchen vorlesen, eine kleine Geschichte erfinden, das haben wir doch schon x-mal geschafft. Dieses Mal nicht, dieses Mal schaffte er mich, unser Andreas, damals knapp zwei Jahre alt. Kind wird immer wacher, Papa schläft selig im Kinderbett ein. Das Paradies kann nicht glückseliger machen. Das kleine Glück dauerte nicht allzu lange. Andreas begann bald, mich mit seinen Kuscheltieren zu wecken. Eines nach dem anderen mußte ran, um Papa aus den Träumen zu kitzeln. Ganz lieb und mit dem sich immer wiederholenden monotonen Singsang "Papa, bist du müde?" Nie bin ich beglückter aufgewacht als aus diesem Traum.

Kind schläft schließlich doch noch ein. Papa greift zur Gitarre und aus Andreas' monotonen Worten wird ein Liedchen, das erst durch John O'Brien-Dockers Arrangement zu einem kleinen Edelstein wird. Wer sich einmal genau anhört, was der John hier gezaubert hat, versteht, warum wir beide so gute Freunde und Partner wurden.

Ohne dich

Ohne dich würd' ich im Winter keinen Schneemann bau'n
und ich käm' nicht drauf, die Sesamstraße anzuschau'n.
Ohne dich käm' hier der Osterhase nie mehr vorbei
und dem Weihnachtsmann wär'n wir längst einerlei.

Ohne dich würd' ich im Keller nie Gespenster sehn
und bestimmt nicht als Pirat zum Kinderfasching gehn.
Ohne dich gäb's keine Räuberhöhle im Kleiderschrank.
Ohne dich wär' ich ein andrer Mensch,
doch es gibt dich, Gott sei Dank.

Denn ohne dich hätt' ich im Leben nicht mal halb so viel gelacht
und über manche Fragen vielleicht niemals nachgedacht.
Ohne dich wär'n viele Tage einfach so vorbeigerauscht,
auch wenn nicht nur die Sonne schien, ich hätte nie getauscht.

Ohne dich hätt' ich die Schlittschuh auf den Müll getan
und womöglich hätt' ich heut' noch keine Eisenbahn.
Ohne dich würd' ich im Herbst den Drachen nicht steigen sehn
und gewiß beim ersten Schnee nicht rodeln gehn.

Ohne dich käm' mir kein Hamster und kein Frosch ins Haus
und erst recht kein Igel und auch keine weiße Maus.
Ohne dich wär' ich am Monatsende nicht ganz so blank.
Ohne dich wär' ich ein andrer Mensch,
doch es gibt dich, Gott sei Dank.

Denn ohne dich hätt' ich im Leben ...

Ohne dich wüßt' ich noch heute nichts von deiner Zärtlichkeit,
wenn's auch Kummer gab, mir tut nicht eine Stunde leid.
Ohne dich hätt' ich im Leben nie erfahren, wie es ist,
mit dir zu fühlen, daß du glücklich bist.
Mit dir zu fühlen, daß du glücklich bist.

Musik und Text: Rolf Zuckowski
© by MUSIK FÜR DICH Rolf Zuckowski OHG, Hamburg

Noten: SIK 1133

Du gehörst zu uns

Das komische Gefühl im Bauch,
das hatten wir am Anfang auch,
besonders wenn man keinen kennt,
und alles ist so fremd.

Nach einem Tag in diesem Haus
sieht manches schon ganz anders aus,
und bald schon wirst du selber sehn,
wie gut wir uns verstehn.

Du gehörst zu uns,
wir gehör'n zu dir,
wenn du Freunde suchst,
dann findest du sie hier.
Du gehörst zu uns,
wir gehör'n zu dir,
darum bleib nicht draußen vor der Tür!

Du gehörst zu uns ...

Wer zieht denn da die Stirn so kraus?
Sehn wir vielleicht zum Fürchten aus?
Wie lauter kleine Monsterlein?
Ach Quatsch, das kann nicht sein!

Was war denn das, wer lacht denn da?
Da wundern sich die Monster ja,
und dabei hätten wir jetzt fast
das Wichtigste verpaßt!

"Wieso, was denn?"

Daß dieses Lied am schönsten klingt
und allen gute Laune bringt,
wenn es immer lauter wird,
weil jeder mit uns singt.

Du gehörst zu uns ...
Du gehörst zu uns ...

Musik und Text: Rolf Zuckowski
© by MUSIK FÜR DICH Rolf Zuckowski OHG, Hamburg

Illustr. Buch: SIK 1130
Noten: SIK 1133

„Ein Gespräch im Flensburger Kindergarten "Süderlücke"
hat etwa 1982 dieses Lied entstehen lassen. "In welcher
Situation vermißt Ihr oft ein passendes Lied?" war meine Frage an die
Erzieherinnen. "Wenn neue Kinder kommen", war die Antwort. Mir
ging durch den Kopf, wieviel Tränen ich selbst schon vor der Tür zum
Kindergarten gesehen hatte. Ein Lied, das die Spannungen löst, eine
musikalisch ausgestreckte Hand, das könnte vielleicht wirklich helfen.
Also sprachen wir über Elemente, die dieses Lied enthalten sollte, z.B.,
daß es eine Stelle zum Lachen geben müßte ("...wie lauter kleine Monsterlein..."). Der Wechselgesang "Du gehörst zu uns – wir gehör'n zu
dir" ist ein Ergebnis dieses Gedankenaustauschs. Man kann ihn mit
immer wieder wechselnden Gruppen so lange durchspielen, bis die
"Neuen" wirklich dazugehören. Noch auf der Rückfahrt nach Hamburg
(zum Glück mit wenig Verkehr) entstand das komplette Lied. Über die
Jahre ist es längst in die Schulen übergesprungen und in viele Gruppen,
die den gleichen Bedarf kennen. Bei meinen vielen Begegnungen mit
Kindern ausländischer Herkunft haben wir die verbindende Kraft dieses
Liedes gespürt. So entstanden einige Versionen des Refrains in anderen
Sprachen, z.B. auf französisch und polnisch:

Tu nous appartiens,
nous t'appartenons.
Si tu cherches des amis,
ils sont ici.
Tu nous appartiens,
nous t'appartenons.
Donc ne reste pas tout seul ici.

Ty należysz do nas,
a my do ciebie,
kiedy szukasz przyjaciół,
to znajdziesz ich u nas.
Ty należysz do nas,
a my do ciebie,
dlatego nie stoj przed dźwiami.

Ich hab' einen Walkman (Was hast du gesagt?)

Ich hab' einen Walkman.
  Was hast du gesagt?
Ich hab' einen Walkman.
  Was hast du gesagt?
Ich hab' einen Walkman,
du hast einen Walkman.
Ich hab' einen, du hast einen...
  Was hast du gesagt?

"Was wollte er eben?"
"Wie?"

Ich kann dich nicht hören.
  Was hast du gesagt?
Ich kann dich nicht hören.
  Was hast du gesagt?
Ich kann dich nicht hören,
du kannst mich nicht hören.
Ich kann dich nicht,
du kannst mich nicht ...
  Was hast du gesagt?

"Was hörst du denn gerade?"
"Bitte?"

Ich hab' keine Lust mehr.
  Was hast du gesagt?
Ich hab' keine Lust mehr.
  Was hast du gesagt?
Ich hab' keine Lust mehr,
du hast keine Lust mehr.
Ich hab' keine, du hast keine ...
  Was hast du gesagt?

Ich hab' einen Walkman ...
Ich hab' einen Walkman ...

Musik und Text: Rolf Zuckowski
© by MUSIK FÜR DICH Rolf Zuckowski OHG, Hamburg

Noten: SIK 1133

enn der Sommer kommt

Voll die Koffer und voll der Tank,
keine Mark mehr auf der Bank,
aber reichlich Hunger auf Sonnenschein,
wenn der Sommer kommt.

Gut gelaunt in den Urlaub fahr'n,
Picknick an der Autobahn.
Irgendwo findet jeder sein Stück Natur,
wenn der Sommer kommt.

Sommerzeit, Sommerzeit,
und auf einmal ist es soweit.
Sommerzeit, Sommerzeit,
und wir träumen noch,
wenn es wieder schneit ...

... von Limonade und Eis am Stiel
und am Strand ein Fußballspiel,
dann mit achtzehn Mann in ein Gummiboot,
wenn der Sommer kommt.

Luftmatratzen im Swimming-Pool,
ein Sprung auf Papas Liegestuhl.
Ja, die Kleinen werden die Größten sein,
wenn der Sommer kommt.

Sommerzeit ...

Oma badet im Titisee,
Opa lüftet sein Toupet,
und er kriegt nachts mal wieder kein Auge zu,
wenn der Sommer kommt.
Wenn der Sommer kommt!

Heiße Hits aus dem Radio,
Breakdance-Fieber und Jojo.
Alles, nur nicht zur Schule gehn,
wenn der Sommer kommt.

Sommerzeit ...

Sogar die Hasen im Stoppelfeld
pfeifen auf den Rest der Welt,
denn zum Glück wird mancher ein fauler Hund,
wenn der Sommer kommt.

Musik und Text: Rolf Zuckowski
© by MUSIK FÜR DICH Rolf Zuckowski OHG, Hamburg

Illustr. Buch: SIK 1130
Noten: SIK 1133

Mama ist in Panik

Mama ist in Panik,
Papa braucht ein Bier,
heute kommen meine Freunde,
und dann feiern wir!
Mama ist in Panik,
Papa macht schon schlapp,
weil ich meine ganze Klasse
eingeladen hab'.

Hallo Nachbarn,
steckt euch schon mal Ohropax ins Ohr!
Heut' werd' ich zwölf Jahre alt,
und das kommt selten vor.

Mama ist in Panik ...

Ich sitz' vorn im Auto
und kann endlich alles sehn,
außerdem werd' ich jetzt
in die heißen Filme gehn.

Mama ist in Panik ...

Alle soll'n es sehn,
daß ich nicht mehr die Kleine bin.
Darum feiern wir ein Fest,
und das haut wirklich hin!

Mama ist in Panik.

Musik und Text: Rolf Zuckowski
© by MUSIK FÜR DICH Rolf Zuckowski OHG, Hamburg

Noten: SIK 1133

Ich schaff' das schon (Maikes Lied)

Als Maike knapp ein Jahr alt war,
da konnte sie längst stehn.
Sie übte unermüdlich,
an der Wand entlang zu gehn.
Drei Schritte hat sie leicht geschafft,
und fast den vierten auch,
doch sie entschied sich lieber
für 'ne Landung auf dem Bauch.

Sie sah sich um und hat gelacht
und hat vielleicht zum ersten Mal gedacht:

Ich schaff' das schon,
ich schaff' das schon,
ich schaff' das ganz alleine.
Ich komm' bestimmt,
ich komm' bestimmt
auch wieder auf die Beine.
Ich brauch' dazu,
ich brauch' dazu
vielleicht 'ne Menge Kraft,
doch ich hab' immerhin
schon ganz was anderes geschafft.

Als Maike in der Schule war,
da ging's ihr ziemlich gut,
nur wenn sie im Sport am Barren stand,
verlor sie fast den Mut,
besonders wenn die Klasse sah,
wie sie sich dabei quält.
Am liebsten wär sie abgehau'n,
und viel hat nicht gefehlt.

Doch sie stand da und hat gedacht:
Da muß ich durch, das wäre doch gelacht.
Ich schaff' das schon ...

Als Maike siebzehn Jahre war,
war sie total verliebt.
Sie glaubte, daß es nur noch
rosa Wolken für sie gibt.
Doch dann von heut' auf morgen
stürzte ihre Traumwelt ein.
Sie war total am Boden,
und sie fühlte sich so klein.

Doch sie stand auf und hat gedacht:
Ich bin wohl jetzt erst richtig aufgewacht.

Ich schaff' das schon ...

Die Zeit ging schnell vorüber,
Maike hat heut' selbst ein Kind.
Die Wohnung ist nicht groß,
in der die zwei zu Hause sind,
und doch hat jeder Winkel hier
sein eigenes Gesicht.
So kuschelig und friedlich
haben's viele Kinder nicht.

Und Maike denkt in mancher Nacht
an das, was sie als Kind so oft gedacht ...

Musik und Text: Rolf Zuckowski
© by MUSIK FÜR DICH Rolf Zuckowski OHG, Hamburg

Noten: SIK 1133

Maike gibt es wirklich. Ob alle Stationen des Liedes zutreffen, bleibt unser Geheimnis. Entstanden ist das Lied bei einem Spaziergang mit meinem Sohn Andreas. Er war damals knapp zwei Jahre alt und stolperte immer wieder in den Treppen von Blankenese. Mein Angebot, ihn aufzuheben, beantwortete er mit einem selbstbewußten "Ich schaff' das schon!" Meine Gedanken haben den ganzen Spaziergang um dieses Thema gekreist. Wie oft würde er sich das in seinem Leben noch sagen müssen? Wieder zu Hause angekommen, war das Lied im wesentlichen fertig.
Die letzte Station in "Maikes Lied" besingt die Gedanken einer alleinerziehenden Mutter. Lange habe ich danach gesucht, ein wenig von diesem Lebensgefühl ausdrücken zu können, ohne mich in Fragen zu verstricken, die ich persönlich nicht erlebt habe. Das Summen am Ende des Liedes soll Raum geben für all die ganz privaten Gedanken meiner Zuhörerinnen und Zuhörer.
Aufgrund einer Anregung des Chors der Realschule Glinde ist das ursprünglich von mir allein gesungene Lied auf der Kopplung "Ich schaff' das schon" mit drei Mädchen in drei Altersstufen besetzt. Von Psychotherapeuten habe ich gehört, daß sie dieses Lied mit Erfolg einsetzen, um Menschen neuen Mut zu machen.

Drachen im Wind

Ich hab' dich selbst gebaut,
aus Papier ist deine Haut,
flieg, flieg, flieg, Drachen im Wind.

Ich will dich steigen sehn,
du sollst hoch am Himmel stehn,
flieg, flieg, flieg, Drachen im Wind.

Ich seh' dir hinterher
und fühle mich so schwer.
Ich wär' so gern wie du,
aber ich seh dir nur von unten zu.

Gleite wie die Vögel, die deine Freunde sind,
spiele mit den Wolken, buntes Himmelskind.
Ich lass' dich höher steigen, hinauf ins Sonnenlicht.
Dir die Freiheit geben kann ich leider nicht,
Drachen im Wind.

Du läßt mich nicht im Stich,
und ich vertrau' auf dich,
flieg, flieg, flieg, Drachen im Wind.

Da wo dich jeder sieht,
singst du dein eignes Lied,
flieg, flieg, flieg, Drachen im Wind.

Ich seh' dir hinterher ...

Gleite wie die Vögel ...

Musik und Text: Rolf Zuckowski   © by MUSIK FÜR DICH Rolf Zuckowski OHG, Hamburg

Illustr. Buch: SIK 1130
Noten: SIK 1133, SIK 1143

inder brauchen Träume

Blumen brauchen Regen
und Bienen, die sie mögen,
zwei Augen, die sich dran erfreu'n,
und jede Menge Sonnenschein.

Der Fisch braucht einen klaren See,
der Pinguin den weißen Schnee.
Der Baum braucht Luft, die ihn atmen läßt,
die Maus ihr Loch und der Spatz sein Nest,
und Kinder brauchen Träume.
Kinder brauchen Träume.

Lieder brauchen Seelen,
die spür'n, was sie erzählen,
ein Fest, auf dem man fröhlich singt,
ein Haus, in dem Musik erklingt.

Märchen brauchen Zwerge
und Riesen groß wie Berge,
den Wald mit einer Hexe drin
und eine schöne Königin.

Der Clown braucht nur sein Zirkuszelt
und einen, der ein Bein ihm stellt.
Die Fee braucht nichts, was es jemals gab.
Na, doch vielleicht ihren Zauberstab,
und Kinder brauchen Träume.
Kinder brauchen Träume.

Musik und Text: Rolf Zuckowski
© by MUSIK FÜR DICH Rolf Zuckowski OHG, Hamburg

Noten: SIK I 133, SIK I 137

Die beiden waren unzertrennlich und wie immer mit großem Spaß dabei: Florian und Julian bei der "Weihnachtsbäckerei".

 interkinder
1987

Mit Alexander, Anna, Anne, Anuschka, Arne, Camilla, Carina, Christian, Claudia, Cordula, Eric, Gudrun, Jens, Jochen, Jörg, Julia, Katrin, Marion, Melanie, Nicola, Nina, Oliver, Pamela, Sarah-Liane, Simon, Simone, Sonja und Ulrike.

Titel:

- Die Weihnachtsspieluhr
- Winterkinder
- Guten Tag, ich bin der Nikolaus
- Wann kommst du, Weihnachtsmann
- In der Weihnachtsbäckerei
- Es schneit
- Auf der Suche nach Weihnachten
- Leise rieselt der Schnee
- Kling, Glöckchen
- Ihr Kinderlein, kommet
- Unterm Tannenbaum (O Tannenbaum/O du fröhliche)
- Gloria (Hört ihr, wie die Englein singen)
- Wär' uns der Himmel immer so nah

Es fiel mir nicht leicht, nach der LP "Wir warten auf Weihnachten", die so viele Freunde gefunden hatte, überhaupt an eine neue Weihnachtsplatte heranzugehen. Aber irgendwie schlichen sich die neuen Lieder in unser Leben ein. Zumal sich mit inzwischen drei Kindern der Advent zu einer besonders intensiven Jahreszeit in unserer Familie entwickelt hatte. Die immer spärlicheren Winter forderten außerdem, wie zum Trotz, geradezu neue Schnee- und Rodellieder heraus. Den Durchbruch zu diesem Album brachte schließlich die Geburt des Liedes "In der Weihnachtsbäckerei" (eine meiner vielen mitternächtlichen Autobahn-Kompositionen).

Die Bearbeitung einiger traditioneller Weihnachtslieder ergab sich aus meinen "Weihnachts-Wunschkonzerten" auf der Bühne und im Radio. Die bei den Kindern unserer Zeit beliebtesten alten Weihnachtslieder so zu bearbeiten, wie es meinem Gefühl für ein zeitgemäßes Klangbild und für einen kindgerechten Gesang entsprach, führte mich auf ein neues Feld. Weitere Bearbeitungen sollten folgen, um manchen guten alten Liedern einen neuen Zugang zu Kinder- und Elternohren und -herzen zu verschaffen.

Es war eine besondere Freude zu erleben, wie begeistert die Rundfunksender unsere neuen Lieder aufnahmen. Wenigstens zur Adventszeit durften Kinder noch auf mehreren Wellen "stattfinden". Allzu kindlich durfte es dabei allerdings nach Möglichkeit nicht werden. Ein gewisser Bezug der Lieder zu den Erwachsenen tat den Redakteuren gut, die nicht in die "Kinderfunk-Ecke" abgleiten wollten. Es macht mich schon nachdenklich, wie wenige Medienleute sich heute ohne Wenn und Aber einfach mit Kindern, also auch deren Eltern, identifizieren können (oder dürfen?). "Auf der Suche nach Weihnachten" und "Wär' uns der Himmel immer so nah" waren den kleineren Kindern zuliebe jeweils an das Ende der jeweiligen LP-Seite plaziert worden. Aber ich unterschätzte wohl manche Kinder, denn "Wär' uns der Himmel immer so nah" ging nicht nur den Erwachsenen unter die Haut. Dieses Lied war ursprünglich übrigens für Peter Maffay gedacht. Aber anstelle einer von ihm geplanten Weihnachtsplatte haben wir dann "Tabaluga" in die Welt gesetzt.

Mit der "Weihnachtsbäckerei" zog eine neue Kindergeneration in unsere Gruppe ein. Wir sollten noch viel von ihnen hören. Namen wie

Simon, Jörg, Christian, Sarah-Liane, Nina, Sonja tauchten in den kommenden Jahren immer wieder unter unseren Texten auf. Die Zusammenarbeit mit dem Lokstedter Schülerchor und dem Chor der Realschule Glinde fand bei den festlichen Liedern dieser LP ihren bisherigen Höhepunkt. Ich möchte den Chorleitern Hans und Gudrun Struck sowie Dieter Teske an dieser Stelle herzlich danken und die Freunde aus diesen Chören um Entschuldigung bitten, daß ich sie hier nicht einzeln aufführe.

Einen ganz unerwarteten Spaß hatten wir beim Fotografieren des fliegenden Schlittens für das Coverfoto. Ausgerechnet Jörg Ellmers, der nicht unbedingt unser leichtestes Kind ist, durfte den ”freien Flug“ im Fotostudio ausprobieren. An festen Schnüren hing er endlos lange unter der Studiodecke. Daß er auf dem Foto trotzdem lächelt, zeigt, aus welchem Holz Jörg geschnitzt ist, den ich schon mit fünf Jahren in einem meiner ganz frühen Kindergartenkonzerte entdeckte. Jörg hat sich mit seinem unnachahmlichen Spürsinn für gut singbare zweite Stimmen um das Klangbild von Rolf und seinen Freunden mehrfach verdient gemacht.

Die Weihnachtsspieluhr

Advent, Advent,
ein Lichtlein brennt.
Erst eins, dann zwei, dann drei, dann vier,
dann steht das Christkind vor der Tür.

Musik: Trad.   Bearb.: John O'Brien-Docker und Rolf Zuckowski
© Manuskript

Was kann man zu diesem Lied schon erzählen? Das Geheimnis liegt in der Spieluhr, die als Begleitung so selbstverständlich klingt. Es handelt sich dabei um ein für jeden verfügbares wunderbares Holzspielzeug (Hersteller: Schaaf Spielzeug, Wittlich), dessen Spielablauf man selbst gestalten kann. Aus einem Papierstreifen werden (mit einem Knipser, wie ihn früher die Schaffner hatten) vorgedruckte Löcher ausgestanzt. Es lassen sich auch eigene kleine Arrangements erstellen. Wie bei den alten Walzenorgeln kann dann jeder sein kleines Orchester mit der Kurbel in Schwung drehen, dazu singen oder einfach nur ein bißchen träumen. Wir haben damit manchen Adventsnachmittag verbracht, bevor die Idee entstand, unsere kleine Weihnachtsspieluhr für die Winterkinder erklingen zu lassen. In vielen Weihnachtskonzerten haben die Allerkleinsten mit dieser, inzwischen bunt bemalten Spieluhr unsere Adventskonzerte eröffnet.

Winterkinder

Winterkinder können stundenlang am Fenster stehn
und voll Ungeduld hinauf zum Himmel sehn.
Winterkinder in den Bergen oder an der See,
alle warten auf den ersten Schnee.

Sie wollen nicht immer nur durch grauen Nebel schau'n,
sie wollen lieber einen großen Schneemann bau'n.

Winterkinder können stundenlang am Fenster stehn ...

Sie träumen vom Schlittschuhlaufen und der Rodelbahn
und davon, endlich wieder Schuß ins Tal zu fahr'n.

Winterkinder können stundenlang am Fenster stehn ...

Musik und Text: Rolf Zuckowski
© by MUSIK FÜR DICH Rolf Zuckowski OHG, Hamburg

Illustr. Buch: SIK 1130
Noten: SIK 1137, SIK 1269

Guten Tag, ich bin der Nikolaus

Guten Tag, ich bin der Nikolaus.
Guten Tag, guten Tag.
Mit dem Sack geh' ich von Haus zu Haus.
Guten Tag, guten Tag.
Es gibt viel zu tun,
es gibt viel zu tun,
ich hab' keine Zeit, mich auszuruhn.
Guten Tag, ich bin der Nikolaus.
Guten Tag, guten Tag.

Wie der Wind zieh' ich durchs ganze Land.
Wie der Wind, wie der Wind.
Und am liebsten bleib' ich unerkannt.
Wie der Wind, wie der Wind.
Stellt die Stiefel raus,
stellt die Stiefel raus,
und dann freut euch auf den Nikolaus!
Guten Tag, ich bin der Nikolaus.
Guten Tag, guten Tag.

Heute nacht, wenn alle schlafen gehn,
heute nacht, heute nacht,
könnt ihr mich in euren Träumen sehn,
heute nacht, heute nacht.
Bis der Morgen graut,
bis der Morgen graut
und ihr fröhlich in die Stiefel schaut.
Guten Tag, ich bin der Nikolaus.
Guten Tag, guten Tag.
Guten Tag, guten Tag.

Musik und Text: Rolf Zuckowski
© by MUSIK FÜR DICH Rolf Zuckowski OHG, Hamburg

Noten: SIK 1137, SIK 1141, SIK 1269

Wann kommst du, Weihnachtsmann (Petit Papa Noël)

Wann kommst du, Weihnachtsmann,
mit dem großen Schlitten an?
Ganz voll bepackt bis obenhin,
und was ist in deinen Säcken drin?

Ach komm doch, Weihnachtsmann,
weil ich's kaum erwarten kann.
Mein Wunsch ist wirklich nicht sehr groß,
ich wünsch' mir eine neue Puppe bloß.

... und dazu noch eine Puppenstube, mh?

"Findest du den Weg aus der dunklen Ferne?"
das hab' ich Mama heut' gefragt.
"Kinderträume leuchten wie helle Sterne!"
hat sie zu mir Antwort gesagt.

Ach komm doch, Weihnachtsmann,
weil ich's kaum erwarten kann.
Mein Wunsch ist wirklich nicht sehr groß,
ich wünsch' mir eine neue Puppe bloß.

Wann kommst du, Weihnachtsmann,
mit dem großen Schlitten an?
Ich weiß, dein Weg ist ziemlich weit,
hoffentlich verpaßt du nicht die Zeit.

Ach komm doch, Weihnachtsmann,
weil ich's kaum erwarten kann.
Ich will auch ganz bescheiden sein,
nur ein Auto, doch bitte nicht zu klein.

... mit Fernsteuerung, ja?

Sag, hast du gehört, was die Leute reden,
wenn man von dir träumt, so wie ich?
Jemand hat gesagt, es würd' dich nicht geben,
wenn es Träume gibt, gibt's auch dich!

Ach komm doch, Weihnachtsmann,
weil ich's kaum erwarten kann.
Ich will auch ganz bescheiden sein,
nur ein Auto, doch bitte nicht zu klein.

... oder vielleicht eine elektrische Eisenbahn?
... vielleicht Rollerskates?
... ach, Hauptsache ist, du kommst überhaupt!

Musik: Henri Martinet   Text: Raymond Ovanessian
Deutscher Spezialtext: Jörg von Schenkendorff und Rolf Zuckowski
© 1987 by Editions Max Eschig, Paris

Noten: SIK 1137, SIK 1269

In der Weihnachtsbäckerei

In der Weihnachtsbäckerei
gibt es manche Leckerei.
Zwischen Mehl und Milch
macht so mancher Knilch
eine riesengroße Kleckerei.
In der Weihnachtsbäckerei,
in der Weihnachtsbäckerei.

Wo ist das Rezept geblieben
von den Plätzchen, die wir lieben?
Wer hat das Rezept verschleppt?

Na, dann müssen wir es packen,
einfach frei nach Schnauze backen.

Schmeißt den Ofen an –
und ran!

In der Weihnachtsbäckerei ...

Brauchen wir nicht Schokolade,
Honig, Nüsse und Succade
und ein bißchen Zimt?
Das stimmt.

Butter, Mehl und Milch verrühren,
zwischendurch einmal probieren,
und dann kommt das Ei –
vorbei.

In der Weihnachtsbäckerei ...

Bitte mal zur Seite treten,
denn wir brauchen Platz zum Kneten.
Sind die Finger rein?
Du Schwein!

Sind die Plätzchen, die wir stechen,
erstmal auf den Ofenblechen,
warten wir gespannt –
verbrannt.

In der Weihnachtsbäckerei ...

Musik und Text: Rolf Zuckowski
© by MUSIK FÜR DICH Rolf Zuckowski OHG, Hamburg

Illustr. Buch: SIK 1130
Noten: SIK 1137, SIK 1141, SIK 1143, SIK 1269

Kann es denn wahr sein? Alle tun es alle Jahre wieder, lieben es, und doch gibt es kein Lied darüber? Mit diesen Gedanken war ich mehrere Jahre lang bei der Zusammenstellung meiner adventlichen Radiosendungen ins Stocken geraten, wenn es um das Thema Backen ging. Zugegeben, ich selbst bin nicht der größte Weihnachtsbäcker (höchstens ein Teignascher), aber ich liebe diesen Duft, der kurz vor dem ersten Advent auch durch unsere Wohnung streicht, dieses untrügliche Zeichen dafür, daß die gemütlichste Zeit des Jahres beginnt.

Nicht nur die Backleidenschaft unserer Kinder, nicht nur ihre Eigen- und Unarten in der Weihnachtsbackstube sind in dieses Lied eingeflossen. Viele Gespräche mit Kindern und Eltern (pardon, Müttern) haben jede Menge Stoff dafür geliefert. Das Originalrezept ist leider bis heute nicht aufgetaucht, so backen wir also weiter ”frei nach Schnauze“. Das haben wir inzwischen in fast jedem deutschen Fernsehstudio ausprobiert, immer mit demselben Ergebnis: verbrannte Plätzchen. Die Premiere bei Thomas Gottschalks ”Wetten, daß ...“ brachte uns 1987 in Kiel aus dem Stand und über Nacht zu einem neuen Volkslied. Es war und blieb eine Freude zu sehen, wie Klein und Groß mit diesem Lied die Vorweihnachtszeit erleben, als sei es schon immer da gewesen.

Unser Andreas hat keinen geringen Anteil an der Einprägsamkeit der Melodie. Was für mich nur das Ende des Liedes war, machte er mit seinem untrüglichen dreijährigen Instinkt für Volksmusik zum Anfang. Zum Glück bin ich ihm gefolgt ...

Es schneit

Es schneit! Es schneit!
Kommt alle aus dem Haus!
Die Welt, die Welt
sieht wie gepudert aus.
Es schneit! Es schneit!
Das müßt ihr einfach sehn!
Kommt mit! Kommt mit!
Wir wollen rodeln gehn.

Wir laufen durch die weiße Pracht
und machen eine Schneeballschlacht,
aber bitte nicht mitten ins Gesicht!

Es schneit ...

Wir holen unsre Schlitten raus
und laufen in den Wald hinaus,
und dann bauen wir
den Schneemann vor der Tür.

Es schneit ...

Aus grau wird weiß,
aus laut wird leis',
die Welt wird zugedeckt,
und von der Frühlingssonne
wird sie wieder aufgeweckt.

Es schneit ...

Es schneit! Es schneit! Es schneit!

Musik und Text: Rolf Zuckowski
© by MUSIK FÜR DICH Rolf Zuckowski OHG, Hamburg

Illustr. Buch: SIK 1130
Noten: SIK 1137, SIK 1141, SIK 1143, SIK 1269

Auf der Suche nach Weihnachten (The Uptown Uptempo Woman)

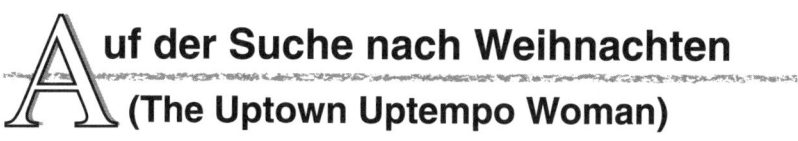

Und wieder ist Dezember,
mitten im Advent,
die Kinder können kaum erwarten,
daß die vierte Kerze brennt.

Durch die geschmückten Straßen
zieht wieder dieser Duft.
Tausend unerfüllte Träume
liegen in der Luft.

Und in all dem bunten Treiben
werden wir noch lange Zeit, lange Zeit
auf der Suche nach Weihnachten bleiben,
und bald ist es soweit.

Die Zeit beginnt zu laufen,
es gibt so viel zu tun.
Jeder wünscht sich ein paar Tage,
um endlich auszuruhn.

Da fehlen noch Geschenke,
und dann der Weihnachtsbaum,
Pakete packen, Karten schreiben,
das alles schafft man kaum.

Und in all dem bunten Treiben ...

Die Freunde sind heut' morgen
wieder weggefahr'n.
Sie feiern oben in den Bergen
allein – schon seit Jahr'n.

Sie schicken ein paar Grüße,
sind manche Sorge los,
doch Weihnachtsstimmung gibt's für viele
zu Hause bloß.

Und in all dem bunten Treiben ...

Und bald ist es soweit.

Musik und Originaltext: Randy Edelmann   Deutscher Subtext: Rolf Zuckowski
© by Unart Music (SbK)

Noten: SIK 1269

Es mag ernüchternd sein, aber die Originalkomposition aus Kanada erzählt unter dem Titel "The Uptown Uptempo Women And The Downtown Downbeat Guy" eine der üblichen Pop-Lovestories. Mich hat nicht nur dieses Lied, sondern die ganze LP von Randy Edelmann so gefangengenommen, daß mir seine Melodien lange nachliefen. Das winterliche Cover mit dem Sänger an einem Flügel im arktischen Eis mag mich dann zu der weihnachtlichen Stimmung hingeführt haben.

Was ich auf der geliehenen Melodie mit meinen Worten erzähle, spüre ich jedes Jahr neu und immer wieder ein bißchen anders. Die Welt, wir selbst, unser Adventsgefühl – alles ist im Wandel, vieles steht in Frage. Was bleibt, ist die Chance, wieder auf die Suche zu gehen. Die Suche nach Weihnachten dauert sicherlich nicht nur vier Wochen, aber in jedem Advent gibt es besonders vielversprechende Spuren, die man aufnehmen und verfolgen kann. Kindliche, erwachsene, göttliche Spuren. Ich bin noch lange nicht am Ziel, und die Melodie von Randy Edelmann bleibt einer der glänzenden Fäden, an denen ich mich festhalte.

Leise rieselt der Schnee

Leise rieselt der Schnee,
still und starr ruht der See,
weihnachtlich glänzet der Wald.
Freue dich, 's Christkind kommt bald!

In den Herzen wird's warm,
still schweigt Kummer und Harm,
Sorge des Lebens verhallt.
Freue dich, 's Christkind kommt bald!

Bald ist heilige Nacht,
Chor der Engel erwacht,
hört nur, wie lieblich es schallt:
Freue dich, 's Christkind kommt bald!
Freue dich, 's Christkind kommt bald!

Musik: Volksweise   Bearbeitung: John O'Brien-Docker und Rolf Zuckowski
© Manuskript

ling, Glöckchen

Kling, Glöckchen, klingelingeling,
kling, Glöckchen, kling!
Kling, Glöckchen, klingelingeling,
kling, Glöckchen, kling!

Laßt mich ein, ihr Kinder,
ist so kalt der Winter,
öffnet mir die Türen,
laßt mich nicht erfrieren!
Kling, Glöckchen, klingelingeling,
kling, Glöckchen, kling!

Kling, Glöckchen, klingelingeling ...

Mädchen, hört, und Bübchen,
macht mir auf die Stübchen!
Bring' euch milde Gaben,
sollt euch dran erlaben.
Kling, Glöckchen, klingelingeling,
kling, Glöckchen, kling!

Kling, Glöckchen, klingelingeling ...

Hell erglühn die Kerzen,
öffnet mir die Herzen,
will drin wohnen fröhlich,
frommes Kind, wie selig!
Kling, Glöckchen, klingelingeling,
kling, Glöckchen, kling!
Kling, Glöckchen, kling!
Kling, Glöckchen, kling!

Musik: Volksweise   Bearbeitung: John O'Brien-Docker und Rolf Zuckowski
© Manuskript

Ihr Kinderlein, kommet

Ihr Kinderlein, kommet, o kommet doch all',
zur Krippe her kommet in Bethlehems Stall,
und seht, was in dieser hochheiligen Nacht
der Vater im Himmel für Freude uns macht!

O seht in der Krippe, im nächtlichen Stall,
seht hier bei des Lichtleins hellglänzendem Strahl
in reinlichen Windeln das himmlische Kind
viel schöner und holder, als Engel es sind.

Da liegt es, das Kindlein, auf Heu und auf Stroh.
Maria und Joseph betrachten es froh!
Die redlichen Hirten knien betend davor,
hoch oben schwebt jubelnd der Engelein Chor.

Musik: Volksweise   Bearbeitung: John O'Brien-Docker und Rolf Zuckowski
© Manuskript

nterm Tannenbaum

O Tannenbaum, o Tannenbaum,
wie grün sind deine Blätter!
Du grünst nicht nur zur Sommerzeit,
nein, auch im Winter, wenn es schneit.
O Tannenbaum, o Tannenbaum,
wie grün sind deine Blätter!

O du fröhliche, o du selige,
gnadenbringende Weihnachtszeit.
Welt ging verloren, Christ ist geboren.
Freue, freue dich, o Christenheit!

O du fröhliche, o du selige,
gnadenbringende Weihnachtszeit!
Christ ist erschienen, uns zu versühnen.
Freue, freue dich, o Christenheit!

O du fröhliche, o du selige,
gnadenbringende Weihnachtszeit.
Himmlische Heere jauchzen dir Ehre.
Freue, freue dich, o Christenheit!
Freue, freue dich, o Christenheit!

Musik: Volksweise   Bearbeitung: John O'Brien-Docker und Rolf Zuckowski
© Manuskript

Gloria
(Hört ihr, wie die Engel singen)

Hört ihr, wie die Engel singen,
wie ihr Herz vor Freude lacht?
Seht, das Licht, das sie uns bringen,
hat die Nacht zum Tag gemacht.

Gloria in excelsis deo!
Gloria in excelsis deo!

Hört ihr, was die Engel sagen?
Diese Welt ist nicht verlor'n,
denn um unsre Schuld zu tragen,
wurde heut ein Kind gebor'n.

Gloria in excelsis deo!
Gloria in excelsis deo!

Hört ihr, wie die Engel spielen,
wie ihr Lied zum Himmel klingt?
So wie sie sollt ihr euch fühlen,
daß ihr selbst voll Freude singt:

Gloria in excelsis deo!
Gloria in excelsis deo!

Musik: Volksweise   Text: Rolf Zuckowski
Bearbeitung: John O'Brien-Docker und Rolf Zuckowski
© by MUSIK FÜR DICH Rolf Zuckowski OHG, Hamburg

Noten: SIK 1137

Wär' uns der Himmel immer so nah

Wär' uns der Himmel immer so nah
und unsre Arme immer so offen,
fänden viele sicher die Kraft,
wieder zu hoffen.

Wär'n unsre Herzen immer so weit
und lernten wir, in Frieden zu leben,
fänden viele sicher die Kraft,
nicht aufzugeben.

Das Glück braucht keine bunten Schleifen
und Liebe keine Jahreszeit.
Wir könnten täglich nach den Sternen greifen,
sie sind nicht so weit.

Wär' uns der Himmel immer so nah ...

Wär'n unsre Herzen immer so weit ...

Der Lichterglanz muß nicht verblassen,
auch wenn die Kerzen bald verglühn.
Dann wären Gold und Silber mehr als Farben,
die vorüberziehn.

Wär' uns doch der Himmel immer so nah ...

Wär' uns doch der Himmel immer so nah.

Musik und Text: Rolf Zuckowski
© by MUSIK FÜR DICH Rolf Zuckowski OHG, Hamburg

Noten: SIK 1269

Sommerkinder

Winterkinder

W ir wollen Sonne

1988

Mit Anna, Anne, Anuschka, Camilla, Carina, Christian, Eric, Florian, Florian, Jan, Jörg, Julia, Marco, Martin, Melanie, Nancy, Nick, Ole, Oliver, Sandra, Sarah-Liane, Simon, Sonja und Vivien.

Titel:

- Wir wollen Sonne
- Endlich ist Sonntag
- Hoch in den Bergen
- Ich flieg' mit dem Wind
- Leben ist mehr
- Sommerkinder
- Bei Papa an Bord
- Frühstück für Mama, Frühstück für Papa
- Ich kenn' ein Haus
- Das eine Kind ist so, das andre Kind ist so
- Besuch auf dem Bauernhof

" Zum ersten Mal seit 1979 trug eine neue CD/LP/MC von uns nicht mehr das Polydor-Zeichen. Dahinter verbirgt sich eine schwerwiegende Auseinandersetzung mit dem damaligen Polydor-Geschäftsführer, dem spektakuläre internationale Eintagsfliegen wichtiger waren als die Beständigkeit in der Arbeit mit deutschsprachigen Künstlern. Das Polyphon-Label im selben Konzern wurde deshalb für drei Jahre meine vorübergehende "Heimat". Daraus entwickelten sich ganz unerwartete neue Impulse. Wie sagte doch meine Schwiegermutter so gern: "Wer weiß, wozu es gut ist!"

Das kleine Polyphon-Team um Hartmut Ganser entwickelte eine Energie, die ich vorher bei meiner Schallplattenfirma lange vermißt hatte. Das Lied "Leben ist mehr" wurde nicht zuletzt dank dieser Einsatzfreude einer meiner meistgespielten Titel im Radio. "Frühstück für Mama" fand ebenfalls viel Anklang, und es gelang uns, in der inzwischen neugeordneten Radiolandschaft viele erfreuliche Partnerschaften aufzubauen.

Anuschka sang "Ich flieg' mit dem Wind" – ein Stück aus unserem Familienleben, denn im Jahr zuvor hatte sie ihre erste eigene Urlaubsreise gemacht. Auf dieser CD gibt es aber auch wieder Lieder für kleinere Kinder wie "Ich kenn' ein Haus" oder "Besuch auf dem Bauernhof". Sie stehen neben Popsongs wie "Hoch in den Bergen". Ich habe mich damit vielleicht an die "Schmerzgrenze" der größeren Kinder herangewagt. Bei fortschreitendem Schubladendenken in den Radiostationen, dem viele Hörerinnen und Hörer mehr oder weniger bewußt folgen, mache ich mir solche Entscheidungen zugunsten der Toleranz nicht leicht. Zum Glück zieht mein Publikum mit und läßt sich nicht so leicht in Schubladen packen.

Die Freunde von "Frag mir doch kein Loch in'n Bauch" wurden u.a. ergänzt durch Nancy, Vivien, Camilla, Jan, Nick, Ole und Marco, die überwiegend im Chor mitsangen. Das "große Solo" ist nie ein wichtiger Maßstab für das Gefühl der Gruppen-Zusammengehörigkeit gewesen. Ich war oft erstaunt und glücklich darüber, wie selbstverständlich und neidlos die Kinder mit solchen Besetzungsentscheidungen in der Regel umgehen.

Noch ein Geheimnis? Das Lied "Endlich ist Sonntag" hieß im Original "Endlich ist Frühling". Ich hatte es für Rudi Carells TV-Show geschrieben. Rudi sang es nur einmal, dafür war mir die Melodie zu schade, und weil nur einmal im Jahr Frühling ist, entschied ich mich für etwas, worauf man sich 52mal im Jahr freuen kann.

Wir wollen Sonne
(Verde e amarelo)

Wir wollen Sonne!
Wir wollen Sonne!

Überall hoch im Norden
sangen früher schon die Wikingerhorden
dieses Lied von Sommer, Sonne und Lust
aus voller Brust.

Und es zog sie nach Süden,
schon im Winter wurde entschieden:
Im Sommer ziehen wir wieder los!
Und sie sangen:

Wir wollen Sonne!
Wir wollen Sonne!

So viel Zeit ging vorüber,
doch alle Jahre hört man es wieder.
Das Lied, mit dem der Sommer beginnt,
kennt jedes Kind.

Für ein paar Sonnenstrahlen
muß man heute leider reichlich bezahlen.
Es läuft nun mal auf dieser Welt
nichts ohne Geld.

Wir wollen Sonne!
Wir wollen Sonne!

Und sie kommen von Norden
wie die Wikingerhorden,
sind vielleicht etwas zahmer geworden,
und sie singen:

Wir wollen Sonne!
Wir wollen Sonne!
Wir wollen Sonne!
Wir wollen Sonne!

Braungebrannt auf der Piazza,
bis zum Morgen in der Disco Rabazza,
und am Mittag haben sie ihren Strand
fest in der Hand.

Doch schon bald kommt die Wende.
Wieder geht ein Sommer zu Ende,
und sie zieh'n sich in den Norden zurück
mit ihrem Lied:

Wir wollen Sonne!
Wir wollen Sonne!

Wir wollen Sonne!
Wir wollen Sonne!

Sie kommen wieder von Norden
so wie die Wikingerhorden,
sind etwas zahmer geworden.

Musik und Originaltext: R. und E. Carlos   Deutscher Text: Rolf Zuckowski
© by Ecra Realizacoes Artisticas S.C. Ltda. – Editora Musical Amigos Ltda.
für Deutschland, Österreich und die Schweiz: Sony Music Publishing, Frankfurt/Main

Noten: SIK 1133

Ein Souvenir aus Brasilien, ein Superhit aus dem Fußballstadion von Rio, ein Fest in den Farben des Landes: "Verde e amarelo" (Grün und Gelb), das steckt hinter diesem Lied, das mir die Bochumer Familie Wartenberg aus Südamerika mitbrachte. Mir gefiel der kraftvolle Refrain sofort, und eine sommerliche Textidee war im neblig feuchten Hamburg schnell gefunden. Der Vergleich mit den Wikingerhorden, die alle Jahre wieder sonnenhungrig in den Süden einfallen, drängte sich nach mehreren Urlauben rund um das Mittelmeer geradezu auf. Den Chor sangen alle kleinen und großen Freunde, die ich rund um Hamburg auftreiben konnte, inklusive der Eltern.

"Wir wollen Sonne!" sangen denn auch an die 700 Menschen in unserem ersten Video, das auf dem Hamburger Rathausmarkt gedreht wurde. Ich hatte in einem Anfall von Telefonitis alle Familien, Freunde, Gruppen und Vereine angerufen, die irgendwann in den Jahren zuvor mit mir im Hamburger Umland ein Konzert gestaltet hatten. Der Zuspruch war umwerfend. Mit Surfbrettern, Luftmatratzen und Liegestühlen, in Tauchanzügen, Bikinis und Bademänteln kamen sie an einem Sonntagmorgen um acht Uhr in die Innenstadt. Vom Baby bis zur Großmutter waren alle Generationen vertreten. Eine Demo ganz besonderer Art wollten wir filmen. Die Polizei hatte uns die frühe Tageszeit zur Auflage gemacht und den Rathausmarkt (ansonsten Bannmeile für Demonstrationen) freigegeben. Das Video lief mehrfach auf den damals gerade neu eingerichteten privaten Fernsehsendern Sat1, RTL und Tele 5.

ndlich ist Sonntag

Der Wecker träumt vor sich hin
und hat nur eines im Sinn:
Endlich ist Sonntag.

Die Kinder streifen durchs Haus,
die Eltern schlafen sich aus.
Endlich ist Sonntag.

Die Alltagssorgen sind weit,
sogar zum Kuscheln ist Zeit.
Endlich ist Sonntag.

Der größte Ärger verpufft,
es liegt Musik in der Luft.
Endlich ist Sonntag.

Wenn die Gedanken
wie auf rosa Wolken schweben,
dann ahnt man endlich wieder,
was es heißt zu leben.

Am Frühstückstisch wird gelacht
und an den Urlaub gedacht.
Endlich ist Sonntag.

Jetzt sind die Großen mal still,
und dann sag' ich, was ich will.
Endlich ist Sonntag.

Zeit, auf den Spielplatz zu gehn,
und bloß die Schule nicht sehn.
Endlich ist Sonntag.

Hört Papas Herz, wie es pocht,
wenn er mal brutzelt und kocht.
Endlich ist Sonntag.

Man kommt sogar dazu, ein gutes Buch zu lesen
und damit friedlich auf dem Sofa einzudösen.
Komm, Papa, mach hier nicht schlapp,
sonst bringen wir dich auf Trab!
Endlich ist Sonntag.

Aus Grau wird Farbe und Licht
bald auch in deinem Gesicht.
Endlich ist Sonntag.

Musik und Text: Rolf Zuckowski
© by MUSIK FÜR DICH Rolf Zuckowski OHG, Hamburg

Noten: SIK 1133

och in den Bergen

Die Sonne steht am Himmel wie ein Feuerball,
niemand stört die Ruhe dort am Wasserfall.
Der Himmel blau und ringsherum ein Nebelmeer,
klingt das für dich, als ob es nur ein Märchen wär'?

Weißt du, wo man das erleben kann?
Du mußt es selber sehen irgendwann!

Hoch in den Bergen,
wo sich Himmel und Erde berühr'n.
Hoch in den Bergen,
wo die Riesen an Größe verlier'n.

Bist du nicht der,
der lange schon die Tage zählt,
der immer sagt,
daß ihm zu Haus die Freiheit fehlt?

Bist du nicht die,
die in der Stadt nicht atmen kann,
die immer sagt,
das Leben fängt da draußen an?

Weißt du, wo der Horizont beginnt
und deine Träume endlich Wahrheit sind?

Hoch in den Bergen ...

Hoch in den Bergen,
wo die Riesen an Größe verlier'n.

Hast du geglaubt, daß es so viele Sterne gibt?
Fühlst du dich jetzt wie einer, der die Stille liebt?
Willst du vielleicht am Ende nicht mehr fort von hier?
Dann bleibt ab jetzt ein Teil von dir für immer hier.

Hoch in den Bergen ...

Musik und Text: Rolf Zuckowski
© by MUSIK FÜR DICH Rolf Zuckowski OHG, Hamburg

Noten: SIK 1133

Ich flieg' mit dem Wind

Ich flieg' mit dem Wind,
wenn der Sommer beginnt,
frei wie ein Vogel werd' ich sein
und nicht lang allein.

Doch etwas von dir
bleibt immer bei mir.
Wir werden lernen, frei zu sein.

Der Himmel weiß, wohin die Träume uns wehn
und wer mir morgen Wärme gibt.
Was auch geschieht, ich weiß, daß wir uns verstehn,
und hier unten ist jemand, der dich liebt.

Ich flieg' mit dem Wind,
wenn der Sommer beginnt,
will meine eignen Sterne sehn
und neue Wege gehn.

Und immer geb' ich
ein Zeichen für dich,
auch wenn die Sterne untergehn.

Der Himmel weiß, wohin die Träume uns wehn ...

Der Himmel weiß, wohin die Träume uns wehn
und wer dir morgen Wärme gibt.
Was auch geschieht, ich weiß,
daß wir uns verstehn,
und da unten ist jemand, der mich liebt.

Ich flieg' mit dem Wind.

Musik und Text: Rolf Zuckowski
© by MUSIK FÜR DICH Rolf Zuckowski OHG, Hamburg

Noten: SIK 1133

eben ist mehr

Leben ist mehr als Rackern und Schuften,
Leben ist mehr als Kohle und Kies.
Leben ist mehr als Warten auf morgen,
Leben ist jetzt, Leben ist dies.

Leben ist mehr als Hetzen und Jagen,
Leben ist mehr als nur Theorie.

Leben ist mehr als Zweifeln und Fragen,
Leben ist hier, jetzt oder nie.

Leben ist Träumen, Lachen und Weinen,
Leben ist Zärtlichkeit und Gefühl.
Leben ist Lust und Leben ist Liebe,
Zeit für Musik und Zeit für ein Spiel.

Leben ist mehr als Rackern und Schuften ...

Leben ist mehr als Hetzen und Jagen ...

Leben ist, miteinander zu reden,
Leben ist, aufeinander zu bau'n.
Leben ist, füreinander zu kämpfen,
Leben ist Hoffnung, Mut und Vertrau'n.

Leben ist mehr als Rackern und Schuften ...

Leben ist, miteinander zu reden ...

Leben ist mehr als Rackern und Schuften ...

Musik und Text: Rolf Zuckowski
© by MUSIK FÜR DICH Rolf Zuckowski OHG, Hamburg

Noten: SIK 1133, SIK 1137

Zwischen Hamburg und Kiel liegen etwa 90 Kilometer Autobahn. Diese Strecke könnte manches Lied von mir singen, denn ich war hier Stammgast, insbesondere an den Sonntagen der Jahre 1986 bis 1988. Um meine Sendung "Sonntagskinder" auf der NDR-Welle Nord pünktlich um 12 Uhr beginnen zu können, mußte ich gegen 10 Uhr von zu Hause aufbrechen, eine Zeit, zu der vernünftigere Menschen gemütlich mit ihrer Familie frühstücken. Ich hatte, bei aller Freude an meiner beim Publikum zum Glück sehr beliebten Sendung, an diesen Sonntagen oft das Gefühl "da stimmt was nicht". Meine Familie gab mir immer öfter deutliche Zeichen, die in dieselbe

Richtung gingen. Ein Lied wie "Leben ist mehr" entsprang also ganz meiner inneren (oft genug auch körperlichen) Verfassung.

Diese war nicht zuletzt auch davon geprägt, daß ich zur gleichen Zeit alle 14 Tage samstags im Programm von NDR 2 die Kinderfunksendung MIKADO gestaltete. Es gab also zwei Jahre lang eigentlich kein freies Wochenende. Daß so etwas auf die Dauer nicht gutgehen konnte, versteht sich von selbst. Mit dem Text "Leben ist mehr" verbindet sich darum für mich auch der Aufbruch zu neuen, eigentlich alten Ufern: weg vom regelmäßigen Radiomachen, hin zur Gestaltung und Verbreitung der eigenen Musik.

Die Radiojahre waren für mich von unschätzbarem Wert. Ich fand beim NDR eine faszinierende Aufgabe. Ich habe viele Menschen und ihre Lebensart zwar nur kurz, aber dennoch besonders intensiv kennengelernt, viele liebe Kollegen und alle nur denkbaren Produktionsformen bzw. Arbeitsweisen. Wenn es einen Bereich gibt, in dem ich mir mein berufliches Leben heute auch noch vorstellen könnte, dann ist es vor allem der Rundfunk. Aber solange mir noch Lieder einfallen, solange ich rund um meine Lieder so viel Erfreuliches mit anderen Menschen gestalten und erleben kann, wird es von mir nur Stippvisiten im Radio geben.

Mit "Leben ist mehr" begann bezeichnenderweise ein neues Verhältnis zum Radio für mich. Denn dieses, vor allem an Erwachsene gerichtete Lied fand bei den Sendern ganz besonders viele Freunde. Die wochenlange Plazierung in zahlreichen Radiohitparaden spricht dafür, daß meine Stimmung auch den streßgeplagten, überbeschäftigten Mitmenschen und denen, die zu oft unter ihnen leiden, aus dem Herzen sprach.

Sommerkinder

Sommerkinder wollen jeden Tag zum Baden gehn
und von früh bie spät nur die Sonne sehn.
Sommerkinder wollen spielen irgendwo am Strand
und ein großes Eis in ihrer Hand.

Sie träumen von einer Dusche unterm Gartenschlauch
und Hula-Hoop mit ihrem braungebrannten Bauch.

Sommerkinder ...

Sie träumen von alten Freunden, die sich wiedersehn,
und Sommerferien, die nie zu Ende gehn.

Sommerkinder ...

Und ein großes Eis in ihrer Hand.
Und ein großes Eis in ihrer Hand.

Musik und Text: Rolf Zuckowski
© by MUSIK FÜR DICH Rolf Zuckowski OHG, Hamburg

Illustr. Buch: SIK 1130
Noten: SIK 1133, SIK 1143

Es lag in der Luft, nach den "Winterkindern", die zwischen Weihnachtsbäckerei und Schneeballschlacht ihren Spaß hatten, nun auch die Sommerkinder mit ihrem Bade- und Ferienspaß zu besingen. Dafür die gleiche Melodie zu benutzen, hatte mich schon beim Texten der Winterkinder gereizt. Wir haben nur wenige Instrumente aus dem Arrangement der Winterkinder-Musik austauschen müssen, um zu einem fröhlichen, sommerlichen Klangbild zu kommen. Ein launiges Pfeifen statt der Weihnachtsglocken, ein Hauch von Kari-

bik durch das Marimbaphon, dazu eine sommerlich gestimmte Oktav-
gitarre (mein "Sternchen"), schon waren die Jahreszeiten ausgetauscht.

Die ganze LP "Sommerkinder" zu nennen, schien mir weniger ratsam,
weil die Sehnsucht nach Sonne und Ferien uns Nordeuropäer erfah-
rungsgemäß gerade im Winter besonders packt. Es wäre darum aus meiner Sicht geradezu ein Jammer gewesen, wenn dieses Lied und alle
anderen Lieder drum herum nur im Sommer aktuell gewesen wären.
Um eventuellen Spekulationen vorzubeugen: Frühlings- und Herbstkin-
der-Versionen werden wir aus der Winterkinder-Musik nicht mehr her-
vorzaubern.

Bei Papa an Bord
(Bi Vadder an Bord)

Bei Papa an Bord
ist immer eine Koje für mich frei.
Bei Papa an Bord,
da geht der Sommer viel zu schnell vorbei.
Bei Papa an Bord,
da halt' ich unsern Kurs als Steuermann.
Dann segeln wir hart am Wind,
wie ich es am schönsten find',
Ost, Süd, West oder Nord,
bei Papa an Bord.

Bei Papa an Bord,
da segeln wir bis in die Nacht hinein.
Bei Papa an Bord,
da sind wir beide ganz für uns allein.
Bei Papa an Bord,
da stört uns ganz bestimmt kein Telefon.
Wir reden so dann und wann
mal richtig von Mann zu Mann
ein ehrliches Wort,
bei Papa an Bord.

Wir brauchen kein Land in Sicht,
nur Sonne und Wind,
und manchmal, da fühl' ich mich
noch selbst wie ein Kind.

Bei Papa an Bord,
da bleiben wir Columbus auf der Spur.
Bei Papa an Bord,
da schwören wir uns den Piratenschwur.
Bei Papa an Bord,
da hör'n wir Käpt'n Nemos Orgelspiel,
und stört uns zwei irgendwann
ein böser Klaubautermann,
dann jag' ich ihn fort,
bei Papa an Bord.
Ich nehm' dich beim Wort,
bei Papa an Bord.

Musik und hochdeutscher Text: Rolf Zuckowski   Originaltext: Paul Peters-Maruhn
© by MUSIK FÜR DICH Rolf Zuckowski OHG, Hamburg

Noten: SIK 1133

Ich war wohl um die fünf Jahre alt, als ich zum ersten Mal bewußt dabei war, "bei Papa an Bord". Er fuhr als Steward auf den klassischen Frachtdampfern der Hamburg-Süd, wie es sie heute, in der Zeit der Containerschiffe, kaum noch gibt. Im Hamburger Hafen mit Papas Schiff "verholen", das heißt von einem Kai zum anderen zu fahren, zählt zu meinen aufregendsten Kindheitserlebnissen. Nie vergesse ich den Geruch der Gänge und der Maschine an Bord, den merkwürdigen Geschmack von haltbar gemachter Wurst und englischem Käse. Geblieben sind die hängenden Becher in unserer Küche, wie in der Pantry der Schiffsstewards, und ebenso geblieben ist der Traum, einmal im Leben Papas Südamerikafahrt nachzuholen, Rio zu sehen, Caracas und Buenos Aires.

Paul Peters (der Vater von Niels Peters), ein ehemaliger Kutterfischer, hat mit seinem verträumten plattdeutschen Text "Bi Vadder an Bord" diesen Kindheitstraum in mir wieder wachgemacht. Zwar erzählt sein Lied (das ich zunächst mit der Finkwarder Speeldeel in plattdeutsch aufnahm) von Vater und Sohn in der Fischerei-Seefahrt, aber die Grundstimmung war dieselbe. Seitdem ich zu meiner Frau an die Elbe gezogen war, verfolgten mich mit manchem vorbeifahrenden Schiff die Bilder aus der Kindheit um so mehr.

Mag in der von Jan gesungene hochdeutschen Fassung "Bei Papa an Bord" auch nur die Traumwelt der Segler eingefangen sein, so bleibt für mich doch das Eintauchen in die ersten Erinnerungen von Papa, den es so sehr rauszog auf die See und der es dort nie besonders lange aushalten konnte, vielleicht weil das Heimweh stärker war als das Fernweh.

Frühstück für Mama, Frühstück für Papa (Evelon Mamma, Evelon Pappa)

Ich hab' früher manche Dummheit gemacht,
hab' meinen Eltern nicht nur Freude gebracht.
Hab' den Fußball in die Scheiben gekickt,
und die Hosen waren meistens geflickt.

Mama sagte hin und wieder:
"Sonntag sprechen wir mit Papa drüber."
Das Theater, lieber Vater!
Doch ich hatte einen Plan!
Sonntag gab es:

Ein Frühstück für Mama, Frühstück für Papa,
alles wunderbar.
Duftender Kaffee, Johannisbeergelee,
ein weichgekochtes Ei
und Musik dabei.
Heimlich hatte ich den Tisch gedeckt
und dann die beiden liebevoll geweckt:
"Der Sonntag ist da!"

Neulich kam ich von der Reise nach Haus,
meine Frau sah schon mal glücklicher aus.
Ich fragte: "Liebling, ist hier irgendwas los?"
Sie sagte: "Nein, die Kinder schaffen mich bloß."

Dann beschlossen wir mal wieder:
Morgen sprechen wir mit ihnen drüber.
Das Theater, lieber Vater,
und der nächste Morgen kam,
und was gab es?

Ein Frühstück für Mama, Frühstück für Papa,
alles wunderbar.
Duftender Kaffee, Johannisbeergelee,
ein weichgekochtes Ei
und Musik dabei.
Heimlich hatten sie den Tisch gedeckt
und dann uns beide liebevoll geweckt:
"Der Sonntag ist da!"

Ein Frühstück für Mama, Frühstück für Papa,
alles wunderbar.
Duftender Kaffee, Johannisbeergelee,
ein weichgekochtes Ei,
alles für uns zwei.
Und die dicke Luft war vorbei.

Musik und Originaltext: Pareti/Chiercha/Dane   deutscher Text: Rolf Zuckowski
Subverlag für Deutschland und Österreich: ROBA Musikverlag GmbH, Hamburg –
SUGAR Musik Verlags GmbH, München

Noten: SIK 1133

Ich kenn' ein Haus

Ich kenn' ein Haus,
schau'n viele Kinder raus,
durch bunt bemalte Scheiben
lachen sie dir ins Gesicht.
Langeweile gibt es nicht.
Komm doch mal zu uns
herein!

Ich kenn' ein Haus,
da gibt's ein Fest,
mit selbstgeback'nem Kuchen,
Limonade und Kakao,
Tanzen, Springen und Radau.
Komm doch mal zu uns
herein!

Ich kenn' ein Haus,
da wird gelacht
und ziemlich laut gesungen,
bis wir alle müde sind,
erst die Eltern, dann das Kind.
Dann ist unser Fest
vorbei.

Ich kenn' ein Haus,
schau'n viele Kinder raus,
durch bunt bemalte Scheiben
lachen sie dir ins Gesicht.
Langeweile gibt es nicht.
Komm doch mal zu uns
herein!

Musik und Text: Rolf Zuckowski
© by MUSIK FÜR DICH Rolf Zuckowski OHG, Hamburg

Noten: SIK I 133

Das eine Kind ist so, das andre Kind ist so

Die Gisa hat 'nen Lockenkopf
und kaffeebraune Haut,
ein langes, weißes Schnuffeltuch,
und schreien kann sie laut.

Der Ole trägt 'ne Brille
und hat Haare blond wie Stroh.
Er singt den ganzen Tag
aus voller Kehle irgendwo,
und eines Tages hört man ihn
bestimmt im Radio.

Zum Glück gibt's zwischen Kindern
so manchen Unterschied,
sonst wär' die Langeweile groß,
und es gäb' bestimmt nicht dieses Lied:

Das eine Kind ist so,
das andre Kind ist so,
doch jedes Kind ist
irgendwann geboren irgendwo.
Das eine Kind ist groß,
das andre Kind ist klein,
doch jedes Kind will träumen
und vor allem glücklich sein,
vor allem glücklich sein.

Muhammed hat grad' Deutsch gelernt,
und Türkisch kann er auch,
und wenn er seine Witze reißt,
liegt alles auf dem Bauch.

Su Wong, die kann Karate
und besiegt den stärksten Mann.

Sie legt ihn auf den Rücken,
schneller als er gucken kann,
und ihre großen Augen
sehn ihn dabei lachend an.

Zum Glück gibt's zwischen Kindern ...

Das eine Kind ist so ...

Maria kommt aus Griechenland,
Rodrigo aus Peru.
Ich komm' aus Hamburg-Altona,
na und – woher kommst du?

Die Welt ist groß, und überall
gibt's Kinder so wie dich,
und jedes sucht auf seine Art
den Sonnenschein für sich.
Und jedes sucht auf seine Art
den Sonnenschein für sich.

Zum Glück gibt's zwischen Kindern ...

Das eine Kind ist so ...

Musik und Text: Rolf Zuckowski
© by MUSIK FÜR DICH Rolf Zuckowski OHG, Hamburg

Noten: SIK 1133

Besuch auf dem Bauernhof
(My Toot Toot)

Es gibt noch Dinge auf der Welt,
die mancher für unmöglich hält,
und darum will ich euch erzähl'n,
was mir neulich passiert ist.

Ich wollte wieder mal aufs Land,
wo die frische Luft so guttut,
schon aus dem ersten Bauernhaus
kam einer laut und frech heraus:

"Ich mach' immer wau-wau,
ganz laut immer wau-wau!
Ich bin der Hund auf diesem Hof
und finde alle Katzen doof."

Ich mach' immer wau-wau ...

Zuerst hab' ich gedacht, ich spinn'.
Ob ich vielleicht im Kino bin?
Träum' ich oder bin ich wach?
Da rief der nächste schon vom Dach:

"Ich mach' immer miau,
ganz laut immer miau!
Ich bin der Kater Stanislaus
und jag' den Hund durchs ganze Haus."

Ich mach' immer miau ...

Ich klopfte an die große Tür
und fragte: "Ist denn keiner hier?"
Nur auf dem Hof lief einer rum,
der Bursche rannte mich fast um:

"Ich mach' immer cchh-cchh,
ganz laut immer cchh-cchh!
Ich bin nun mal ein fettes Schwein,
und wenn du lachst, ist das gemein!"

Ich mach' immer cchh-cchh ...

Der Bursche machte mir Spaß.
Ich legte mich ins grüne Gras.
Die Weide war leer,
dafür schrie einer um so mehr:

"Ich mach' immer wiehh,
ganz laut immer wiehh!
Ich bin ein Pferd und steh' im Stall,
ich glaub', der Bauer hat 'n Knall."

Ich mach' immer wiehh ...

Das mußte ich genauer sehn,
doch vor dem Stall, da blieb ich stehn,
denn was mir da entgegenkam,
war wirklich nicht gerade zahm!

"Ich mach immer muuh,
ganz laut immer muuh,
und wenn du denkst, ich wär' 'ne Kuh,
ich bin der Stier, was sagst du nu'?"

Ich mach' immer muuh ...

Ich dachte, Mann-oh-Mann-oh-Mann!
Jetzt täte dir etwas Mut gut,
doch meine Beine wurden schwach,
so gab der Klügere halt nach.

Ich drehte mich um,
das Ganze wurde mir zu dumm.
Schon wieder stand so einer da
und gab noch seinen Kommentar:

"Ich mach' immer määh,
ganz laut immer määh!
Auch ich bin nur ein kleines Schaf,
und meistens bin ich ziemlich brav."

Ich mach' immer määh ...

Jetzt hatte ich es wirklich satt
und fuhr nach Haus in meine Stadt.
Doch bald muß ich zurück aufs Land,
weil ich es da so tierisch fand!

Musik und Originaltext: Sidney Simien   deutscher Text: Rolf Zuckowski
© by Flat Town Music + Sid Sim Publ.
© für Deutschland, Österreich, Schweiz: Neue Welt Musikverlag GmbH, München
   (Warner/Chappell Music GmbH Germany)

Illustr. Buch: SIK 1130
Noten: SIK 1133, SIK 1143

Urkunde

Wir bestätigen, daß

Rolf Zuckowski und seine Freunde

Hamburg

den Rekord

längstes Lied

aufgestellt hat.

Seite 273, GUINNESS '86

**GUINNESS
BUCH DER REKORDE**

Berlin, den 15. September 1985

Hans-Heinrich Kümmel
Chefredakteur

Die
CHRISTOPHORUS-STIFTUNG
im Verband der
Haftpflichtversicherer, Unfallversicherer, Autoversicherer
und Rechtsschutzversicherer e. V.
HUK-Verband

hat dem

**Komponisten und Texter
ROLF ZUCKOWSKI**

den

CHRISTOPHORUS-PREIS 1981

verliehen.

ROLF ZUCKOWSKI hat als Texter und Komponist von Verkehrs-
erziehungs-Liedern für Kinder einen überzeugenden Beitrag zur Min-
derung des Unfallgeschehens geleistet.

Er versteht es, in Kindern bei gemeinsamem Gesang Aufmerksamkeit
und Begeisterung zu erwecken, wobei die auf das kindhafte Gemüt
eingehenden Texte nachhaltige Wirkung bei den kleinen Sängern und
Zuhörern hinterlassen.

ROLF ZUCKOWSKI hat neue Wege zum Wohle der Verkehrssicherheit beschritten.

Hamburg, am 8. Juni 1982

Der Vorsitzende

Der Geschäftsführer

 tarke Kinder
1989

Mit Alexander, Ammr, Anne, Anuschka, Arne, Camilla, Carina, Christian, Cordula, Eric, Florian, Frank, Jan, Jens, Jörg, Julia, Julia, Kathrin, Kristin, Marieke, Nikolai, Nina, Rebecca, Sabine, Sandra, Sarah-Liane, Simon, Sonja, Tobias, Ulrike und der OUS-Band.

Titel:

- Starke Kinder
- Kleine Europäer
- So wie du bist
- Die Monster kommen
- Manchmal wär' ich gerne wieder klein
- Tip Tap
- Riesenglück
- Die Kinder des Rock 'n' Roll
- Ich glaub', ich hab' dich lieb
- Ryrksnglynks
- Kinder, macht euch startbereit (Das Sternenschiff)

Diese CD bekam schon bald nach ihrer Veröffentlichung einen besonderen Stellenwert für meine Arbeit. Zum einen lag es sicherlich daran, daß der Titelsong sich auch als aussagekräftiger Konzerttitel bewährte. Zum anderen kam dieses Album den größeren Kindern offensichtlich besonders entgegen. Bei Pop-Rock-Songs wie "Wir sind die Kinder des Rock 'n' Roll" und "Kinder, macht euch startbereit" ging im Konzertsaal (jetzt auch am frühen Abend) die Post mehr ab denn je. Auch die Väter waren bei diesen Songs voll dabei. Der heimliche Hit aber wurde die Ballade "Ich glaub', ich hab' dich lieb". Ein leises Lied, das offensichtlich nicht nur die Mädchen mitten ins Herz traf.

Die Idee für das Coverfoto kam mir zunächst ziemlich verrückt vor. Inzwischen ist es mein Lieblingsmotiv auf einem Cover geworden. Eigentlich drückt es alles aus, was ich auch mit Musik zu sagen versuche: Kleine Leute größer und glücklicher machen, sich selbst nicht allzu wichtig nehmen, ohne aber das eigene Ich und den eigenen Weg aufzugeben. Im Innenleben dieser CD/MC ist eines der wenigen großen Gruppenfotos mit allen Freunden aus dieser Zeit zu sehen. Leider hindert uns das kleine MC-Papierformat daran, öfter solche Gruppenaufnahmen zu bringen (liebe alte LP, wir vermissen dich!).

Diese 1989 veröffentlichte CD spielte bei meinen ersten Konzerten in der sich zunächst öffnenden, dann auflösenden DDR ein große Rolle. Einen Text wie "Starke Kinder" in Schwerin, Dresden oder Erfurt zu singen, setzte manche Zeile in ein ganz neues Licht. Unsere Kinder stärker zu machen, auch stark genug, zu ihren eigenen Schwächen zu stehen, dazu können Lieder sicherlich nur einen kleinen Teil beitragen. Ich habe aber oft genug erlebt, wie Kinder und Eltern, auch Pädagogen, sich in solchen bestärkenden Liedern angenommen und miteinander verbunden fühlen. Wer sich das letzte Lied dieses Albums "Kinder, macht euch startbereit" anhört, kann vielleicht nachempfinden, daß mir wieder einmal Gedanken des Rück- und Ausblicks durch den Kopf gingen. Mein Freund und Tonmeister Volker Heintzen saß beim Abmischen dieses Liedes mit demselben Gefühl am Mischpult wie ich: Wenn das der Abschluß ist, dann wäre es gut so. Aber es ging in gewisser Hinsicht jetzt erst richtig los ...

Die "starken Freunde" rückten durch Lieder wie "Kleine Europäer" und den Titelsong stärker in das Blickfeld der Öffentlichkeit. Sie hätten sich sehr gewünscht, wenigstens einmal "Die Kinder des Rock 'n' Roll" zu singen, aber daraus wurde (zumindest im Fernsehen) nichts.

Groß waren sie geworden, die ehemaligen Weihnachtsbäcker. Starke Töne waren genau das, was sie brauchten. In Mariekes Solotitel "Manchmal wär' ich gerne wieder klein" klang aber auch ein Hauch von Melancholie darüber, daß es galt, langsam Abschied zu nehmen von den ganz unbeschwerten "Kinderfreuden".

Starke Kinder

Starke Mädchen
haben nicht nur schöne Augen.
Starke Mädchen
haben Phantasie und Mut.
Starke Mädchen
wissen selbst, wozu sie taugen.
Starke Mädchen
kennen ihre Chancen gut.

Starke Jungs,
die können nicht nur Muskeln zeigen.
Starke Jungs,
die zeigen Köpfchen und Gefühl.
Starke Jungs
woll'n ihre Meinung nicht verschweigen.
Starke Jungs,
die kommen lächelnd an ihr Ziel.

Starke Kinder halten felsenfest zusammen,
Pech und Schwefel, die sind gar nichts gegen sie,
ihren Rücken lassen sie sich nicht verbiegen,
starke Kinder, die zwingt keiner in die Knie.

Starke Kinder haben Kraft, um sich zu wehren,
und sie sehn dir frei und ehrlich ins Gesicht.
Starke Kinder wollen nur die Wahrheit hören,
und so leicht betrügt man starke Kinder nicht.

Starke Mädchen
stehen fest auf ihren Beinen.
Starke Mädchen
wollen alles ausprobier'n.
Starke Mädchen
sagen ehrlich, was sie meinen.
Starke Mädchen
können siegen und verlier'n.

Starke Jungs,
die wollen alles selbst erleben.
Starke Jungs,
die können auch mal Zweiter sein.
Starke Jungs
sind stark genug, um nachzugeben.
Starke Jungs,
die fall'n auf Sprüche nicht herein.

Starke Kinder halten felsenfest zusammen ...

Musik und Text: Rolf Zuckowski
© by MUSIK FÜR DICH Rolf Zuckowski OHG, Hamburg

Illustr. Buch: SIK 1130
Noten: SIK 1136

Es gibt nicht viele Texte, über denen ich so lange gebrütet, an denen ich so lange getüftelt habe wie an diesem. Dabei klingen all die Aussagen über "Starke Kinder" heute, mit etwas Abstand, so selbstverständlich. Es wäre ein Leichtes für mich gewesen, noch einige Strophen über starke Mädchen zu schreiben, aber was darf man über starke Jungs in unserer Zeit äußern, ohne in die Klischees von Schwarzenegger und Schimanski zu verfallen? Gerade jene Stärken, die nichts mit Muskeln und Macht zu tun haben, wollte ich ja mit meinem Lied aus dem Schatten ins Licht holen. Dabei die Jungen nicht krampfhaft von sich selbst und von ihren Vorbildern zu entfernen, war der Balanceakt, den es zu meistern galt.

Wer sich zu diesem Thema mehr Gedanken machen möchte, sollte ein Buch lesen, das mich tief beeindruckt hat. Es heißt "Kleine Helden in Not" und ist erschienen als rororo Taschenbuch 8257. Die Verfasser, Dieter Schnack und Rainer Neutzling, gehen sehr gründlich der Frage nach, auf welche Probleme Jungen heute auf ihrer Suche nach Männlichkeit stoßen. Ein Buch nicht gegen Frauen oder Mädchen, sondern für Männer bzw. Jungen auf der Suche nach ihrem Selbstverständnis.

Wenn uns heute einige Kinder in gewissen Lebensphasen eher zu stark erscheinen, haben wir es bei genauerem Hinsehen in aller Regel eher mit einer Schwäche, einem Mangel an gesundem Selbstbewußtsein und Verantwortungsgefühl zu tun. Ich wünsche mir, daß die Grundstimmung meines Liedes "Starke Kinder" möglichst viele Kinder schon frühzeitig so erreicht, daß sie solchen scheinbaren Stärken nicht auf den Leim gehen, weder bei anderen noch bei sich selbst.

Ich habe einige Jahre lang meine Tourneen unter den Titel "Starke Kinder" gestellt. Ob als Mitwirkende auf der Bühne, als Zuschauer im Saal oder als Gesprächspartner am Rande des Konzertes, "starke Kinder" habe ich dabei überall kennengelernt, auch wenn sie zum Teil schon weit über 30 waren.

leine Europäer

Europa - Kinderland,
wir geben uns die Hand.
Wozu sind Grenzen da
für Jill und Jack, für Jan und Julia?

Kleine Europäer
rücken immer näher,

immer näher aufeinander zu.
Wie ich und du.

Gehn auf ihren Wegen
sich ein Stück entgegen.
Grüezi! Come va? How do you do?
How do you do?

Fährst du nach Kastilien
oder nach Sizilien?
Sag mal, wo kommst du denn grade her,
so ungefähr?

So hört man sie reden
bis hinauf nach Schweden,
und sie tun, als ob das gar nichts wär'.

Europa - Kinderland ...

Europa - Kinderland,
wir geben uns die Hand,
doch Kinder werden groß,
und ihre Träume werden grenzenlos.

Kleine Europäer
rücken immer näher,
immer näher aufeinander zu.
Wie ich und du.

Denken ohne Schranken,
frei sind die Gedanken.
Pronto? Qu'est-ce que c'est? Was sagt du nu'?
Tiramisu.

Trinken oder speisen,
wenn sie mal verreisen,
was man von zu Hause gar nicht kennt
oder verpennt.

Hören neue Lieder,
fragen immer wieder,
wie man dies und das woanders nennt.

Europa - Kinderland ...

Europa - Kinderland,
wir geben uns die Hand,
doch Kinder werden groß,
und ihre Träume werden grenzenlos.

Kleine Europäer
rücken immer näher,
immer näher aufeinander zu.
Wie ich und du.

Musik und Text: Rolf Zuckowski
© by MUSIK FÜR DICH Rolf Zuckowski OHG, Hamburg

Illustr. Buch: SIK 1130
Noten: SIK 1136, SIK 1137, SIK 1138

Auf der Bühne und in den Medien fand dieses Lied mit seiner politischen Aktualität schnell großen Anklang. Wir haben es mehrfach mit quicklebendigen Kindergruppen, so bunt wie Europa, in Szene gesetzt. So richtig glücklich kann ich heute dennoch nicht mehr damit sein. Wer hätte auch ahnen können, daß ein Jahr nach seiner Veröffentlichung der eiserne Vorhang fallen würde? Meine (leider nur westeuropäische) Kinderhymne bedarf dringend der Öffnung für die Kinder in den Ländern Mittel- und Osteuropas. Wie kann dann aber der Refrain mit seiner naiven Zuversicht erhalten bleiben? Sollte nicht auch die Gefahr einer wachsenden wirtschaftlichen und kulturellen Vorherrschaft Europas über die Länder auf der südlichen Halbkugel in so einem Lied deutlich werden? Wir erleben eine rasante Entwicklung Europas voller neuer Chancen, aber auch Gefahren.

Vielleicht werde ich mein Lied in ein paar Jahren, wenn sich die Dinge etwas gesetzt haben, noch einmal überarbeiten. Textideen, Erfahrungen und Erlebnisse mit Kindern, die nicht im Gebiet der alten EG leben, würde ich dabei gerne verarbeiten. Wer dazu seinen Beitrag leisten kann, der möge mir schreiben und dann bitte ein wenig Geduld mit mir haben.

Zu den erfreulichsten Spuren, die meine "Kleinen Europäer" hinterlassen haben, zählen drei "Europäische Kinderzimmer", die auf meine Anregung hin eingerichtet wurden. Davon gibt es bisher je eines in Finnland, Frankreich und Deutschland (Oldenburg i.O.). Die Idee eines Raumes voller kindgerechter Anregungen zum Kennenlernen anderer Kulturen und Lebensweisen kann übernommen und erweitert werden. Wer sich dafür interessiert, sollte sich an die Deutsche Schreberjugend e.V. wenden. Sie hat ihre Bundesgeschäftsstelle in 42105 Wuppertal, Briller Straße 148. Als Standort bieten sich vor allem Jugendfreizeitstätten, Kindererholungsheime und Kulturzentren an. Das Angebot in den vorhandenen Zimmern umfaßt die Bereiche Spiele, Musik, Tanz, Basteln, Bücher, Video sowie alles rund um die Küche. Ein reger Austausch mit Gastgruppen aus anderen Ländern läßt das Zimmer wachsen und sorgt für immer neue Anregungen.

So wie du bist

Mag sein, daß Julia die Bessere im Schwimmen ist.
Mag sein, daß Claudia viel schneller läuft als du.
Mag sein, daß Annika die Hausaufgaben nie vergißt,
und bei Sabine ist um acht Uhr abends Ruh'.

Mag sein, daß ich zu oft von dir ein bißchen viel verlang'
und manchmal nicht die rechten Worte für Dich find',
doch glaub mir dies, mein Kind:

So wie du bist,
so wie du bist,
so und nicht anders sollst du sein.
So wie du bist,
so wie du bist,
so bist du für mich der Sonnenschein.

Mag sein, daß Kai im Fußball stets die Nase vorne hat.
Mag sein, daß Torsten niemals falsche Töne singt.
Mag sein, daß Mario die allerschönsten Bilder malt
und daß Matthias nie 'ne Fünf nach Hause bringt.

Mag sein, daß wir uns hin und wieder auf die Nerven gehn
und uns nicht immer gleich in allem einig sind,
doch glaub mir dies, mein Kind:

So wie du bist ...

Du bist du, und ich bin ich.
Die große Welt um uns herum verändert sich.
Ich bin ich, und du bist du,
und zwei wie uns,
die bringt so leicht nichts aus der Ruh'.

Ich mag dich, ich mag dich, ich mag dich
so wie du bist ...

Musik und Text: Rolf Zuckowski
© by MUSIK FÜR DICH Rolf Zuckowski OHG, Hamburg

Illustr. Buch: SIK 1130
Noten: SIK 1136

Es gibt nicht wenige Menschen, die in diesem Lied ein Herzstück meiner Arbeit sehen. Zusammen mit "Wie schön, daß du geboren bist" bildet "So wie du bist" ein Liederpaar, mit dem einiges zugunsten der Kinder bewegt wurde. Entstanden ist der Text in einer Art von Selbstgespräch über das Verhältnis zwischen mir, meinen Kindern und meiner Frau. Die Entwicklungsphasen, durch die wir miteinander gingen und gehen, erfordern von Zeit zu Zeit ein Innehalten. In solchen Denkpausen werden die intensivsten Lieder geboren (nicht alle davon gelangen an die Öffentlichkeit). Der normale Alltag bringt zwar immer wieder die Versuchung mit sich, die Menschen ein wenig nach den eigenen Wünschen zurechtzubiegen; aber, einmal erdacht und gesungen, blieb "So wie du bist" einer der Grundgedanken unseres Zusammenlebens.

Unter dem Titel dieses Liedes ist 1993 ein für Kinder und Erwachsene sehr sehenswerter Videofilm entstanden. Er schildert offen und gründlich die medizinischen Besonderheiten und die Lebensweise von Menschen, die mit dem Down-Syndrom geboren wurden. Dabei werden neue Einblicke in die Begabungen und Entwicklungsmöglichkeiten, aber auch Probleme von Kindern deutlich, die wir aus Unkenntnis oftmals noch immer als "mongoloid" bezeichnen. Die "Selbsthilfegruppe für Menschen mit dem Down-Syndrom und ihre Freunde e.V." hat den Film produziert. Ich war bei einigen Aufnahmen dabei und möchte jedem empfehlen, seine Vorurteile und Berührungsängste gegenüber dieser Menschengruppe einmal in Frage zu stellen. Hier die Anschrift für nähere Informationen:
Röntgenstraße 24, 91058 Erlangen.

Die Monster kommen

Bye, Bye, Micky Maus, die Zeit mit dir war schön.
Bye, Bye, Micky Maus, doch alles muß vergehn.

Bye, Bye, Micky Maus, wir alle lieben dich,
aber, wie du weißt, die Zeiten ändern sich.

Die Monster kommen,
rette sich, wer kann!
Die Monster kommen,
und sie hören sich so schrecklich an.
Die Monster kommen
mit dem bösen Blick.

Die Monster kommen,
und wenn sie dich packen, gibt es kein Zurück
in die gute alte Zeit voll Wärme und Geborgenheit.

Seht, sie schleichen sich in eure Häuser ein,
und die Kinder sind mit ihnen ganz allein.
Viele haben sie noch immer nicht durchschaut,
und sie sitzen da mit ihrer Gänsehaut.

Die Monster kommen, rette sich wer kann ...

Was kann man gegen Monster denn schon tun?
Die sind doch gegen alles längst immun.

Ihr könntet sie besiegen! Aber wie?
Versucht's mal mit ein bißchen Fantasie.

Daba daba dab, daba daba dab dab, daba daba dab,
daba dab dab, daba dab dab, daba dab dau!

Zeigt den Monstern mal, was in euch selber steckt:
Eine Superkraft, habt ihr sie schon entdeckt?
Wir sind immer noch zusammen stark genug.
Wir sind stärker als der ganze Monsterspuk!

Musik und Text: Rolf Zuckowski
© by MUSIK FÜR DICH Rolf Zuckowski OHG, Hamburg

Illustr. Buch: SIK 1130
Noten: SIK 1136

Manchmal wär' ich gerne wieder klein

Hab' so viel Sehnsucht und weiß nicht wonach.
Kann abends nicht schlafen, lieg' immer nur wach.
So viele Fragen in meinem Kopf.

Manchmal wär' ich gerne wieder klein.
Manchmal würd' ich gern erwachsen sein.
Manchmal denk' ich, alles, was ich tu', hat keinen Sinn.
Manchmal bin ich stolz darauf, wie weit ich schon
gekommen bin.

Meine Gedanken drehn sich im Kreis.
Ich fang' an zu frieren, und dann ist mir heiß.
Meine Gefühle spielen verrückt.

Manchmal wär' ich gerne wieder klein.
Manchmal würd' ich gern erwachsen sein ...

Hab' so viel Sehnsucht!

In meinen Träumen such' ich einen Sinn.
Ich möchte gern laufen und weiß nicht, wohin.
So viele Wege, doch wo ist das Ziel?

Manchmal wär' ich gerne wieder klein.
Manchmal würd' ich gern erwachsen sein ...

Hab' so viel Sehnsucht!

Musik und Text: Rolf Zuckowski
© by MUSIK FÜR DICH Rolf Zuckowski OHG, Hamburg

Illustr. Buch: SIK 1130
Noten: SIK 1136

Tip tap

Tip tap, tip tap, tippe tippe tip tap,
wer ist da denn aufgewacht?
Tip tap, tip tap, tippe tippe tip tap,
mitten in der dunklen Nacht.
Tip tap, tip tap, tippe tippe tip tap, tip tip tap.

Tip tap ...
schleicht da nicht ein Geist durchs Haus?
Tip tap ...
wer kriegt das Geheimnis raus?
Tip tap ...

Seht den Schatten oben auf der Treppe.
Mannomann, wie ist der groß!
Wenn ich jetzt den Hund nur bei mir hätte.
So ein Pech! Was mach' ich bloß?
Tip tap ...

Keine Angst, es wird schon nichts passieren,
noch ein bißchen näher ran.
Kommt, wir kriechen hin auf allen Vieren,
bis man mehr erkennen kann.
Tip tap ...

Seht, der Geist verschwindet in der Küche,
öffnet leis' die Kühlschranktür,
schnuppert all die köstlichen Gerüche,
seht mal da, ich dacht' es mir:
So ein Schleckermaul ist nur der Geist,
der Papa heißt!

Tip tap ...
seht mal, wie er laufen kann.

Tip tap ...
Gleich fängt er zu fliegen an.
Schnell ins Bett
und beide Augen zu,
für heut' ist Ruh'.

Musik: Vilhelm Säfve   Bearb.: Rolf Zuckowski und John O'Brien-Docker
Text: Rolf Zuckowski
© by MUSIK FÜR DICH Rolf Zuckowski OHG, Hamburg

Noten: SIK I I 36, SIK I I 37

In Schweden kennt jedes Kind dieses Lied. Es erzählt von den Trollen, die sich im Advent auf geheimnisvolle Weise in Dörfer und Städte schleichen, um dort, in den Häusern der Menschen, ihren Schabernack zu treiben. Mir wurde diese Melodie in Schweden vorgespielt, von meinen Gastgebern, der Deutschen Schule in Stockholm. Wiebke Müller-Steuer hatte mich eingeladen, einmal eines ihrer Musikprojekte rund um meine und schwedische Lieder mitzugestalten. Das Konzert in der Schulaula brachte viele schwedische und deutsche Familien zusammen. Ich lernte dabei ein lebendiges, fruchtbares Zusammenleben kennen und dazu eine Reihe von eingängigen Liedern, von denen bis heute leider nur "Tip Tap" seine deutsche Form fand.

Auf der CD "Starke Kinder" ist dieses Lied der Rausreißer für die Kleinen. Ich war mir bewußt, daß "Die Kinder des Rock 'n' Roll" nicht unbedingt auf diese drollige Art von Liedern "abfahren" würden. Toleranz im Musikgeschmack, die Freude über die Freude anderer (auch Kleinerer) und nicht zu vergessen, was man als kleineres Kind selbst geliebt und gesungen hat, auch das gehört zu dem, was ich unter dem Begriff "Starke Kinder" verstehe.

iesenglück

Daß die Sonne sich verdunkelt,
hatte man schon oft gesehn.
Daß die Vögel nicht mehr flogen,
war vielleicht noch zu verstehn.
Daß es plötzlich kälter wurde,
lag gewiß am Abendlicht,
doch das dumpfe Beben, das näherkam,
verstand man einfach nicht.

Man verkroch sich in den Häusern,
niemand schlief in dieser Nacht.
Nur die Kinder wurden eilig
in ihrem Bett zur Ruh' gebracht.
Doch man hatte eins vergessen,
und als keine Zeit mehr blieb,
saß es ganz allein am Straßenrand
und sang sein Lieblingslied:

Riesen sind nur halb so groß,
sind ja lange Zwerge bloß.
Riesen haben Riesenangst,
wenn man ihnen auf der Nase tanzt.

Überall sprach man Gebete:
"Gott, beschütze dieses Kind!"
Selbst die stärksten Männer fühlten,
daß sie schwach und wehrlos sind.

Manche fingen an zu weinen,
andre packte kalte Wut,
doch hinauszugehn in die dunkle Nacht,
hatte niemand mehr den Mut.

Und dann trat er aus den Wäldern,
der gefürchtete Gigant.
Einen Baum von hundert Jahren
knickte er mit einer Hand.
Und er sah das kleine Wesen,
das ihn nicht zu fürchten schien.
Es ging langsam auf den Riesen zu
und sang sein Lied für ihn:

Riesen sind nur halb so groß ...

Da erzitterte die Erde,
und es zog ein Sturm herauf,
und die Menschen in den Häusern
gaben alle Hoffnung auf.
Dieses Kind war längst verloren,
das war nun für alle klar,
denn es ahnte niemand in der Not,
was da draußen geschehen war.

Hätten sie ihn nur gesehen
mit dem Kind in jener Nacht!
Man erlebt nicht alle Tage,
daß ein Riese tanzt und lacht.
Mit einem Lächeln auf den Lippen
ging er in den Wald zurück,
und einen Freund zu finden
wie diese zwei, gilt noch heut'
als "Riesenglück".

Musik und Text: Rolf Zuckowski

© 1985 by Red Rooster Musikverlag, Tutzing/1990 assigned to Edition Re/Ro –
    c/o Musik-Edition Discoton GmbH (BMG UFA Musikverlage), München

Illustr. Buch: 1130
Noten: SIK 1136

”Dieses ist die Originalfassung meines Liedes, das ich Peter Maffay als eine Episode der ersten ”Tabaluga“-Geschichte anbot. Er hat das Lied auf eine ziemlich spannende Art gleichzeitig im Hintergrund gesungen und im Vordergrund gesprochen, leider aber in einer gekürzten Fassung. Da bei dieser Kürzung der sprachliche und gedankliche Bogen des Liedes nicht so deutlich wurde, wie ich es mir wünschte, habe ich mich entschlossen, die Geschichte des Riesen, der endlich einen Freund und damit sein ”Riesenglück“ findet, auch einmal selbst zu erzählen. Der Leitgedanke ”Starke Kinder“ schien mir ideal, um das kleine Kind, das keine Angst vor dem Riesen hat, im übertragenen Sinne ”ganz groß“ zu machen.“

Die Kinder des Rock 'n' Roll

Wir sind die Kinder,
die Kinder des Rock 'n' Roll,
ihr wart genauso wie wir.
Tanzen und fühlen,
das Leben ist wundervoll,
woll'n wir genauso wie ihr.

Vor über dreißig Jahren hat das Fieber angefangen,
Bill Haley war für uns der allererste Superstar,
wir war'n total verrückt, wenn Elvis und Chuck Berry sangen.
Wie eure Kinder werden mußten, war doch sonnenklar.

Wir sind die Kinder ...

Wenn Paul McCartney sang, sind wir nur so dahingeflossen.
Die Rolling Stones war'n für die heißen, langen Nächte gut.
Die Mädchen war'n in John und George und Ringo Starr verschossen.
Der Rock 'n' Roll lebt weiter, denn wir haben ihn im Blut!

Wir sind die Kinder ...

Wir haben euch doch längst durchschaut,
auch ihr wart einmal viel zu laut,
habt volle Pulle losgelegt
und alles an die Wand gefegt!

Wir sind die Kinder ...

Musik und Text: Rolf Zuckowski
© by MUSIK FÜR DICH Rolf Zuckowski OHG, Hamburg

Illustr. Buch: SIK 1130
Noten: SIK 1136, SIK 1138

Ich glaub', ich hab' dich lieb

Ich glaub', ich hab' dich lieb.
Das hab' ich bisher noch keinem gesagt.
Ich glaub', ich hab' dich lieb.
Das zu schreiben, hab' ich niemals gewagt,
doch du machst mir Mut,
dein Blick tut mir so gut.

Ich kann fliegen, seit ich deine Augen sah.
Ich kann fliegen, und der Himmel scheint so nah.
Ich kann fliegen, es ist schöner als im Traum.
Ich kann fliegen, aber denken kann ich kaum.

Ich glaub', ich hab' dich lieb.
In der Nacht krieg' ich kein Auge mehr zu.
Ich glaub', ich hab dich lieb,
denn in meinem Kopf bist immer nur du.
Ja, du machst mir Mut,
dein Blick tut mir so gut.

Ich kann fliegen ...

Ich glaub', ich hab' dich lieb.
Meine Freundin sagt, man sieht es mir an.
Ich glaub', ich hab' dich lieb,
und vielleicht siehst du es auch irgendwann.
Denn du machst mir Mut,
dein Blick tut mir so gut.

Und doch sagt mir dein Gesicht:
Du weißt es noch immer nicht.
Lang' halt' ich das nicht mehr aus,
dann muß es raus.
Ich kann fliegen ...

Ich glaub', ich hab' dich lieb.

Musik und Text: Rolf Zuckowski
© by MUSIK FÜR DICH Rolf Zuckowski OHG, Hamburg

Noten: SIK 1136, SIK 1137

yrksnglynks

Mein Bruder Dennis ist ein As im Tennis.
Mein Bruder Udo ist ein As im Judo.
Mein Bruder Otto, der spielt lieber Lotto.
Mein Bruder Lutz haut mächtig auf den Putz.

Ja ja, nur ich bin ein armes Schwein,
denn auf meinen Namen gibt es keinen Reim.
Ich heiße Ryrksnglynks, es ist zum Weinen,
statt dieses Namens hätt' ich wirklich lieber keinen.
Ich heiße Ryrksnglynks, ich könnte schrei'n:
"Mama und Papa, ich find' euch so gemein!"

Gesprochen:
"Oh, der kann einem ja echt leid tun. Genau. Der arme Mann."
"Ja, ja. Möchtet ihr mit so einem Namen rumlaufen?"
"Nee."
"Und wie heißen die in eurer Familie so?"

Meine Tante Elke duftet wie 'ne Nelke.
Tante Ottilie ist schlank wie eine Lilie.
Tante Agathe ist Meister im Karate,
und Tante Lou ist Meister im Kung Fu.

Nur ich, nur ich, ich bin ein armes Schwein ...

Gesprochen:
"Wie wird er denn buchstabiert, dein Name?"
"R-Y-R-K-S-N-G-L-Y-N-K-S. Toll, was?"

Mein Onkel Walter sieht gut aus für sein Alter.
Mein Onkel Gunter ist auch noch ziemlich munter.
Mein Onkel Peter kommt meistens etwas später.
Mein Onkel Fritz kann laufen wie der Blitz.

Nur ich, ich, ich bin ein armes Schwein ...

Musik und Text: Rolf Zuckowski
© by MUSIK FÜR DICH Rolf Zuckowski OHG, Hamburg

Illustr. Buch: SIK 1130
Noten: SIK 1136

"Wie kann man bloß auf so was kommen?" So etwa werde ich regelmäßig auf dieses merkwürdige Werk angesprochen. Also gut, es gehört schon eine gehörige Portion Übermut und Albernheit dazu, aber davon hatten wir im Urlaub des Jahres 1987, in Tirol, genug. Unsere Wanderungen wurden mit immer neuen Namensspielereien für alle etwas kurzweiliger, die Blasen an den Füßen waren schnell vergessen, wenn wieder ein (oft nicht für die Öffentlichkeit bestimmter) Reim auf einen Namen gefunden war.

Nachdem die überwiegend positiven Personenbeschreibungen heraus-
gefiltert waren, fehlte nur noch der eine: Der, auf dessen Namen sich
nichts reimt. Es muß wohl der grüne Veltiner gewesen sein, der schließlich "Ryrksnglynks" ins Spiel brachte. Seitdem lebe ich mit zwei Iden-
titäten. Der "Ryrksnglynks" in mir läßt sich immer nur für eine gewisse
Zeit unterdrücken. Vor allem auf der Bühne kann man ihn kaum im
Zaum halten.

Ich denke mit Freude an einen unserer liebsten Fernsehauftritte mit diesem Lied zurück. Wir erlebten die Kinderfastnachtssitzung "Jugend in
de Bütt" der Mainzer Kleppergarde. Simon, Sabine, Sonja und Eric,
allesamt Nordlichter wie ich, staunten über den bunten Trubel und die
Herzlichkeit der Mainzer Fastnacht abseits der großen Prunksitzungen.
Die Verkleidungen, Tänze und Büttenreden, das Herzklopfen der Kinder und Eltern, das große Engagement vieler waschechter Fastnachter
(vor allem unseres leider 1993 verstorbenen lieben Freundes Karl
Köchy) haben unser fernsehgeschädigtes Bild von der Fastnacht zurecht-
gerückt. Im Jahr zuvor hatten mir die Kinder der Kleppergarde ihren
"Jockelsche Orden" verliehen, meine bisher liebste, weil ehrlichste und
herzlichste Auszeichnung ohne jeden Hintergedanken.

Kinder, macht euch startbereit
(Das Sternenschiff)

Kinder, macht euch startbereit
für die Reise durch die Zeit,
bald ist unser Sternenschiff
fest in eurem Griff.

Kinder, macht euch startbereit,
scheint das Ziel auch noch so weit,
denn das Schiff, auf dem wir stehn,
darf nicht untergehn.

Laßt euch euren Mut von keinem nehmen,
klüger wird nur der, der Fragen stellt.
Euch und eure Kraft wird niemand zähmen,
denn ihr wißt, es geht um eure Welt.
Kinder, macht euch startbereit
für die Reise durch die Zeit ...

Kinder, macht euch startbereit,
scheint das Ziel auch noch so weit ...

Dieser Stern, den wir euch weitergeben,
er wird keinem Menschen je gehör'n.
Jeder hat das Recht, auf ihm zu leben.
Niemand hat das Recht, ihn zu zerstör'n.

Kinder, macht euch startbereit
für die Reise durch die Zeit ...

Kinder, macht euch startbereit
für die Reise durch die Zeit ...

Kinder, macht euch startbereit,
scheint das Ziel auch noch so weit ...

Musik und Text: Rolf Zuckowski
© by MUSIK FÜR DICH Rolf Zuckowski OHG, Hamburg

Noten: SIK 1136

Auf Tour

"KK" heißt das Kürzel, das heute noch in meinen Termin-übersichten für jede Art von Konzert steht. Es entstand im Jahr 1978 für das Wort "Kinderkonzert", als eine große Lücke in meinem Kalender (!) mich dazu brachte, in Kindereinrichtungen zu singen. So wie es 1975 in unserem Kinderhaus Iserbrook-Sülldorf e.V. angefangen hatte. Dort, im "KIS", haben unsere eigenen Kinder gut drei Jahre ihres Lebens verbracht. Wir haben uns als Eltern mit Freunden dafür eingesetzt, ein solches Haus zu unterhalten, in dem die Kinder spüren, daß es "ihr" Haus ist, um das sich alle Eltern intensiv kümmern. Ich war zwei Jahre lang Vorstand dieses Vereins und, wann immer es möglich war, der Mann für die Musik.

Die Entscheidung, über diesen privaten Kreis hinauszugehen, hat eine bis heute nicht enden wollende Kettenreaktion ausgelöst. Die ersten kleinen Tourneen durch den Norden Niedersachsens wurden zusammengestellt, zunächst Kindergärten, Spielkreise und Schulen, bald darauf kleinere Gemeindesäle. Den Mut, vor mehr als 50 Kindern zu singen, entwickelte ich allerdings erst nach über hundert Mini-Konzerten. Zuvor hatte ich in einigen Schulen täglich fünf Stunden hintereinander mit je einer Klasse gesungen oder bis zu vier Kindergärten am Tag besucht. Die Erfahrungen, die ich dabei gesammelt habe, möchte ich nicht missen. Auch nicht die freundschaftliche Unterstützung vieler Frauen und einiger Männer, die, weit abseits der großen Medien, aus Liebe zu den Kindern und Zuneigung zu meinen Liedern meine ersten Schritte in diese neue Richtung ermöglichten.

Wenn die heutigen Konzertsäle bis zu 5.000 Plätze zählen, gibt es dennoch keinen wesentlichen Unterschied in meinem Gefühl für das Publikum. Jeder soll spüren, daß ich auch seinetwegen gekommen bin. Sicherlich wird das um so schwieriger, je größer die Hallen sind, aber es geht. In vielen hundert Konzerten haben wir das empfunden. Mit "wir" meine ich unser kleines Tournee-Team, zu dem vor allem mein Freund und Organist Michael Gundlach sowie unser Fahrer und unsere Helfer gehören. Aber das Publikum hat sich verändert. Wir haben heute ein bunt gemischtes Familienpublikum vor uns. Kinder und Eltern, auch Großeltern. Am frühen Abend, wenn wir für die Größeren spielen, sehen wir nun auch viele Väter vor uns, die kräftig mitsingen und mit ihren Kindern "abheben".

Immer häufiger begegne ich in den Nachmittagskonzerten für die Kleineren nun Müttern, die mir, mit ihrem Kind an der Hand, am Bühnenrand erzählen, daß sie als Kind selbst meine Lieder gesungen haben. Inzwischen mögen mehr als "99 Luftballons" und viele andere Träume verflogen sein – die Kreise schließen sich ...

Vor und nach jedem Konzert nehme ich mir so viel Zeit wie irgend möglich, um persönliche Gespräche zu führen, vor allem auch, um Kindern zu zeigen, daß auch "Fernsehleute" Menschen aus Fleisch und Blut sind. Dabei erhält jeder, der genügend Geduld mitbringt, sein Autogramm oder eine Widmung. Das dauert in aller Regel so lange, bis das Hallenpersonal das Licht löscht und mich unmißverständlich auf seinen Feierabend hinweist.

"Auf Tour", das hieß in den Jahren ab 1982 bis zu 100 Tage im Jahr durchs Land reisen, oft mit zwei Konzerten pro Tag. Zum Glück habe ich die Autobahnkilometer nie gezählt, die wir dabei abgerissen haben, leider auch nicht die vielen Lieder, die mir auf solchen langen Fahrten in den Sinn gekommen sind. Diese Art, Lieder zu schreiben, ohne Instrument und ohne Schreibwerkzeug, mag dazu beigetragen haben, daß die Melodien und Worte schnell im Gedächtnis bleiben. (Wer sollte sich wohl auch merken können, was ich selbst nicht behalten kann?)

Die vielen Abschiede von der Familie, auch die Freude des Wiedersehens, haben unser Gefühl füreinander eher gestärkt als belastet. Der "normale Alltag" existierte jedenfalls nie. Meine Reiselust ist ungebrochen, aber die Zahl der "KKs" haben wir seit 1993 wesentlich eingeschränkt.

Räumen wir noch ein ewiges Mißverständnis aus dem Weg: Ich ging und gehe nicht mit meinen Freunden von den CDs bzw. Kassetten auf Konzertreisen. Wenn ich Kinder auf der Bühne habe, und das ist fast überall der Fall, dann sind sie aus der Gegend, die ich besuche. Viele Schulklasssen, Chöre, auch Kindergärten und Tanzgruppen habe ich auf diese Art kennengelernt. Besonders glücklich bin ich über eine Reihe von Kinderchören, die für ein Gemeinschaftskonzert mit mir als Projekt gegründet wurden, ohne sich hinterher wieder aufzulösen.

Zwei besondere Aktionen auf dem Hamburger Rathausmarkt: Einmal sangen wir über drei Stunden lang das längste Lied der Welt, bei anderer Gelegenheit forderten wir (für unser Video) in einer Großdemonstration "mehr Sonne".

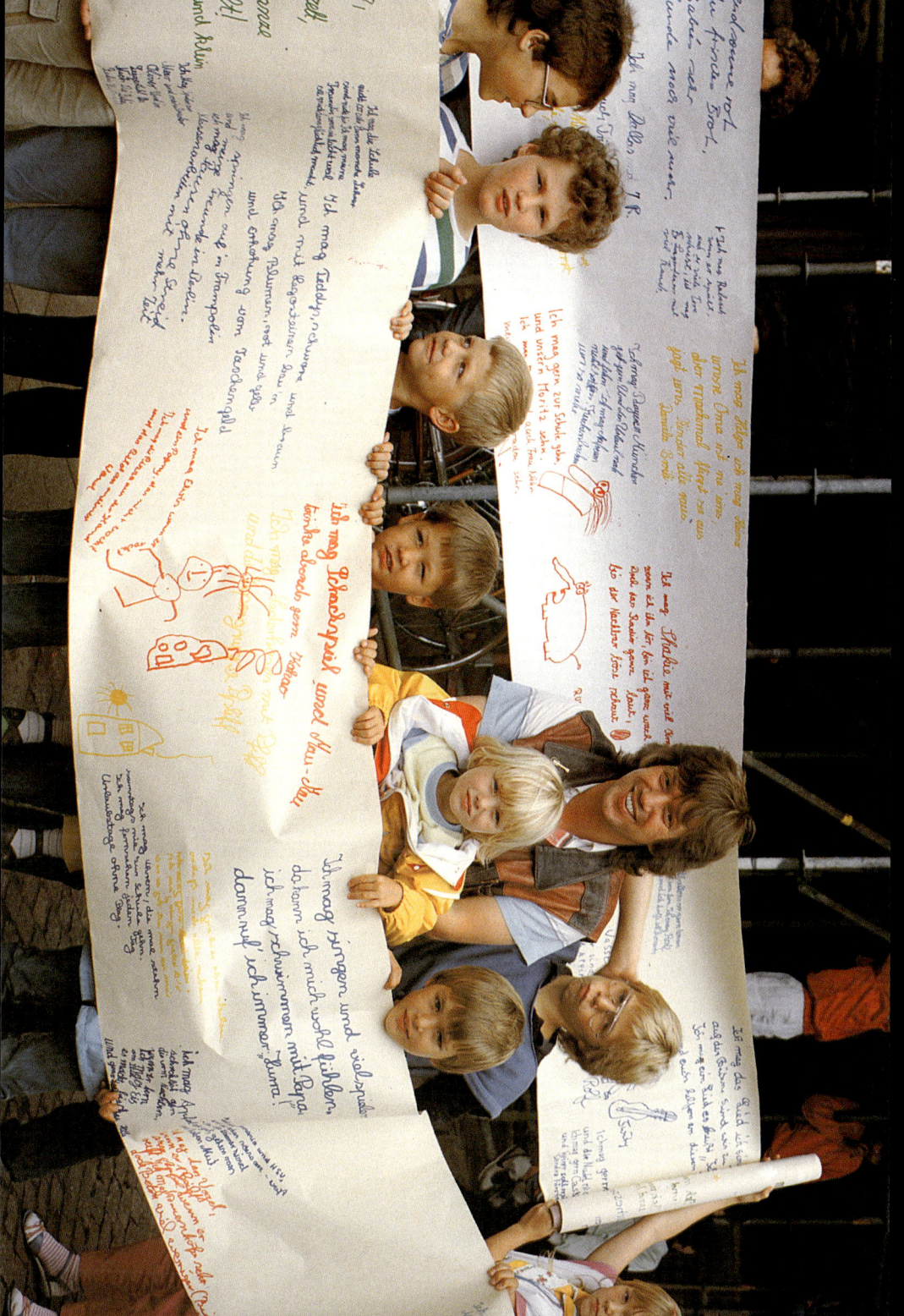

Ich habe die Schirmherrschaft über das Programm "Ersthelfer von morgen" der Johanniter-Unfallhilfe übernommen. Es bringt Kindern im Grundschulalter nicht nur das Pflasterkleben bei, sondern vermittelt eine unbefangene Grundeinstellung zum Helfen bei Notfällen und zur Mitmenschlichkeit.

Mit Erziehern und Lehrerinnen wurden, in Zusammenarbeit mit dem Deutschen Verkehrssicherheitsrat, in vielen Städten neue Ideen und Impulse für die Verkehrserziehung vorgestellt. Diese Tournee führte uns vor allem in die neuen Bundesländer, wo die Gedanken und Lieder mit großem Interesse aufgenommen wurden.

Eines von vielen Minikonzerten in einem niedersächsischen Liederspielkreis, aus dem Jahr 1979.

Unser "Jahresuhr"-Bühnenbild, das wir vor allem Sigi Zeller aus Ennigerloh verdanken:
Er hat die Uhr mit fünf Metern Höhe gebaut, nach dem Entwurf von Silke Mehles aus Mün-
ster. Mit dieser '93er Tournee verwirklichten wir die Idee eines auf die Bühne gebrachten
Liederkalenders – und dabei wirkten in über 50 Orten Hunderte von singenden, tanzenden
und spielenden Kindern mit.

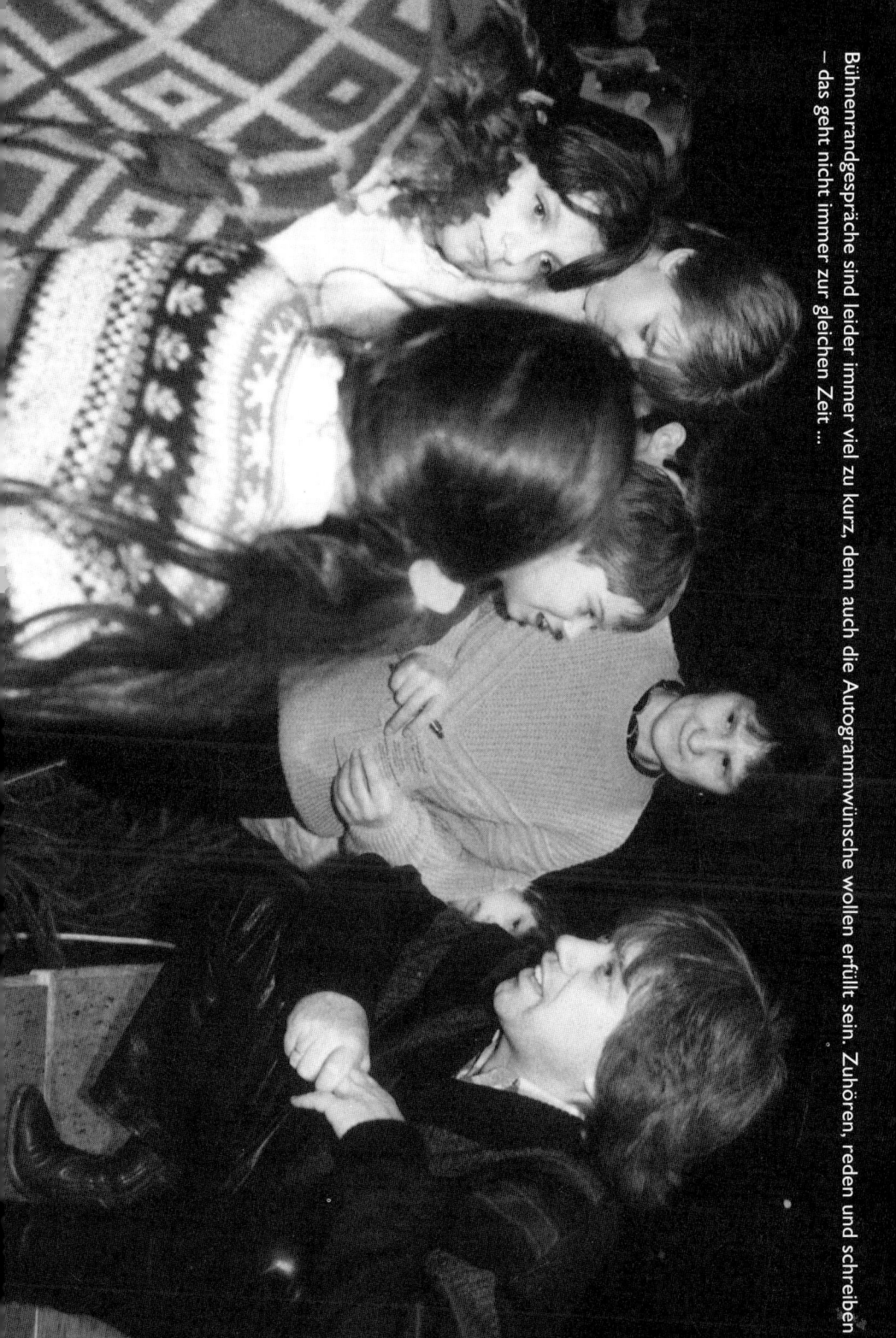

Bühnenrandgespräche sind leider immer viel zu kurz, denn auch die Autogrammwünsche wollen erfüllt sein. Zuhören, reden und schreiben – das geht nicht immer zur gleichen Zeit ...

Auf unserer Bühne sind die Kleinsten oft die Größten – wie hier beim Sommerfest von "Antenne Bayern", 1994 in Schweinfurt.

"Ich heiße Ryrksglynks ..."

"Mein Freund Abdullah" ist hier schon lange der Hit. In der Privatschule der Deutschen Botschaft in Ankara, deren 40.Geburtstag 1993 ich mitfeiern durfte, weiß man durch Sibylle Winkelmann, daß Lieder tatsächlich wie Brücken sein können.

Ich schaff' das schon
1990

Titelauswahl:
* Es geht immer noch ein bißchen weiter

Aus mehreren guten Gründen haben wir 1990 diese CD/MC aus verschiedenen Produktionen zusammengestellt: Die Idee eines Lebenslaufes in Liedern hatte in meinen Abendkonzerten großen Anklang gefunden. Dabei jeweils die Sichtweise der Kinder und Erwachsenen abwechseln zu lassen, reizte mich besonders. Außerdem sollte diese Zusammenstellung auch die Möglichkeit eines Überblicks über meine bisherige Arbeit bieten, etwa für die Familien in den neuen Bundesländern.

Unsere schönsten Lieder vom Kleinsein und Großwerden haben in dieser speziellen Reihenfolge sehr viele Menschen erreicht. Das spiegelt sich vor allem in der Post wider. Vieles von dem, was ich da lese, geht mir sehr unter die Haut. Ich hätte am Anfang meiner Arbeit nie erwartet, daß man sich durch Lieder mit so vielen Menschen so eng verbunden fühlen kann. Das Wissen um das private Glück und die menschliche Not anderer macht das Liederschreiben für mich nicht leichter, gibt mir aber oft neue Kraft und zeigt mir die Richtung, in die es weitergehen könnte. Ich kann in niemanden "hineinkriechen", jeder muß sein eigenes Leben meistern, und ich muß auch zukünftig vor allem meine eigenen Lieder schreiben. Danke für die ermutigenden Worte und den immer wiederkehrenden kleinen Spruch: "Weiter so!"

Das Lied "Es geht immer noch ein bißchen weiter" war das einzige wirklich neue auf diesem Album. Ansonsten hatten meine Freunde Gelegenheit, neue Versionen zu einigen bewährten Liedern mit mir zu singen. Drei Mädchen in drei Altersstufen singen hier "Ich schaff' das schon". Diese Idee hatte Dieter Teske mit seinem Glinder Jugendchor. Daß auch Mädchen bestens mit moderner Technik umgehen können, war mir nicht verborgen geblieben. Hier hört man es in Nina Grosses selbstbewußter Version von "Was Spaß macht, ist verboten". Sonja Otto durfte mit ihrer Aufnahme des Liedes "Hallo Welt" unser Land beim UNICEF-Liederfestival in Holland vertreten. Die beiden starken Kinder auf dem Coverfoto gehören übrigens zur Familie des Fotografen.

Es geht immer noch ein bißchen weiter

Es geht immer noch ein bißchen weiter,
ein bißchen weiter, als du denkst,
schmale Gassen werden wieder breiter,
wenn du deinen Blick nach vorne lenkst.
Es geht immer noch ein bißchen weiter,
ein bißchen weiter, als du glaubst,
auf den Stufen deiner Lebensleiter,
wenn du dir nicht deine Träume raubst.

Manche Brücke ist zerbrochen, manche hast du neu gebaut.
Du bist nicht mehr wie ein Kind, das jedem blind vertraut.

Manches Tor blieb dir verschlossen, manches hast du aufgemacht
und dich selbst auf deinem Weg ein Stück vorangebracht.

Es geht immer noch ein bißchen weiter ...

Viele Tage sind verflogen, viele wollten nicht vergehn,
nicht nur einmal schienen alle Uhren stillzustehn.

Viele Träume sind zerronnen, viele hast du neu gebor'n,
und das Ziel hast du aus deinen Augen nie verlor'n.

Es geht immer noch ein bißchen weiter ...

Musik und Text: Rolf Zuckowski
© by MUSIK FÜR DICH Rolf Zuckowski OHG, Hamburg

1989 – die Grenze zur ehemaligen DDR war eben geöffnet, da gab ich die ersten Konzerte mit Kindern und Erwachsenen in Schwerin, Grevesmühlen, Erfurt und Plauen. Die Fahrt nach Plauen wird mir immer eine besondere Erinnerung bleiben:

Der Doppeldeckerbus, der einen Kinderchor und mich von Hof nach Plauen bringen sollte, wurde über Feldwege geleitet. Die Straße über die Grenze nach Plauen war noch nicht wieder befahrbar. Auf halber Strecke blieben wir stehen. Vor uns eine kleine Brücke, die viel zu niedrig schien, um darunter hindurchzufahren. Zentimeterweise kroch der Doppeldecker dann doch durch das Nadelöhr. Ich verfolgte mindestens so gespannt wie die Kinder dieses Manöver. Oben in der vordersten Reihe schrieb ich mit der Gitarre in der Hand das Lied "Es geht immer noch ein bißchen weiter". Die langen, intensiven Gespräche mit Eltern und Lehrern in Schwerin und Grevesmühlen sind eingeflossen in den Text, der dabei bildhaft genug bleiben sollte, um die Lebenserfahrungen vieler Menschen widerzuspiegeln, ganz gleich ob Ost oder West, Nord oder Süd.

Nahaufnahme
1991

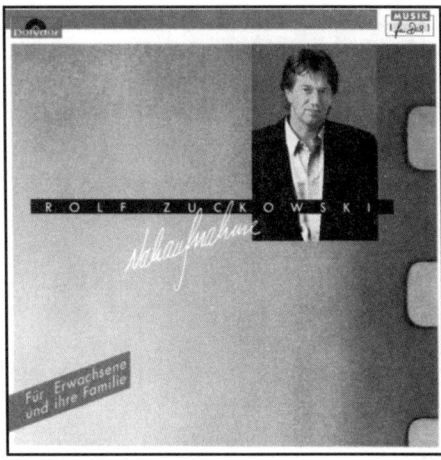

Titel:

- Ganz nah
- Das Glück
- Julia
- Willkommen in der Wirklichkeit
- Mama hat den Blues
- So wichtig bist du auch wieder nicht
- Pic
- ... und dann kommt alles ganz anders
- Hatten wir nicht das Paradies
- Gib mir Liebe
- Die Welt ist so klein

Seit "Zeit für Kinder – Zeit für uns" waren mehr als fünf Jahre vergangen. Viele Lieder waren entstanden, die sich in die Zusammenstellung meiner Kinder- und Familien-LPs nicht so recht einfügen wollten. Außerdem war mir wieder einmal nach einem neuen musikalischen Schub zumute. Mit meiner Musiker-Traumbesetzung spielten wir live die Aufnahmen ein: Curt Cress am Schlagzeug, Peter Weihe und Nils Tuxen an der Gitarre, Tissy Thiers am Bass und Werner Becker an den Tasten (der das Orchester für "Gib mir Liebe" allein einspielte). Die Session stand leider unter einem düsteren weltpolitischen Stern: Nach jeder Aufnahme schauten wir uns am Fernsehgerät besorgt die neue Lage im Golf-Krieg an und führten sehr nachdenkliche Gespräche darüber. Nicht gerade die optimale Stimmung für eine lockere Musikproduktion, zumal viele der Lieder ohnehin eher von der nachdenklichen Art waren.

Die gesangliche Verstärkung holte ich mir für dieses Album aus Dortmund. Mein Freund Michael Rick (Bassist unserer ersten Band und inzwischen selbst Musikproduzent) machte mich auf die Jungs vom Team 7 mit ihrem eingespielten Satzgesang hin. Unter dem Namen "Die Strandjungs" waren sie seit mehreren Jahren bekannt. Ich habe viel dazugelernt in dieser Session (etwa, daß Hals-, Nasen- und Ohrenärzte einen gestandenen Meister der höchsten Töne per Stimmbanduntersuchung zum "geborenen Bassisten" erklären können).

Wie immer, wenn ich vom bewährten Weg "nahe an den Kindern" abwich, gab es von mancher Seite ein Zögern, ein verkniffenes "Muß das sein?" Dann aber auch Zustimmung, Anerkennung, nicht selten auch Begeisterung von Erwachsenen, die mit ihren Kindern schon länger auf meinen Spuren waren. Daß dies ein "etwas anderer Rolf" ist, wollten wir auf dem Coverfoto vielleicht ein wenig zu deutlich zeigen. In jedem Fall dürfte niemand aus Versehen die "Nahaufnahme" als Kinderplatte gekauft haben (was vor allem mein persönliches Anliegen war). Dennoch lieben viel mehr Kinder, als ich es je erwartet hätte (z.B. die des damaligen Leiters des ZDF-Kinderprogramms), meine "erwachsenen" Lieder wie "Ganz nah". Diesen Titel hatte ich mir ursprünglich als Namen für das Album (und meine Tournee 1990) ausgesucht. Mysteriöserweise hieß dann aber zwei Monate vor meiner Veröffentlichung die neue CD von Howard Carpendale (bei derselben Firma) ebenfalls "Ganz nah". Mir blieb nichts anderes übrig, als nach einem neuen Titel Ausschau zu halten. Glücklich bin ich dabei allerdings nicht geworden, und das Geheimnis des doppelten CD-Titels wurde nie ganz gelüftet.

Zurück zu den Kindern: Was ist ein "Kinderlied"? Die Antwort auf diese Frage wird mit den Jahren für mich eher schwieriger als leichter. Können wir Erwachsenen das überhaupt bestimmen? War für uns als Kinder nicht gerade das am verlockendsten, was eigentlich nicht für uns bestimmt war? Haben wir überhaupt eine Chance, wirklich in die Kinderseele hineinzuschauen, oder sollten wir nicht einfach dankbar sein, wenn unsere Kinder auf das Kind im Erwachsenen "abfahren"? Ich weiß nur, daß ich selbst irgendwie noch Kind und gleichzeitig erwachsen bin, vor allem, wenn ich Musik machen darf. Ich vermute, Kinder spüren das unabhängig von Text und Botschaft.

Ganz nah

Wieder mal stehn wir beide in der Tür,
wieder mal sagst du: "Komm heil zurück zu mir!"
Wieder mal fragst du mich: "Mußt du wirklich gehn?"
Wieder mal sag' ich, daß wir uns wiedersehn.
Glaub an mich,
ich liebe dich.

Dann bist du mir, dann bin ich dir,
dann sind wir uns ganz nah.
Dididi dn dididi dn di, ganz nah,
fühlen, daß es unsre Liebe gibt,
ganz nah.
Ich kann deine Nähe spüren
und die Wärme deiner Haut,
ganz nah.

Dididi dn dididi dn di,
ganz nah.
Dididi dn dididi dn di,
ganz nah.

Wieder mal liegst du in deinem Bett allein.
Wieder mal würd' ich am liebsten bei dir sein.
Wieder mal hab' ich dich nur am Telephon.
Wieder mal fragst du mich, wie seit Jahren schon:
"Wo bist du?"
Hör mir zu.

Dann bist du mir, dann bin ich dir ...

Wieder mal halt' ich es einfach nicht mehr aus.
Wieder mal steh' ich am Abend vor dem Haus.
Wieder mal hörst du den Schlüssel in der Tür.
Wieder mal sagt mir der erste Blick von dir:
"Glaub an mich!
Ich liebe dich."

Dann bist du mir, dann bin ich dir ...

Ich weiß, daß wir uns nicht verlieren,
ganz nah,
weil unsere Herzen sich berühren,
ganz nah.
Ich weiß, daß du mich nicht vergißt,
ganz nah,
weil deine Liebe in mir ist,
ganz nah.

Dididi dn dididi dn di,
ganz nah.
Dididi dn dididi dn di,
ganz nah ...

Musik und Text: Rolf Zuckowski
© by MUSIK FÜR DICH Rolf Zuckowski OHG, Hamburg

„Wie oft bin ich gefragt worden, was meine Frau und meine Kinder davon halten, daß ich so oft auf Reisen bin. Selten wurde ich gefragt, was ich selbst dabei empfinde. Ist man sich wirklich näher, wenn man immer räumlich nah beieinander ist? Fühlen wir uns nicht vielleicht erst durch die Trennung manchmal ganz nah bei dem, zu dem unsere Gedanken, Sehnsüchte und Träume gehen? Mit Sicherheit würde ich meine Reisetätigkeit nicht so beflügelnd empfinden, wenn nicht in den Liedern und auch in den täglichen Gedanken meine Familie irgendwie immer dabei wäre. Es mag sein, daß meine Frau und die Kinder das auf ihre Art anders empfinden, aber im Grunde unseres Herzens fühlen wir dasselbe. Jeder Abschied, jedes Wiedersehen sind besondere Ereignisse im Familienleben und bestimmt keine Alltagsroutine. In jedem Abschied und jedem Wiedersehen schwingt die Frage: "Wie steht es um uns, was bedeuten wir uns noch?" Solange wir darauf ehrlich eine gute Antwort finden, können wir uns trennen und uns doch "ganz nah" sein. Das Lied entstand auf dem Rücksitz meines VW-Busses. Zum Tourneeschluß nachts gegen 2 Uhr auf der Fahrt von Kassel nach Hamburg. Es ist gewiß kein "Kinderlied", und doch höre ich immer wieder, daß es Kinder geradezu lieben. Wer weiß schon, was ein "Kinderlied" ist ...

Das Glück

Du schlägst die Zeitung auf,
da sehn dich die Gesichter an,
die wissen, wie das süße Leben ist,
das du vermißt,
das voller Glanz
sich spiegelt im Champagnerglas
und irgendwann zerspringt mit einem Knall,
und dann kommt der Fall.

Das Glück
hat tausend Namen und ein Gesicht,
es steht vielleicht vor dir,
und du erkennst es nicht.
Das Glück
fragt nicht nach Regen und Sonnenschein,
es will nur hier und jetzt
bei dir geborgen sein.

Du stellst das Fernseh'n an
und siehst hinaus aus deiner Welt,
schon wieder wird die Sehnsucht neu geweckt,
die in dir steckt,
und neben dir
sitzt einer, der so fühlt wie du
und immer wieder sucht nach deinem Blick.
Was hält dich zurück?

Das Glück ...

Und aus dem Radio
kommt wieder mal der Superhit,
der sich in deinem Kopf schon lange dreht,
von früh bis spät,
und mittendrin
fühlst du die Hand in deinem Haar,
die immer noch dein Herz zum Klopfen bringt,
bis alles verklingt.

Das Glück ...

Musik und Text: Rolf Zuckowski
© by MUSIK FÜR DICH Rolf Zuckowski OHG, Hamburg

Julia

Großes Haus und kleines Glück zu dritt,
sieben Jahre hielt der Ehekitt,
und dann auf einmal kam der große Knall.
Irgendwann hat man genug geschluckt,
irgendwann genug geduckt,
und das letzte Band zerreißt mit einem Mal.

Sie ist nicht mehr bloß "die Frau von dem"
oder irgendwas von irgendwem,
sie ist einfach nur sie selbst, und das genügt.

Ihre Wohnung ist noch ziemlich leer,
Luxus kennt sie längst nicht mehr,
doch sie kann darüber lachen,
es gibt wichtigere Sachen.

Julia schafft das ganz allein,
Julia wird lernen, stark zu sein.
Julia hat wieder neuen Mut,
Julia geht's fast schon wieder gut.
Sie genießt, sich selber zu gehör'n.
Wenn nur die Nächte –
ein bißchen kürzer wär'n.

Von den alten Freunden blieb nicht viel,
längst durchschaute sie das Spiel,
doch auf die, die übrigblieben, kann sie zähl'n,
und wer hätte ihr schon zugetraut,
daß sie Fenster streicht und Möbel baut?
Sie sieht nicht so aus, als würd' ihr etwas fehl'n.

Sie hat ihre Stärken neu entdeckt
und die Ruhe, die jetzt in ihr steckt,
und die Kleine schläft auch nachts schon wieder durch.

Ihre Wohnung ist noch ziemlich leer,
Luxus kennt sie längst nicht mehr,
doch sie kann darüber lachen,
es gibt wichtigere Sachen.

Julia schafft das ganz allein ...

Musik und Text: Rolf Zuckowski
© by MUSIK FÜR DICH Rolf Zuckowski OHG, Hamburg

illkommen in der Wirklichkeit

Du hast noch den Glanz in deinen Augen,
die an diese böse Welt nicht glauben.
Mitten in der Nacht
aus dem Traum erwacht,
plötzlich alles klar,
nichts mehr, wie es war.

Willkommen in der Wirklichkeit,
mach's gut!
Diese Zeit ist deine Zeit,
nur Mut!
Und wart nicht auf die Ewigkeit,
denn du bist du, und heut' ist heut'.

Willkommen in der Wirklichkeit,
mach's gut!
Diese Zeit ist deine Zeit,
nur Mut!
Und mach dich für den Sprung bereit,
der dich aus dem Dornröschenschlaf befreit.
Nur Mut,
mach's gut!

Irgendwie ein großes Kind geblieben,
plötzlich aus dem Wunderland vertrieben.
Aus der Sternenflug,
aus der Selbstbetrug,
und das helle Licht
scheint in dein Gesicht.

Willkommen in der Wirklichkeit ...

Musik und Text: Rolf Zuckowski
© by MUSIK FÜR DICH Rolf Zuckowski OHG, Hamburg

ama hat den Blues

Glücklich lächeln, stark erscheinen,
mit Gedanken wie aus Steinen.
Kleines Baby, sollst nicht weinen!
Deine Mama hat den Blues,
deine Mama hat den Blues.

Zwischen Zweifeln und Glücksgefühlen
soll sie ihre Rolle spielen,
sucht für sich nach neuen Zielen.
Deine Mama hat den Blues,
deine Mama hat den Blues.

Neue Hoffnung, neues Leben,
ohne alles aufzugeben,
mittendrin und doch daneben.
Deine Mama hat den Blues,
deine Mama hat den Blues.

Musik und Text: Rolf Zuckowski
© by MUSIK FÜR DICH Rolf Zuckowski OHG, Hamburg

Eine Szene aus meinem Gedankenbilderbuch: Ich sitze im Wohnzimmer an meinem Oberheim Synthesizer und suche nach einer stimmungsvollen Harmonienfolge für dieses Lied. Auf meinem Schoß sitzt Andreas, knapp ein Jahr alt, greift ab und zu in die Tasten, bringt seine eigene Meinung von derart getragenen Liedern deutlich zum Ausdruck, schläft dann aber selig ein. Ich habe ihn schlafend auf dem Schoß behalten, bis meine Harmonienfolge gestaltet war. Dann versank das Lied wieder in meinem Gedächtnis, kam nicht, wie angedacht, auf die LP "Zeit für Kinder – Zeit für uns". Der Inhalt und die Komposition schienen mir für Kinder (die ich nicht ausklammern wollte) zu unverdaulich.

Entstanden war die erste Anlage für das Lied bereits 1972, kurz nach der Geburt von Anuschka. Was meine Frau damals durchlebte und ich recht ratlos mit ansah, fand dann auf der "Nahaufnahme" 1991 endlich seinen Platz. Meine Scheu, Kinder mit schwierigen Themen zu konfrontieren, war über die Jahre geringer geworden. Parallel dazu wuchs mein Wunsch, solche wesentlichen Erfahrungen von Eltern nicht aus meinen LPs auszuklammern.

Der von mir einfach ins Deutsche übertragene englische Begriff "She's got the blues" hat bei vielen Erwachsenen Fragezeichen hervorgerufen. Daß man den Blues nicht nur hören, sondern vor allem haben kann, haben die Studiomusiker in diesem Song so intensiv rübergebracht, daß ich die Orchesteraufnahme zu meinen Favoriten zähle.

So wichtig bist du auch wieder nicht

Du hast es ziemlich weit gebracht,
hast deinen steilen Weg nach oben gemacht.
Du hast gemerkt, was in dir steckt,
das hat in dir die Lust auf mehr geweckt.

Seitdem erzählt dir dein Gehirn,
daß du die Sonne wärst in unserm Gestirn;
doch paß gut auf, was du riskierst,
wenn du vor lauter Energie explodierst.

So wichtig bist du auch wieder nicht,
wie du es glaubst mit deinem Gesicht.
Weil dir dein Bild im Spiegel gefällt,
hältst du dich selber für den Nabel der Welt.
So wichtig bist du auch wieder nicht,
wie es dein großer Name verspricht.
Auch du wirst deine Grenzen noch spür'n,
und wer viel hat, kann viel verlier'n.

Du reist herum im ganzen Land
und redest alle andern glatt an die Wand.
Du dudelst wie ein Radio,
man hört dich überall und nirgendwo.

Du hast das Spiel perfekt kapiert,
wie man sich an die Spitze manipuliert,
wie man die Welt von oben sieht;
doch eines Tages beißt auch du auf Granit.

So wichtig bist du auch wieder nicht ...

Um dich herum der blanke Neid.
Du tust dir manchmal sicher selber schon leid,
und was du deine Freunde nennst,
zeigt nur, daß du dich nicht mal selbst
richtig kennst.

So wichtig bist du auch wieder nicht ...

Musik und Text: Rolf Zuckowski
© by MUSIK FÜR DICH Rolf Zuckowski OHG, Hamburg

Die Autobahn von Berlin nach Hamburg hat es in sich, vor allem auf dem Streckenabschnitt Schwerin – Glinde muß nachts etwas in der Luft liegen. Nachdem ich dort schon 1986 mein Lied "Das Sternenschiff" (Kinder, macht euch startbereit) geschrieben hatte, ging mir 1989, mitten in der Wende, vieles durch den Kopf, was die Selbstgefälligkeit und Überheblichkeit von vielen Alt-Bundesbürgern gegenüber den Menschen der damals noch DDR betraf. Mein Vorgespräch mit dem Schulleiter der Friedensschule in Schwerin über die Möglichkeit eines Konzerts in seiner kleinen Aula hatte sich zu einer Nachtsitzung entwickelt. Es gab so viele unterschiedliche, aber auch ähnliche Erfahrungen, so viele Sichtweisen auf die Probleme, daß mein Kopf sich erst auf der Autobahn langsam wieder beruhigte. Mitten in diese Nachdenklichkeit platzte ein Radiointerview mit einem Politiker-Statement, in dem mal wieder dieser wichtigtuerische Ton der West-Erfahrung erklang. Das "So wichtig bist du auch wieder nicht" war in einer knappen halben Stunde als meine Reaktion darauf noch während der Fahrt entstanden. Ob es Zufall ist, daß viele Kinder gerade dieses "erwachsene" Lied auch als ihr Lied empfinden?

Pic

Wenn ich an Zirkus denk', denk' ich zuerst an dich
und an das Zelt, in dem man kaum zu atmen wagte.
Die große Dunkelheit und du allein im Licht;
der Clown, der niemals sprach und schweigend alles sagte.

Du warst das Kind, das staunend diese Welt betritt,
sein erstes Lächeln und die nimmersatten Augen,
die ersten Tränen und der erste kleine Schritt,
die große Zuversicht, mit der die Kinder glauben.

Du hast gespielt mit all den schönen Illusionen,
mit unserm Traum vom kleinen und vom großen Glück,
und so wie wir nach immer neuen Sternen greifen,
so spieltest du mit deinen Seifenblasen, Pic.

Wenn ich an Zirkus denk', denk' ich zuerst an dich
und an das Zelt, in dem wir wie die Kinder saßen.
Wir schauten alle wie gebannt in dein Gesicht
und in die Augen, die wir niemals mehr vergaßen.

Du warst für uns noch einmal hoffnungslos verliebt
und bautest Schlösser, die kein König je gefunden.
Die große Chance, die's nur einmal für uns gibt,
lag auch in deinen Händen für ein paar Sekunden.

Du hast gespielt mit all den schönen Illusionen ...

Wenn ich an Zirkus denk', denk' ich zuerst an dich
und an das Zelt, in dem das Lachen bald verhallte,
als dann am Ende auch dein letzter Traum zerrann,
und es war lange still, bis dein Applaus erschallte.

... und so wie wir nach immer neuen Sternen greifen,
so spieltest du mit deinen Seifenblasen, Pic.

Musik und Text: Rolf Zuckowski
© by MUSIK FÜR DICH Rolf Zuckowski OHG, Hamburg

In der Schweiz, genauer gesagt: im Emmental (nicht weit von seiner Heimat), waren 1984 die Zirkusbilder des Roncalli-Clowns Pic wieder in mir aufgestiegen. Seine Art, eine kleine Lebensphilosophie in Seifenblasen zu erzählen, gehört für mich zu den großen Geniestreichen der Kleinkunst. Hatte mich die Zauberwelt des Roncalliprogramms ohnehin schon gefangengenommen, so war bei Pics Nummer der Funke gänzlich übergesprungen. Ich hatte Pic 1982 in seinem bunten alten Zirkuswagen in Köln besser kennengelernt. Im Verlauf eines Interviews mit ihm (für meine RTL-Sendung "Moment mal") wurde seine ungewöhnlich leise, empfindsame Wesensart für mich immer beeindruckender. Hier war jemand mit den allerfeinsten Antennen für das Kind im Erwachsenen, mit einem Sinn für die großen Gedanken und Träume der Menschen, jemand, der seinen ihm eigenen

Weg gefunden hatte und dennoch irgendwie seelenverwandt mit mir erschien.

Als Pic von "seinem" Lied erfuhr, schrieb er mir erfreut zurück. Wir beide warten seitdem immer noch auf die Chance eines gemeinsamen Auftrittes. Er lag 1990 in der Luft, zerplatzte dann aber an Terminproblemen – wie eine von Pics Seifenblasen ...

Und dann kommt alles ganz anders

Pläne gemacht, Zukunft im Griff,
Kurs berechnet für das Lebensschiff,
Ladung gecheckt, Mannschaft o.k.,
alles an Bord, wir stechen in See!

Hafen verlassen, Wetter zieht auf,
ängstliche Blicke zum Himmel hinauf.

... und dann kommt alles ganz anders,
und dann wird richtig gelebt,
dann kommt der Wind von vorn,
der Regen ins Gesicht,
und wo die Reise hingeht, wissen wir nicht.
... und dann kommt alles ganz anders,
und dann wird richtig gelebt,
dann heißt es: "Ärmel hoch,
zum Grübeln keine Zeit",
und hinterher sind wir nochmal so gescheit.

Schienen gelegt, Weichen gestellt,
der Fahrplan bestimmt, wo der Zug mit uns hält.
Karten gelöst, Abteil reserviert,
alles versichert, daß nur nichts passiert.

Bahnhof verlassen, Signal übersehn,
wohin wird die Reise jetzt mit uns gehn?

... und dann kommt alles ganz anders ...

Ticket gekauft, Taxi bestellt,
Hotel reserviert, was kostet die Welt!
Pässe o.k., Geld nicht zu knapp,
fertig zum Start, wir heben ab.

Airport verlassen, hier spricht der Kap'tän:
"Wir haben da leider ein kleines Problem ..."

... und dann kommt alles ganz anders ...

Musik und Text: Rolf Zuckowski
© by MUSIK FÜR DICH Rolf Zuckowski OHG, Hamburg

Familie Zuckowski pur. Mit diesem Spruch leben wir (nicht ungern), seit meine Frau und ich uns 1966 kennenlernten. Pläne machen ist eine feine Sache, offen bleiben für die Überraschungen des Lebens eine noch bessere. Ein Beruf rund um Musik, Bühne, Studios läßt sich nicht in starre Zeitpläne zwängen. Zugegeben, manchmal lebt es sich so etwas anstrengender, vor allem für meine Frau und die Kinder, aber wir haben bisher zum Glück immer noch den nächsten Hafen, den nächsten Bahnhof, den nächsten Airport sicher erreicht.

Entstanden ist der rockige Song im VW-Bus auf der Autobahn. Auch unsere Konzertreisen sind voller Überraschungen, vor allem weil wir täglich mit anderen Kindergruppen auf der Bühne stehen. Ich vermeide damit routiniert abgespulte Programme. Die Spannung ist kurz vor dem Kennenlernen und der ersten gemeinsamen Probe am größten. Dann kommt der Versuch, eine Stunde lang alles durchzuspielen, was im Konzert schiefgehen könnte. Kein Kind soll auf der Bühne Angst haben. Das Vertrauen der Kinder in mich und mein Vertrauen in sie ist die Basis unserer Konzerte. Ich bin dabei noch nie enttäuscht worden, auch wenn im Konzert ab und zu dann doch "alles ganz anders" kommt.

Hatten wir nicht das Paradies

Hatten wir nicht das Paradies,
den Himmel und die Sterne
und den Wind in unsern Haar'n?
Hatten wir nicht das Paradies,
als wir mit nichts als unser'n Träumen
frei und glücklich war'n?
Hatten wir nicht das Paradies,
die Nächte voller Liebe
und die Tage voll Musik?
Hatten wir nicht das Paradies?
Es liegt noch immer da und fragt uns:
"Wann kommt ihr zurück?"

Die Sonne ging auf in deinen Augen,
die Wunder der Welt verblaßten
gegen einen Blick von dir.
Der Augenblick war Ewigkeit,
und dann auf einmal
keine Zeit, keine Zeit.

Hatten wir nicht das Paradies ...

Wir hatten die Spur des Glücks gefunden
und fühlten die Kraft,
gemeinsam jeden Schritt nach vorn zu gehn.
Kein Ziel zu weit, kein Weg zu schwer,
doch auf den Schultern
immer mehr, immer mehr.

Hatten wir nicht das Paradies ...

Musik und Text: Rolf Zuckowski
© by MUSIK FÜR DICH Rolf Zuckowski OHG, Hamburg

ib mir Liebe

Du und ich,
wir haben uns gefunden und verlor'n,
aus Ruinen unsre Liebe
immer wieder neu gebor'n.
Unsre Träume lernten fliegen,
und sie trugen uns hinauf,
auf dem steilen Weg nach oben
nahmen wir den Sturz in Kauf.

Gib mir Liebe, gib mir Liebe,
denn die Zeit läuft mir davon.
Gib mir Liebe, gib mir Liebe,
denn die Zeit läuft mir davon.

Du und ich,
wir haben uns vergraben und versteckt,
unter jeder alten Schale
eine neue Haut entdeckt.
Unsre Seelen lernten tanzen,
sich von Fesseln zu befrei'n,
unsre Herzen lernten immer neu,
die Lust hinauszuschrei'n:

Ich will dich jetzt, ich will dich hier,
will jeden Atemzug von dir,
und wenn du willst, verlaß für eine Stunde
diesen Stern mit mir.

Gib mir Liebe ...

Du und ich,
wir haben uns den Weg nicht leicht gemacht,
oft genug mit schweren Herzen
lange Nächte durchgewacht,

mancher Knoten mußte platzen,
mancher Kessel explodier'n,
manche Wege sich erst trennen
und uns doch zusammenführ'n.

Wir sind noch lange nicht am Ziel,
auf uns, da wartet noch so viel.
Wir finden irgendwann vielleicht sogar
den Sinn in diesem Spiel.

Gib mir Liebe ...

Musik und Text: Rolf Zuckowski
© by MUSIK FÜR DICH Rolf Zuckowski OHG, Hamburg

ie Welt ist so klein

Komm zu mir, gib mir die Hand,
laß mich nochmal in deine Augen sehn.
Heute sagt uns der Verstand:
Auch wenn es wehtut, einmal muß man gehn.

Der Vorhang fällt, vorbei das Spiel,
und was uns bleibt, ist nur noch ein Gefühl:

Die Welt ist so klein,
wir sehn uns wieder.
Die Welt ist so klein,
ich glaub' daran,
daß zwei, die sich wie wir verstehen,
gar nichts trennen kann,
und einmal fangen wir von vorne an.
Die Welt ist so klein,
wir sehn uns wieder.

Die Welt ist so klein,
ich glaub' daran,
daß wir uns eines Tages
nochmal gegenüberstehn
und unsern Weg zusammen weitergehn.

Halt mich fest,
gib mir das Gefühl,
daß wir uns auch im Schweigen noch verstehn.
Irgendwer kennt unser Ziel,
auch wenn wir unsern Weg alleine gehn.

Wir sind wie zwei Boote im Wind,
die irgendwann im selben Hafen sind.

Die Welt ist so klein ...
Die Welt ist so klein ...

Musik und Text: Rolf Zuckowski
© by MUSIK FÜR DICH Rolf Zuckowski OHG, Hamburg

Das war der zwar süße, aber auch tränenreiche Abschied von den Freunden, die an der ZDF-Produktion für den Liederkalender beteiligt waren.

"Vollversammlung" rund um die Jahresuhr, gelöste Stimmung nach Beendigung der TV-Produktion für das ZDF. Mit dabei tanzende Gäste aus Oldenburg mit ihrer Leiterin Christine Hanke (oben Mitte).

Der Bilderbogen zeigt die Stimmung während der Proben zur "Jahresuhr"; wir hatten eine gute Zeit, draußen in unserem Wochenendhaus hinterm Elbdeich.

Die Jahresuhr

1992

Mit Andrea, Andreas, Anne, Carina, Christian, Fabian, Jan, Jens, Jörg, Julia, Julia, Marco, Marion, Marion, Michael, Nina, Robert, Sabine, Simon, Sonja und Sylke.

Titel:

• Die Jahresuhr
• Es ist nicht leicht, ein Narr zu sein
• Niemand ist ein Niemand
• Immer wieder kommt ein neuer Frühling
• Ich bin sauer
• Meine Heimat ist ein kleiner, blauer Stern
• Danke
• Kommt, wir woll'n Laterne laufen
• Das Wetter
• Ein Schmetterling im Tannenbaum
• Wieviel Farben hat die Welt

Wenn heute bereits Zweijährige die zwölf Monate des Jahres in der richtigen Reihenfolge kennen, liegt das sicher auch an diesem Lied. Die Idee zu einer Liederreise durch die Monate ist schon seit 1976 in meinem Notizbuch vermerkt. Ich war allerdings nicht geduldig genug, alle dafür geeigneten Lieder so lange zurückzuhalten, bis der Jahreskreis geschlossen war. Titel wie "Stups, der kleine Osterhase" oder "Drachen im Wind" mußten einfach raus, hielten es in meiner Schublade nicht so lange aus, bis der Herr Komponist endlich einmal alle Monate besungen hatte. So wurde die Jahresuhr auch eher eine Reise durch die Stimmungen der Jahreszeiten. Nach innen gekehrte Gedanken wie "Niemand ist ein Niemand" prägen da z.B. den Februar, und die Reise eines Wassertropfens ("Ich bin sauer") vermittelt einmal etwas andere Sommergedanken. "Ein Schmetterling im Tannenbaum" bringt schließlich den Frühling in den Winter. "Meine Heimat ist ein kleiner, blauer Stern" drückt die Grundstimmung der gesamten Lieder-reise am besten aus. Kinder können mit diesen Liedern unseren blauen Planeten, die Natur durch den Wechsel der Jahreszeiten miterleben, sich in Pflanzen und Tiere hineindenken und so das lieben lernen, was es mehr denn je zu schützen gilt.

Das ZDF strahlte am 1.1.1993 erstmals "Rolfs Liederkalender" aus. In dieser Sendung wurden einige Lieder der "Jahresuhr" und mehrere, über die Jahre gewachsene Monatslieder zusammengestellt. Aufgrund vielfacher Nachfragen gibt es seit 1994 auch eine CD/MC mit dieser Fern-seh-Liederfolge (einschließlich aller Instrumental-Playbacks) sowie das gleichnamige Video. Diese Zusammenstellung hat den Vorteil, daß sich alle Lieder singen und spielen lassen. Musik so richtig zu erleben, wird damit in der Familie, der Schule und im Kindergarten durch das ganze Jahr angeregt.

Auf der "Jahresuhr" taucht zum erstenmal unser drittes Kind, Andreas, als Mitsänger auf. Seine Rolle als Made im Laub war der Einstieg in "Papas bunte Lieder- und Fernsehwelt", die er gerne mitgestaltet, ohne allerdings seine Vorliebe für die Beatles jemals zu verschweigen (worüber Papa als "Alt-Rocker" auch glücklich ist). Eine Erfahrung besonderer Art machte unsere Sabine Meyer. Sie hatte das Lied "Meine Heimat ist ein kleiner, blauer Stern" gerade fertig gesungen, als die Familie die Kof-fer packen mußte, um für zwei Jahre nach Guatemala zu ziehen. Wir haben oft an Sabine gedacht, und inzwischen ist sie wieder ganz nah bei uns (sonnig wie eh und je). Die freundschaftliche Verbindung zu den Hamburger "Alsterfröschen", einem quicklebendigen Kinderchor rund um Sigrid Hennig, hat sich durch den Liederkalender noch vertieft. Mit Andrea, Nina, Sylke und Björn waren vier putzmuntere Frösche auch bei den Fernsehaufnahmen dabei.

Die Jahresuhr

Januar, Februar, März, April,
die Jahresuhr steht niemals still.
Januar, Februar, März, April,
die Jahresuhr steht niemals still.

Mai, Juni, Juli, August,
weckt in uns allen die Lebenslust.
Mai, Juni, Juli, August,
weckt in uns allen die Lebenslust.

September, Oktober, November, Dezember,
und dann, und dann
fängt das Ganze schon wieder von vorne an.

Januar, Februar, März, April ...

Mai, Juni, Juli, August ...

September, Oktober, November, Dezember ...

Musik und Text: Rolf Zuckowski
© by MUSIK FÜR DICH Rolf Zuckowski OHG, Hamburg

Illustr. Buch: SIK 1130
Noten: SIK 1129, SIK 1137, SIK 1143

„Hört das denn niemals auf? Es ist für die Erwachsenen nicht immer nur lustig, mit so einem Ohrwurm zu leben, zumal, wenn der Komponist vergessen hat, einen Schluß zu erfinden. Im Studio war es ein Leichtes für mich, den Summenregler langsam herunterzuziehen, um einen Schluß zu erzeugen (der eigentlich keiner ist). So eine Ausblende läßt sich im richtigen Leben mit Kindern nicht so leicht bewerkstelligen. Aber es geht: In Tuttlingen, in der Nähe der berühmten "Donauversickerung", haben wir auch unser Lied versickern lassen. Immer leiser zu singen, dann zu flüstern und am Ende nur noch den Mund auf und zu zu machen, kann die Erlösung bringen. Aber wehe, nur einer wird wieder lauter, was dann? "Immer lauter singen, bis es nicht mehr geht" wäre sicherlich der Lieblingsschluß vieler Kinder. Oder "immer höher, bis wir wie die Engel singen". Dabei kommt am Ende doch nur ein heiseres Gepiepse heraus, also auch keine Lösung. "Ein Ende mit Schrecken", die Schocklösung – hat öfter funktioniert, nutzt sich aber ab. Fazit: Es gibt nur einen zuverlässigen Tip: Dieses Lied darf erst gesungen werden, wenn die Kinder so richtig müde sind, den Kopf kaum noch aufrecht halten können. Dann werden sie nach ein paar Runden einschlafen und selig träumen. Hoffentlich singen sie im Schlaf nicht weiter, der Morgen könnte eine nervtötende Überraschung bringen ...“

Es ist nicht leicht, ein Narr zu sein
(Ich liebte ein Mädchen)

Ich wollte mich gerne verkleiden
und wild wie die Narren es treiben,
ich suchte mir passende Sachen,
man sollte mal über mich lachen.
Ich öffnete Kisten und Kästen
und wühlte in Lumpen und Resten.
Ich plünderte unsern Kleiderschrank
und lachte mich über mich selber krank.
Dann zog ich in die Stadt hinaus,
und da sah alles ganz anders aus.

Ich verkleidete mich als Matrose,
doch das ging total in die Hose,
dann ging ich als Krankenschwester,
da gab es nur dummes Geläster.
Als Doktor mit Kittel und Spritze,
da hört' ich nur schmutzige Witze,
dann ging ich als Mann von der Feuerwehr,
da fragte man, ob ich bescheuert wär'.

Es ist nicht leicht, ein Narr zu sein,
doch mir fällt immer was Neues ein.

Als Vampir mit blutigen Zähnen,
da sah ich die andern nur gähnen.
Als Cowboy mit Colt und Gewehr,
da gähnten die andern noch mehr.
Als Pirat mit 'ner Augenklappe
erlebte ich wieder 'ne Schlappe,
dann ging ich als Bruder von Frankenstein,
da brachte man mir einen Krankenschein.

Es ist nicht leicht, ein Narr zu sein,
doch mir fällt immer was Neues ein.

Ich verkleidete mich als Gorilla,
da wurd' es um mich immer stiller.
Ich ging als der weiße Hai,
da gab es ein wildes Geschrei.
Dann ging ich als giftige Schlange,
da sah ich die andern nicht lange.
Ich verkleidete mich als Grizzlybär
und sah von den andern gar nichts mehr.

Es ist nicht leicht, ein Narr zu sein,
doch mir fällt immer was Neues ein.

Ich werd' es euch allen beweisen,
den Jungen, den Alten und Greisen.

Ihr werdet noch über mich staunen,
dann geht durch die Menge ein Raunen.
Dann werdet ihr Tränen vergießen
und findet mich alle zum Schießen.
Ich brauch' nur noch ein bißchen Zeit
und die passende Gelegenheit.

Es ist nicht leicht, ein Narr zu sein,
doch mir fällt immer was Neues ein.

Musik und Originaltext: Ingo Insterburg   Spezialtext: Rolf Zuckowski
© by EMI Songs Musikverlag GmbH, Hamburg

Noten: SIK 1129, SIK 1143

iemand ist ein Niemand

Ich möchte eine Blume sein,
die auch im Winter blüht,
und grauen Tagen neue Farbe geben.

Ich wär' so gern ein Vogel,
der hinauf zum Himmel steigt,
doch was kann ich wohl
in Wirklichkeit erleben?

Niemand ist ein Niemand,
niemand, auch nicht du.
Magst du heute auch noch klein sein,
trau dir etwas zu.
Behalt die Füße auf dem Boden,
greif ins Sternenmeer hinein!
Zeig der Welt, daß du noch träumen kannst,
und über dir wird nur der Himmel sein.

Ich möchte wie die Sonne sein,
die Licht und Wärme gibt,
und alle Schatten würden vor mir weichen.

Ich wär' so gerne wie der Wind,
den keiner halten kann,
doch was werd' ich wohl
in Wirklichkeit erreichen?

Niemand ist ein Niemand ...

Behalt die Füße auf dem Boden,
greif ins Sternenmeer hinein!
Zeig der Welt, daß du noch träumen kannst,
und über dir wird nur der Himmel sein.

Musik und Text: Rolf Zuckowski
© by MUSIK FÜR DICH Rolf Zuckowski OHG, Hamburg

Noten: SIK 1129

Ich kann prima mit Leuten streiten, die gar nicht da sind. Zum Beispiel mit jenen in meinem Autoradio. Da war doch 1987 eine Sängerin (Name leider vergessen) zu Gast auf NDR 2. Aus dem gesamten Interview erinnere ich nur diesen einen Satz: "Aber damals war ich ja noch ein Niemand". Die Titelzeile dieses Liedes ging mir spontan durch den Kopf: "Niemand ist ein Niemand!" Leider hat sie meine Reaktion nicht mitbekommen, es hätte ein spannendes Interview werden können. Mir blieb nur diese Zeile, die in einer fast schon kitschig sternklaren Nacht auf einem Campingplatz bei Husum zu einem Lied wurde. Zum Glück ist unser kleines Tourneewohnmobil so eng, daß ich kurz vor dem Einschlafen noch einmal einen Gang ums Auto machte. Der sternenübersäte Himmel (in Hamburg gibt es höchstens halb so viele Sterne) brachte mir die Zeile "und über dir wird nur der Himmel sein". Damit war der Gedankenkreis für dieses Lied geschlossen. Ich sollte fairerweise noch das wunderschöne Buch aus dem Herder Verlag erwähnen, das mich mit seinem Titel "Ich möchte eine Blume sein" inspirierte. Jeder Leser dieser Worte könnte mein schlechtes Gewissen (von wegen "alles nur geklaut") ungemein beruhigen, wenn er mindestens ein Exemplar davon verschenkt, vielleicht an jemanden, der tatsächlich glaubt, ein Niemand zu sein.

Immer wieder kommt ein neuer Frühling

Immer wieder kommt ein neuer Frühling,
immer wieder kommt ein neuer März.
Immer wieder bringt er neue Blumen,
immer wieder Licht in unser Herz.

Hokuspokus steckt der Krokus
seine Nase schon ans Licht.

Immer wieder kommt ein neuer Frühling ...

Auch das Häschen steckt sein Näschen
frech heraus aus seinem Bau.

Immer wieder kommt ein neuer Frühling ...

Still und leise hat die Meise
sich ein neues Nest gebaut.

Immer wieder kommt ein neuer Frühling ...

Auch die Schlange freut sich lange
schon auf ihre neue Haut.

Immer wieder kommt ein neuer Frühling ...

Und die Sonne strahlt voll Wonne,
denn der Winter ist vorbei.

Mußte sich geschlagen geben,
ringsherum will alles leben.
Farbenpracht aus Schnee und Eis,
so schließt sich der Lebenskreis.

Immer wieder kommt ein neuer Frühling ...

Immer wieder bringt er neue Blumen,
immer wieder Licht in unser Herz.

Musik und Text: Rolf Zuckowski
© by MUSIK FÜR DICH Rolf Zuckowski OHG, Hamburg

Illustr. Buch: SIK 1130
Noten: SIK 1129, SIK 1143

Ich bin sauer

Ich bin ein kleiner Wassertropfen,
aus dem Fels gebor'n.
Die Quelle hab' ich leider
aus den Augen längst verlor'n.
Ich weiß noch, daß ich viele Jahre
in der Erde schlief,
in einem stillen, klaren See,
so friedlich und so tief.
Dann zog mich was mit aller Kraft,
ich konnte mich nicht wehr'n.
Ich spürte nur, da will mich was
in meiner Ruhe stör'n.

Ich bin sauer, schlicht und einfach sauer!
Und ich frag' mich, wo das hinführt
auf die Dauer.

Ich bin sauer, schlicht und einfach sauer!
Wohin wird die Reise gehn?
Wird es schrecklich oder schön?
Werd' ich meinen stillen See
vielleicht noch einmal wiedersehn?

Man sagt, daß so ein Wassertropfen
viel erleben kann,
und auch für mich fing alles
wie ein Abenteuer an.
Ein kleines Bächlein zeigte mir
den Weg hinab ins Tal,
das plätscherte und gurgelte
und spritzte tausendmal.
Ich sah die ersten Tiere
und auch Menschen dann und wann;
doch schon beim ersten Dorf,
da fing es mir zu stinken an.

Ich bin sauer ...

Was wird aus einem Wassertropfen,
der die Stadt erreicht?
Er treibt in einem Fluß dahin
und hat's bestimmt nicht leicht.
In jeder Biegung lauert eine andere Gefahr.
Sogar die Fische sind betrübt
und gucken sonderbar.
Ich fragte mich, was da wohl alles
noch im Wasser schwimmt,
und fühlte wie die Fische,
daß da irgendwas nicht stimmt.

Ich bin sauer ...

So mancher kleine Wassertropfen
treibt hinaus aufs Meer.
So wär's auch mir ergangen,
wenn ich nicht verdunstet wär'.

Ich hab' mich mit Millionen Tropfen
einfach aufgelöst
und dann in einer Wolke
lange vor mich hin gedöst.
Auf einmal bin ich aufgewacht
und fühlte mich so krank.
Was stieg da bloß zu uns herauf?
Ein schrecklicher Gestank!

Ich bin sauer ...

Ich hab's als kleiner Wassertropfen
ziemlich weit gebracht;
doch seht mich an und sagt mir,
was habt ihr aus mir gemacht?
Da vorn kommt ein Gebirge
und ein großer grüner Wald.
Wir rücken eng zusammen,
denn hier oben wird es kalt.
Ich kann mich kaum noch halten,
mach' mich für den Flug bereit.
Ich falle - und ich frag' mich,
ob sich jemand auf mich freut.
Immer näher kommt die Erde,
wo ich bald versickern werde,
um den vielen Bodenschichten
von der Reise zu berichten,
und ich find' mit etwas Glück
auch zu meinem stillen, klaren See zurück.

Musik und Text: Rolf Zuckowski
© by MUSIK FÜR DICH Rolf Zuckowski OHG, Hamburg

Illustr. Buch: SIK 1130
Noten: SIK 1129, SIK 1137

Meine Heimat ist ein kleiner, blauer Stern

Meine Heimat ist ein kleiner, blauer Stern,
all die andern scheinen unerreichbar fern.
Meine Heimat ist ein winziger Planet,
und ich frag' mich, wie es mit ihm weitergeht.

Seine Berge woll'n den Himmel fast berühr'n,
seine Täler woll'n das Licht
zum tiefsten Grund entführ'n.
Seine Vögel steigen auf im Sommerwind,
wenn sie spüren, daß ein neuer Tag beginnt.

Meine Heimat ist ein kleiner, blauer Stern ...

Seine Meere leuchten hell im Sonnenschein,
seine Wälder fangen still den Morgennebel ein.
Seine Kinder glauben felsenfest daran,
daß soeben ihre Zukunft erst begann.

Meine Heimat ist ein kleiner, blauer Stern,
all die andern scheinen unerreichbar fern.
Meine Heimat ist ein winziger Planet,
der sich schwerelos um seine Sonne dreht.

Musik und Text: Rolf Zuckowski
© by MUSIK FÜR DICH Rolf Zuckowski OHG, Hamburg

Noten: SIK 1129

anke

Die Ähre kann die Körner kaum noch tragen,
der Wind malt seine Bilder hinein ins Weizenfeld,
träumt glücklich von vergang'nen Sommertagen,
und grade so wie ihm geht's vielen auf der Welt.

"Danke", denkt der Apfelbaum,
"danke für den Sommertraum."
Nur die Made denkt sich:
"Schade, daß man mir die Wohnung raubt."

"Danke", denkt der Schmetterling,
"danke, daß mich niemand fing",
und noch einmal neigt die Sonnenblume
würdevoll ihr Haupt.

Die Trauben hängen schwer an ihren Reben,
und lächelnd schickt die Sonne ihr warmes Licht ins Tal.
Die Blumen sammeln Kraft für neues Leben,
und glitzernd fängt der Bach den letzten Sonnenstrahl.

"Danke", denkt das Schwalbenpaar,
"danke für die Kinderschar",
und der Biber freut sich über
seinen neuen Winterbau.

"Danke", denkt die Biene auch,
"danke für den Fliederstrauch",
und der Igel führt ein Freudentänzchen
auf mit seiner Frau.

Musik und Text: Rolf Zuckowski
© by MUSIK FÜR DICH Rolf Zuckowski OHG, Hamburg

Noten: SIK 1129, SIK 1143

Kommt, wir woll'n Laterne laufen

Sommerkinder fangen Sonnenstrahlen
und hüten sie wie ihren größten Schatz,
doch wenn die Tage kürzer werden, ist es bald soweit,
dann bringen sie uns Licht und Wärme in die Dunkelheit.

Kommt, wir woll'n Laterne laufen,
zündet eure Kerzen an!
Kommt, wir woll'n Laterne laufen,
Kind und Frau und Mann.

Kommt, wir woll'n Laterne laufen,
das ist unsre schönste Zeit.
Kommt, wir woll'n Laterne laufen,
alle sind bereit.

Hell wie Mond und Sterne
leuchtet die Laterne
bis in weite Ferne
übers ganze Land.
Jeder soll uns hören,
kann sich gern beschweren:
"Diese frechen Gören,
das ist allerhand!"

Kommt, wir woll'n Laterne laufen,
heute bleibt das Fernseh'n aus.
Kommt, wir woll'n Laterne laufen,
keiner bleibt zu Haus.

Kommt, wir woll'n Laterne laufen,
nein, wir fürchten nicht die Nacht.
Kommt, wir woll'n Laterne laufen,
das wär' doch gelacht.

Hell wie Mond und Sterne ...

Kommt, wir woll'n Laterne laufen,
bis das letzte Licht verglüht.
Kommt, wir woll'n Laterne laufen,
singt mit uns das Lied:

Hell wie Mond und Sterne ...

Das ist allerhand!

Musik und Text: Rolf Zuckowski
© by MUSIK FÜR DICH Rolf Zuckowski OHG, Hamburg

Illustr. Buch: SIK 1130
Noten: SIK 1129, SIK 1137, SIK 1143

as Wetter

Nebelschwaden, Nebelschwaden
kriechen durch den Fensterladen,
kriechen in den Blumentopf,
aber nicht in meinen Kopf!

Das Wetter, das Wetter
spielt wieder mal verrückt.
Man könnte verzweifeln,
wenn man hinauf zum Himmel blickt.
Wir hätten so gerne
ein bißchen Sonnenschein.
Wie kann man nur so launisch
wie das Wetter sein?

Regentropfen, Regentropfen,
die an unser Fenster klopfen,
rieseln auf den Regenschirm,
aber nicht in mein Gehirn!

Das Wetter, das Wetter ...

Schneegestöber, Schneegestöber,
einmal fein und einmal gröber,
macht die Erde weiß und still,
aber ich sing', wann ich will!

Das Wetter, das Wetter ...

Musik und Text: Rolf Zuckowski
© by MUSIK FÜR DICH Rolf Zuckowski OHG, Hamburg

Noten: SIK 1129

Ein Schmetterling im Tannenbaum

Es war im letzten Jahr zur Weihnachtszeit,
wir machten unser Zimmer für das Fest bereit.
Da stand der Tannenbaum noch frisch und grün,
und unsre Augen waren nur noch da für ihn.

Er war noch ungeschmückt und doch so schön.
Wir konnten alle Weihnachsträume in ihm sehn.
Doch das, was dann geschah, das war das allergrößte Ding:
Unser Kleinster rief: "Da sitzt ein Schmetterling."

Ein Schmetterling!

Ein Schmetterling im Tannenbaum,
wir trauten unsern Augen kaum,
der Frühling kam zu uns zurück
für einen kurzen Augenblick.
Ein Schmetterling im Tannenbaum
war unser schönster Weihnachtstraum,
wir fühlten, daß es einen gibt,
der auch das allerkleinste Leben liebt.

Wir saßen alle da im Lampenlicht,
Weihnachtskerzen gab's in unserm Bäumchen nicht,
denn unser kleiner Freund war dort zu Haus
und flog in seinen grünen Zweigen ein und aus.

Dann kam die stille Zeit der heil'gen Nacht.
Wir haben sie noch nie so unbeschwert verbracht.
Und nach dem Weihnachtsfest hat er sich irgendwo versteckt.
Wir haben ihn bis heute nicht entdeckt.

Den Schmetterling!

Ein Schmetterling im Tannenbaum ...

Und wird in diesem Jahr der Baum mit Schmuck behängt,
dann wissen wir, was jeder von uns denkt.

Ein Schmetterling im Tannenbaum
war unser schönster Weihnachtstraum,
wir fühlten, daß es einen gibt,
der auch das allerkleinste Leben liebt.

Der auch das allerkleinste Leben liebt.

Musik und Text: Rolf Zuckowski
© by MUSIK FÜR DICH Rolf Zuckowski OHG, Hamburg

Noten: SIK 1129

Jeder kennt das Problem mit dem entscheidenden Teil für ein Puzzle oder mit dem Legostein, ohne den der ganze Phantasiebau nicht tragen will. Mir ging es lange Zeit ähnlich mit der Idee von der "Jahresuhr". Wie soll das Lied aussehen, das einerseits den Ausklang des Jahres, andererseits aber den sich neu öffnenden Jahreskreis besingt? Das Erlebnis vom "Schmetterling im Tannenbaum" hatte mir eine Hörerin der NDR Welle Nord im Interview am Neujahrstag in meiner Sendung "Sonntagskinder" erzählt. Uns selbst waren zu Hause auch schon manche Tiere aus dem Tannenbaum entgegengekrochen, aber noch kein Schmetterling. Es dauerte eine Weile, bis ich dieses Bild symbolisch sehen konnte: Das wirkliche, bunte Leben im Tannenbaum, der mit seinem Grün und dem Licht vor allem symbolisch auf uns wirken soll. Hier begegneten sich auf einmal zwei Jahreszeiten: der Frühling und der Winter. Auf einer langen Fahrt von Hamburg an die Mosel entstand schließlich der Text. Die Geschichte mag vielen unwirklich vorkommen, aber sie stimmt. Die "Zeugin" lebt irgendwo in Schleswig-Holstein. Leider habe ich keinerlei Notizen über ihren Namen und ihren Wohnort gefunden. Ich würde mich so gerne für dieses Schmuckstück meiner Jahresuhr bedanken.

Wieviel Farben hat die Welt

Wieviel Farben hat die Welt?
Frag den Regenbogen,
der am hohen Himmelszelt
seine Bahn gezogen.
Was dein Auge sehen kann,
zeigt er dir so schön.
All die andern Farben kann
nur dein Herz verstehn,
kann nur dein Herz verstehn.

Wieviel Farben hat die Welt?
Mußt die Blumen fragen,
die auf Halmen ungezählt
ihre Blüten tragen.
Sieh die bunte Farbenpracht,
die im Licht erblüht,
und dann such in dunkler Nacht,
was dein Herz nur sieht,
such, was dein Herz nur sieht.

Wieviel Farben hat die Welt?
Frag die Edelsteine.
Mancher wurde viel zu schnell
blind von ihrem Scheine.
Was ihr Funkeln und ihr Glanz
dir auch je verspricht,
was du mit dem Herzen siehst,
glänzt auch ohne Licht,
das glänzt auch ohne Licht.

Musik und Text: Rolf Zuckowski
© by MUSIK FÜR DICH Rolf Zuckowski OHG, Hamburg

Noten: SIK I 129

Meine schärfste, aber auch liebste Kritikerin.

 Lieber Rolf Zuckowski?

Danke schön , für die Lieder, die Du immer

singst. Weil Du so schön singst und die Lieder gefallen

uns so gut. Besonders Ryrksonglynkes, und

da besonders „... nur ich, ich bin ein armes Schwein...",

weil man da mal „Schwein" sagen darf, ohne ge-

schimpft zu bekommen. Im Kindergarten

hören wir ganz oft Deine Cassetten an, oder singen

einfach so (ohne Musik). Das macht viel Spaß

Weil Du uns Deine Lieder geschenkt hast, wollen

wir Dir auch etwas schenken. Wir haben

alle zusammen ein Herbst-Igel-  Mobile ge-

bastelt. Hoffentlich gefällt es Dir.

Lieber Rolf Zuchowski,
ich glaube, das, was Astrid
Lindgren durch ihre Bücher
bewirkt, bewirken Sie durch
Ihre Musik: Unzählige
Kinder werden in ihrer
Traurigkeit getröstet, erfahren
Wärme und Hoffnung.
Ich habe drei Kinder, die
3, 4 1/2 u. 11 Jahre alt sind.
Durch ihre Lieder schenken
sie viel Freude. Ich selbst
spüre auch eine tiefe Sehn-
sucht, die bei mir an-
gesprochen wird. Ich danke
Ihnen für Ihre Musik!
Herzliche Grüße

An
RADIO LOLLIPOP
Postfach 551030
2000 Hamburg 55

Liebe Kinder - Lieber Rolf
Endlich wird es Zeit, daß wir, das heißt meine Enkelkinder und
ich, uns bei Euch für die schönen Lieder, die Ihr für alle Kinder
in der Welt singt, ein herzliches DANKESCHÖN aussprechen. Wir
verleben jedes Jahr eine Enkelkinderwoche miteinander. Immer gibt
es dann etwas Neues. Im vergangenem Jahr haben wir unsere Wanderungen in
meiner (Omas) Heimat gemacht und am Ende Stand wieder unsere Abschieds-
partie. Sie Stand unter dem Motto: Die Vogelhochzeit. Eure Kassetten
sind immer ein Thema für lustige Abende die wir alle miteinander
verbringen. Auch verkleiden wir uns dann. Ich, Oma, mache natürlich
mit. In diesem Jahr Werden wir ein internationales Fest geben.
Motto : Lieder, die wie Brücken sind. Das Lied, - Mein Freund Abdullah -
zu kennen ist dann Pflicht.
Lieber Boss Rolf, Ihre Lieder begeistern mich immer wieder. Sie haben
sehr viel Herz und in allen steckt ein tiefer Sinn darin. Möchten alle
Erwachsenen das verstehen, dann wäre unsere Welt kinderfreundliche.
Die Kinder hätten mehr vertrauen zu uns Großen. Leider vergißt
mancher von sich selbst, daß er ein Kind war - mit Fehlern und mit
Angst.

                    Ihnen allen bei RADIO LOLLIPOP
                    alles Liebe. Macht so weiter

Der Grund, warum ich Ihnen schreibe, ist folgender: Deutsche Freunde von uns arbeiten bei den Vereinten Nationen in New York. Der Sohn der beiden besucht den Kindergarten der U.N. Beim letzten Besuch in Deutschland baten uns unsere Freunde um eine pfiffige Kinder-Kassette, da es im UN-Kindergarten üblich ist, daß jedes Kindergartenkind eine Kassette aus seinem Heimatland mit-bringt, die dann nach dem Frühstück gespielt wird. Wir gaben unseren Freunden die Kassette "Der Kindergarten" von Ihnen mit. Nun bekamen wir gestern einen Anruf aus New York. Ihre Lieder kamen bei sämtlichen Nationalitäten sehr gut an. Die Kinder und Eltern sind begeistert von Ihren Liedern. Ein chinesisches Mäd-chen soll Ihr größter Fan im UN-Kinder-garten sein. Da wir im April in die USA fliegen, werden wir mit weiteren Kassetten für "Nachschub" sorgen können.

Nasenküsse -

weil: bevor ich Krankenschwester angefangen
hat zu lernen, arbeitet ich in einem Altenheim.
Dort lebte eine Frau, die unter Epilepsie leidet.
Meistens aber sie sehr ruhig u. in sich gesunken.
Ich habe oft dieses Lied einfach so gesungen
und plötzlich sang sie mit mir und lachte
mit mir. Das hat mich ganz glücklich gemacht.

Ich schaff das schon

- Ich höre es immer, wenn ich mal so ganz „down"
bin, das hilft mir wieder aufzustehen. Wenn
ich's dann höre, singe ich ganz laut mit
und dann geht es mir schon viel besser

Meist beginnt unser Tag mit Deiner JAHRESUHR. Und ich finde
sie mindestens ebenso toll wie meine drei Kinder. Ich tanze
zwar nicht und singe selten mit, aber schmunzelnd liege ich
im Bett, freue mich, daß niemand ein Niemand ist, daß heute
wieder ein fröhlicher Tag auf unserem kleinen, blauen Stern
beginnt und bin sauer mit dem Wassertropfen.

Vor dreieinhalb Jahren übernahm ich wieder ein erstes Schuljahr.
Schon im nächsten Jahr nahmen fast alle (17) an einem von mir geleiteten
Gitarrenkurs teil.Und dann passierte es: ich entdeckte,daß einer
mit dem Keyboard gut umgehen kann und ein anderer Schlagzeug(!)
spielen kann.Ich konnte ihn sogar beraten, da ich einige Zeit in
einer Rockband Schlagzeug spielte.
Sofort wurde der Klassenraum umgestaltet: Auf der einen Seite stehen
die Tische und Stühle, auf der anderen Mischpult , Boxen, Keyboard,
Schlagzeug und vier Mikrophone. Eine wunderbare Zeit begann: jeden
Vormittag wurde nach getaner Arbeit oder zur Entspannung Musik gemacht. Schnell stellten wir fest, daß uns die Lieder von Ihnen am
meisten liegen.So entstand unser Klassenorchester.Ein Junge übernahm inzwischen eine E-Gitarre. Im Moment proben wir das Lied: " Wir
sind Kinder.."Ein diebisches Vergnügen bereitete uns ein Auftritt
im Rahmen der Aktion "Hessens Schulen musizieren"Vor 5oo Leuten
spielten vor allem ältere Jugendliche von Gymnasien Stücke
Klassischer Musik mit verkniffenen Gesichtern.Als wenn sie keinen
Spaß hätten.Höflicher Beifall folgte.Nach unserem Auftritt tobte der
Saal .Das hatten die Kinder nicht erwartet.Mir wurde ganz klar,wie
sehr Musik mit Spaß verbunden sein muß.Es reicht auch nicht , nur
überlieferte Volkslieder zu singen.Man muß selber merken (und die
Zuschauer auch),daß man sich mit dem identifiziert, was man singt.
Deshalb mögen wir unsere Lieder,die ja von Ihnen stammen.Dafür wollen
wir uns bedanken.

Lieber Rolf Zuckowsky
Ehe mich der Mut verläßt, schreibe ich (38J.)
den ersten Fan - Brief meines Lebens.

          Ich bekomm immer gute Laune,
wenn wir die Kassetten hören, muß immer
noch schmunzeln oder lachen (oder fühl die
Tränen aufsteigen vor Rührung — echt!—). Wir
finden uns oder unsere Freunde immer wieder in so
vielen Liedern wieder.

Marianne

„Wir haben schon schöne
Lieder von Dir gelernt!"
(Marianne)
„Wir hören jeden Tag Deine
Musik von unseren Kassetten.
Wir haben viele davon!"
(Johannes)
„Wir würden Dich auch gern
mal besuchen, aber das geht
ja leider nicht! (Anna)

Viele Grüße aus Weimar
senden Dir die Kinder
der Gruppe 7 im
Kindergarten „Zwergenland"
und ihre Erzieherin
Christine Schierneck!

Anna

PS.: Wir schicken Dir ein Foto von unseren
Proben zur „Vogelhochzeit" und Bilder,
welche die Kinder für Dich gemalt haben!

Lieber Rolf und liebe Freunde

Wir, das sind Helen 4½, Linda 8,
Robin 12 Wochen und Mami Britta 27 Jahre,
danken Euch ganz herzlich für die schönen
Lieder. Wir wünschen uns von Euch,
macht bitte weiter so schöne Musik, die nicht
nur für Kinder hörenswert ist !!!

Am liebsten mag ich, die Mami, das schöne
Lied „Dein kleines Leben". Ein richtiges
Gänsehaut-Lied.
Das Lied vom Großpapa ist auch schön,
leider zu schön um wahr zu sein. Wo findet
man heute noch solche Großväter. In der heutigen
Zeit gibt es auch unter Großvätern Hektik und
Streß. Leider!
Viele, liebe Grüße an Woody und Ständer.
Wir warten schon gespannt auf die nächste
Kassette von Euch, vielleicht mit einem schönen
Wiegenlied.

       Helen, Linda, Robin
       und Eltern

       Glück ist, sein Kind zu lieben.
       Das größte Glück jedoch ist
       von seinem Kind geliebt zu werden.

Lieber Rolf

Ich bin Birgit aus der Klasse 4a.
Deine Lieder sind super, vor allem
die Vogelhochzeit. Wir haben unsere
Kostüme selber gebastelt. In 6 Wochen
haben wir unsere Lieder auswendig
gelernt. Unsere schöne Dekoration
haben wir selbstverständlich selbst
gebastelt. Unsere Bühne wahr auch
toll. Eure Vogelhochzeit war auch
toll, doch eure Bühne war schöner
als unsere. Wir waren auch in der Jugend-
herberge. Da haben wir auch geprobt. Und
zum Schluß war die generalprobe. Unsere
Vorfurung war auf unsere schönen
Schulfest. Das ganze stück wurde mit
einer Vidiokamera aufgenommen. Zum
Schluß bekamen wir viele Beifall.

Birgit

Hallo Rolf Zuckowski!
Hallo liebe Kinder!

Ich arbeite als Spiel- und Bewegungstherapeutin
auf 3 Stationen mit schwerkranken, behinderten
Kindern und wollte Euch einmal für Eure tollen
Lieder danken. Ich besitze fast alle Cassetten und
habe sie den ganzen Tag in meinem Therapiezimmer laufen.
Es ist sehr schwierig gute Cassetten mit Kinder-
liedern zu bekommen. Aus Euren Liedern spürt
man heraus, daß Ihr Kinder gern habt und sie
versteht.
Meine Kinder auf Station wissen, daß wenn ich sie
ins Therapiezimmer hole, immer Eure Musik läuft.
Und sie protestieren, wenn ich den Cassettenrecorder
mal ausgeschaltet habe.
Vielen Dank für die Freude, die Ihr uns mit
Euren Liedern macht. Und macht weiter so!

Noch ein besonderer Dank für die Lieder: Zeit für Kinder, Zeit für uns
In denen so ehrlich das Zusammenleben mit Kindern beschrieben wird
Unsere Tochter ist jetzt auch in dem Alter, wo wir am Ende eines Tages k.o.
und glücklich sind. Wir haben sie auch wochenlang auf dem Arm durch
die Wohnung getragen und finden es schön, morgens im Bett mit ihr zu
kuscheln. Wahrscheinlich werden wir mit ihr auch einmal auf die Schule schimpfen.
Ich wünsche mir, daß es uns gelingt, auch in Claudia den Baum Hoffnung,
Liebe und Frieden zu pflanzen (und mit ihr zu fühlen, daß sie glücklich ist)

Rolfs neue Schulweghitparade
1993

Mit Anne, Andreas, André, Antje, Anuschka, Baraah, Daniel, Fee, Florian, Jörg, Jule, Julia, Kai, Marc, Marieke, Nona, Sandra, Sonja, Simon und Sylke.

Titel:

- Mein Weg zur Schule
- Hallo, siehst du mich?
- Schulbus
- Alle machen Fehler
- Rot und Grün
- Es ist Rot, Elfriede
- Was zieh' ich an?
- Aus der Traum
- Ich hab' mich verlaufen
- Mein Platz im Auto ist hinten
- Zebrastreifen
- Zwischen den Autos
- An meinem Fahrrad ist alles dran
- Wo kein Gehweg ist
- Heute bleibt das Auto stehn
- Linker Schuh - rechter Schuh
- Deine Welt - meine Welt

„Diese CD/MC ist das Ergebnis vieler hundert Konzerte und Veranstaltungen rund um das Thema Verkehrssicherheit. Vom kleinen Schulfest bis zur Großveranstaltung habe ich viele Spielarten der Schulweg-Hitparade angeregt und kennengelernt. Die Zusammenarbeit mit engagierten Mitstreitern der etablierten Organisationen ermöglichte mir manchen Einblick in die Feinheiten (auch Meinungsunterschiede) der Verkehrserziehung. Sowohl die Überarbeitungen der Lieder von 1979 wie auch die neuen Lieder wären ohne die freundschaftliche Zusammenarbeit mit Kindergruppen, Pädagogen und Eltern nicht möglich gewesen. Ich möchte hier allen danken, die so viel Kraft und Ideen investieren, damit unsere Kinder nicht ganz untergehen im Straßenverkehr der Erwachsenen.

Es fiel mir alles andere als leicht, an dermaßen gestandene Lieder noch einmal heranzugehen. Ich rechnete mit Widerspruch und Kritik, fand aber durchweg Verständnis und Zustimmung. Ein Beispiel soll hier für alle Veränderungen stehen: Im zweiten Vers des Liedes "Zebrastreifen" wurde das Handzeichen des Autofahrers besungen ("Winkt er mir zu, dann guck' ich bloß..."). Handzeichen sind für beide Seiten im Straßenverkehr eine äußerst heikle Angelegenheit, sie können leicht zu Mißverständnissen und damit erhöhter Gefahr führen. In der neuen Version heißt es jetzt: "Und bleibt es stehn, dann guck' ich bloß..." Daß es nun auch in unserer "Schulweg-Hitparade" den Sicherheitsgurt für Kinder und den Fahrradschutzhelm gibt, scheint heute schon selbstverständlich.

Mit neuen Liedern wie "Heute bleibt das Auto stehn" und "Aus der Traum" und mit dem insgesamt frischeren Sound kann dieses Album nun wieder einige Jahre seinen Beitrag dazu leisten, Kinder von etwa fünf bis elf Jahren verkehrssicherer zu machen, ohne daß es dabei zu sehr nach Erziehung riecht.

Unser Simon sang mit "Heute bleibt das Auto stehn" zum letzten Mal ein Lied mit seiner "Kinderpower-Stimme", dann machte sich unwiderruflich der Mann im Kind (vor allem im Kehlkopf) bei ihm bemerkbar. Kai stellte sich gemeinsam mit Andreas vor und sang stellvertretend für Millionen Kinder: "Mein Platz im Auto ist hinten". Richtig in die Gruppe hineingewachsen war inzwischen auch Nona, die ich aus über 3000 Kindern bei unserer Hamburger Verkehrssicherheits-Show mit einem Handscheinwerfer treffsicher im Publikum fand. Keine andere Freundschaft hat je mit einer solchen "Erleuchtung" begonnen.

Die Gelegenheit dieser Neuveröffentlichung erschien mir günstig, um zusätzlich zur CD und MC einige Begleitmedien zu erarbeiten. Heute gibt es außer dem Notenheft ein "Mach-mit-Heft" für Kinder, ein "Ideenbuch" für Schulen und Kindergärten sowie eine Playbackkassette für alle, die zum Orchester selber singen wollen. Für diese Medien, wie auch für die Überarbeitung der Lieder, fand ich in Michael Heß einen fachkundigen und einfühlsamen Partner. In Zusammenarbeit mit ihm und dem Deutschen Verkehrssicherheitsrat entstand 1992 die ZDF-Sendung "Rolfs Schulweg-Hitparade", die inzwischen auch als Video erschien. Sie wurde mit dem Christophorus-Preis für Verkehrssicherheit ausgezeichnet. Die Deutsche Verkehrswacht unterstützt das gesamte Programm auf allen Ebenen und machte dies 1993 durch die Verleihung des Deutschen Verkehrsicherheitspreises deutlich.

Mein Weg zur Schule

Mein Weg zur Schule ist nicht schwer,
i-ei-i-ei-oh.
Ich geh' ihn täglich hin und her,
i-ei-i-ei-oh.

Aus dem Haus, gradeaus,
an der Fahrbahn bleib' ich stehn.
Ich seh' nach links und rechts und links,
wenn alles frei ist, kann ich gehn.
Mein Weg zur Schule ist nicht schwer,
i-ei-i-ei-oh.

Mein Weg zur Schule ist nicht schwer,
i-ei-i-ei-oh ...

Aus dem Haus, gradeaus ...

Und an der großen Kreuzung dann
seh' ich mir erst die Ampel an,
und springt sie um von Rot auf Grün,
dann kann ich endlich weiterziehn.
Mein Weg zur Schule ist nicht schwer,
i-ei-i-ei-oh.

Mein Weg zur Schule ist nicht schwer,
i-ei-i-ei-oh ...

Aus dem Haus, gradeaus ...

Und an der großen Kreuzung dann ...

Zur nächsten Ecke geh' ich hin,
bis ich am Zebrastreifen bin,
und da kann ich erst weitergehn,
wenn wirklich alle Autos stehn.
Und drüben treff' ich jeden Tag
die besten Freunde, die ich hab'.
Wir gehn zusammen, das ist klar,
nach ein paar Schritten sind wir da.

Mein Weg zur Schule ist nicht schwer,
i-ei-i-ei-oh.
Ich geh' ihn täglich hin und her,
i-ei-i-ei-oh.

Musik: Trad.   Bearb. und Text: Rolf Zuckowski
© by MUSIK FÜR DICH Rolf Zuckowski OHG, Hamburg

Illustr. Bücher: SIK 1139, SIK 1140
Noten: SIK 995

Hallo, siehst du mich?

"Hallo, siehst du mich?"
"Hallo, siehst du mich?"
"Hallo, siehst du mich?"

Kinder sind oft nicht zu sehn,
wenn sie an der Fahrbahn stehn,
sind verdeckt von großen Sachen,
die das Gucken schwerer machen.

"Hier bin ich."
"Wo bist du? Ich kann dich nicht sehn."
"Ich will hier aber rüber jetzt!"
"Bleib lieber erst mal stehn."
"Links, rechts, links."

"Hast du wirklich richtig hingeguckt
oder nur so mit dem Kopf gezuckt?
War da wirklich alles frei für dich,
oder etwa nicht?
Denkst du wirklich jedesmal daran,
daß man dich vielleicht nicht sehen kann?
Frag dich vorsichtshalber so wie ich:
Hallo, siehst du mich?"

"Hallo, siehst du mich?"

Müllcontainer, Bretterzaun,
Autos und ein dicker Baum,
so was steht an vielen Ecken,
laß dich davon nicht verdecken.

"Hier bin ich."
"Wo bist du?
Ich kann dich nicht sehn."

"Ich will hier aber rüber jetzt!"
"Bleib lieber erst mal stehn."
"Links, rechts, links."

"Ich hab' wirklich richtig hingeguckt
und nicht nur so mit dem Kopf gezuckt.
Da war wirklich alles frei für mich,
darum frag' ich dich:
Denkst du wirklich jedesmal daran,
daß man Kinder oft nicht sehen kann?
Frag dich vorsichtshalber so wie ich:
Hallo, siehst du mich?"

"Hallo, siehst du mich?"
"Hallo, siehst du mich ..."

Musik und Text: Rolf Zuckowski
© by MUSIK FÜR DICH Rolf Zuckowski OHG, Hamburg

Illustr. Bücher: SIK 1139, SIK 1140
Noten: SIK 995

Schulbus

Schulbus, Schulbus,
jeden Morgen treff' ich dich.
Schulbus, Schulbus,
und manchmal wart' ich lang auf dich.
Schulbus, Schulbus,
und ist die Schule aus,
dann steig' ich ein
und freu' mich schon
auf meine Fahrt nach Haus.
Dann steig' ich ein
und freu' mich schon
auf meine Fahrt nach Haus.

Jeden Morgen muß ich aufstehn.
Oh, wie blöd!
Sonst verpass' ich meinen Bus
und komm' zu spät.
Doch ich mag nun mal nicht rennen.
Oh, nein, nein!
Lieber steig' ich langsam und
gemütlich ein.

Schieben, Schubsen, Meckern, Motzen
finde ich zum oh-la-la-la ...

Schulbus, Schulbus ...

Und im Bus ist eine Stimmung,
Mann-oh-Mann!
Hallo, Fahrer,
stell doch mal das Radio an!
Dann vergeht die Zeit noch schneller
bis nach Haus,
und jeder steigt am Schluß mit guter
Laune aus.

Schieben, Schubsen, Meckern, Motzen
finde ich zum oh-la-la-la ...

Schulbus, Schulbus ...

Musik und Text: Rolf Zuckowski
© by MUSIK FÜR DICH Rolf Zuckowski OHG, Hamburg

Illustr. Bücher: SIK 1139, SIK 1140
Noten: SIK 994, SIK 995

lle machen Fehler

Alle machen Fehler.
Alle machen Fehler.
Keiner ist ein Supermann.
Alle machen Fehler.
Alle machen Fehler,
weil das mal passieren kann.

Alle machen Fehler.
Alle machen Fehler,
aber ich geb' acht
und passe doppelt auf,
denn ich nehm' nichts in Kauf
bei Tag und auch bei Nacht.

Der Autofahrer, der am Steuer sitzt
und in der heißen Mittagssonne schwitzt,
der wird geblendet durch das Sonnenlicht,
und so gut, wie er's gern möchte, sieht er nicht.

Alle machen Fehler ...

Das Pärchen auf dem starken Motorrad
fährt auf der nassen Fahrbahn durch die Stadt.
Sie denken beide hoffentlich daran,
daß man bei Nässe nicht gut bremsen kann.

Alle machen Fehler ...

Der Junge, der da schnell zur Schule rennt,
hat heute morgen wohl die Zeit verpennt.
Bei dieser Hetzerei kann viel passier'n.
Nur ruhig Blut und nicht den Kopf verlier'n.

Alle machen Fehler ...

Musik und Text: Rolf Zuckowski
© by MUSIK FÜR DICH Rolf Zuckowski OHG, Hamburg

Illustr. Bücher: SIK 1139, SIK 1140
Noten: SIK 995

ot und Grün

Rotes Licht und Grün,
das kann doch jeder leicht verstehn.
Bei Rot halt an
und denk daran:
Bei Grün, da darfst du gehn.
Ja, rotes Licht und Grün,
das gilt im Dorf und in der Stadt:
Bei Rot, da darf man niemals gehn,
auch nicht, wenn man's eilig hat.

So oft kann man Erwachs'ne sehn,
die bei Rot über die Fahrbahn gehn;
doch die sind wohl nur farbenblind,
denn das weiß heut' doch jedes Kind:

Rotes Licht und Grün ...

Damit mir nichts passieren kann,
denk' ich an jeder Ampel dran,
daß ich, bevor ich rübergeh',
noch mal nach allen Seiten seh'.

Rotes Licht und Grün ...

Doch auch bei Grün,
man glaubt es kaum,
kann keiner seinem Glück vertrau'n,
und darum heißt es, auch beim Gehn
nochmal nach links und rechts zu sehn.

Rotes Licht und Grün ...

Musik und Text: Rolf Zuckowski
© by MUSIK FÜR DICH Rolf Zuckowski OHG, Hamburg

Illustr. Buch: SIK 1130, SIK 1139, SIK 1140
Noten: SIK 995

s ist Rot, Elfriede

Komm schon, Karl-Otto, nu mach mal 'n bißchen zu!

Ja, ja.

Och, wir müssen doch über die Straße!

Was???
Es ist Rot, Elfriede, Elfriede, Elfriede.
Es ist Rot, Elfriede, Elfriede, es ist Rot.

Na ja, aber da kommt nichts,
Karl-Otto, Karl-Otto, Karl-Otto.
Aber da kommt nichts, Karl-Otto,
Karl-Otto, da kommt doch nichts.

Na, na. Wart's ab, Elfriede ...

Ooch, ich hab's eilig, Karl-Otto ...

So, so. Äh, warum denn, Elfriede ...

Ooch, ich krieg' Besuch, Karl-Otto ...

Na und, von wem denn, Elfriede ...

Aach, von meiner Freundin, Karl-Otto ...

Und was will die denn, Elfriede ...

Wir woll'n Kaffee trinken, Karl-Otto ...

Oh Mann!! Ist das wichtig, Elfriede ...

Das ist sehr, sehr wichtig.
Aber sag mal, wo sind denn die Leute, Karl-Otto ...

Guck mal: Die sind drüben, Elfriede ...

Wieso das denn, Karl-Otto ...

Eben war grün, Elfriede ...

Na, das gibt es ja wohl nicht.
Na, denn mal los, Karl-Otto ...

Mmh - mmh! Guck mal:
Es ist Rot, Elfriede ...

Nee, guck mal, springt grade wieder um.

Oh ja. Nu mal los, nicht?

Ja, ja, los!

Nee, warte mal, guck erst mal nach links.
Ganz in Ruhe.

Ja, ja, ja, nun komm aber, Karl-Otto!

Warum hast du's eigentlich immer so eilig?

Ach, du weißt doch, ich hab' so furchtbar viel zu erledigen,
und du bist so'n Dröhnbüdel.

Was bin ich?

'n Dröhnbüdel!

Musik und Text: Rolf Zuckowski
© by MUSIK FÜR DICH Rolf Zuckowski OHG, Hamburg

Illustr. Bücher: SIK 1139, SIK 1140
Noten: SIK 995

Was zieh' ich an?

Was zieh' ich an, was zieh' ich an,
damit man mich auch gut sehen kann?
Gelb leuchtet hell,
Rot sieht man schnell,
Grau oder Braun,
das sieht man kaum.
Was zieh' ich an, was zieh' ich an,
damit man mich sehen kann?

Muß ich am Morgen früh aus dem Haus,
schau' ich noch schnell zum Fenster hinaus,
und ist es draußen trübe und grau,
sieht man mich schlecht, das weiß ich genau.
Wie kann man da noch fragen,
was sollte ich wohl tragen?

Was zieh' ich an, was zieh' ich an ...

Geh' ich im Dunkeln irgendwohin,
weil ich bei Freunden eingeladen bin,
dann denk' ich vorher wieder daran,
was man bei Nacht wohl gut sehen kann.
Wie kann man da noch fragen,
was sollte ich wohl tragen?

Was zieh' ich an, was zieh' ich an,
damit man mich auch gut sehen kann?
Weiß leuchtet hell.
Pink sieht man schnell.
Hellblau! Hellgrün! Rosa! Orange!
Was zieh' ich an, was zieh' ich an,
damit man mich sehen kann.

Ich nehm' die bunte Jacke
und denk' an dieses Lied,
damit man mich da draußen
im Dunkeln besser sieht.

Das zieh' ich an, das zieh' ich an,
damit man mich auch gut sehen kann.
Gelb leuchtet hell,
Rot sieht man schnell,
darum ist klar, daß ich erzähl':
Das zieh' ich an, das zieh' ich an,
damit man mich sehen kann.

Musik und Text: Rolf Zuckowski
© by MUSIK FÜR DICH Rolf Zuckowski OHG, Hamburg

Illustr. Bücher: SIK 1130, SIK 1139, SIK 1140
Noten: SIK 995, SIK 1287

us der Traum

Jan und Ali schießen mit dem Fußball hin und her,
die Gartenmauer trennt die beiden sicher vom Verkehr.
Daß diese beiden ausgebuffte Superkicker sind,
das weiß in ihrer Straße jedes Kind.

"Gib rüber, Janni, Doppelpaß und lauf!
Wir steigen in die Bundesliga auf."

Jan schießt eine Flanke, daß es knallt.
Der Ball fliegt auf die Straße,

"Ali, halt!!!"

"Aus der Traum, tut mir leid,
hier beginnt die Wirklichkeit.
Erst mal stehn, erst mal sehn,
ob nichts passieren kann.
Aus der Traum, ist doch klar,
hier ist viel zu viel Gefahr.
Erst mal stehn, erst mal sehn,
und dann kann's weitergehn."

Kim und Nina fahren mit dem Fahrrad auf dem Hof,
daß da so wenig Platz ist, finden beide ziemlich doof.
Sie träumen immer wieder, daß ihr Rad ein Pony wär',
und reiten wie die Wilden hin und her.

"Achtung, Kim! Ich bin schon neben dir.
Dieses Mal gewinn' ich das Turnier."

Sie kommen aus der Einfahrt im Galopp,
sind beinah auf der Straße,

"Nina, stopp!!!"

"Aus der Traum, tut mir leid ..."

"Aus der Traum, tut mir leid ..."

Musik und Text: Rolf Zuckowski
© by MUSIK FÜR DICH Rolf Zuckowski OHG, Hamburg

Illustr. Bücher: SIK 1139, SIK 1140
Noten: SIK 995

Ich hab' mich verlaufen

Fremde Straßen, fremde Häuser,
fremde Leute,
was ist denn hier nur los?
Meine Freunde sind zu Hause,
aber ich bin hier allein,
was mach' ich bloß?

Ich hab' mich verlaufen
und find' nicht nach Haus.
Wer kann mir nur helfen?
Wer kennt sich hier aus?
Ich hab' mich verlaufen,
doch mit etwas Glück
zeigt mir irgend jemand
den Weg zurück.

Mama hat gesagt:
"Frag 'nen Polizist",
doch was nützt mir der,
wenn hier keiner ist.
Mama hat gesagt:
"Geh in ein Geschäft",
doch davor sitzt ein Hund,
der mich anknurrt und kläfft.

Ich hab' 'ne Idee:

Die Briefträgerin.
Die zeigt mir den Weg
und hilft mir bestimmt.
Ich sag':
"Guten Tag, bitte helfen Sie mir."
Sie fragt mich: "Was ist?",
und ich sag' zu ihr:

"Ich hab' mich verlaufen
und find' nicht nach Haus.
Können Sie mir nicht helfen?
Kennen Sie sich hier aus?
Ich hab' mich verlaufen,
doch vielleicht hab' ich Glück
und finde mit Ihnen den Weg zurück."

Die Frau sieht mich an
und fragt, wo ich wohn'.
Ich sag' ihr die Straße,
denn die weiß ich schon.
Sie zeigt mir den Weg und sagt:
"Sei nicht bang,
du bist bald zu Haus,
der Weg ist nicht lang.
Du gehst gradeaus,
die Straße zurück,
dann links um die Ecke,
dort bei der Fabrik,
und hinter der Kirche,
da kannst du's schon sehn.
Von da sind es nur
ein paar Schritte zu gehn."

Ich hab' mich verlaufen,
doch jetzt find' ich nach Haus,
jetzt kann ich mir helfen,
jetzt kenn' ich mich aus.

Ich hab' mich verlaufen,
doch jetzt hab' ich Glück
und finde ganz einfach
den Weg zurück.

Unsre Straße, unsre Häuser,
meine Freunde,
ja, hier kenn' ich mich aus,
und ich glaube, ich geh' nie mehr
so weit fort ganz alleine
von zu Haus.

Musik und Text: Rolf Zuckowski
© by MUSIK FÜR DICH Rolf Zuckowski OHG, Hamburg

Illustr. Bücher: SIK 1139, SIK 1140
Noten: SIK 995

Mein Platz im Auto ist hinten

Mein Platz im Auto ist hinten,
im Sitz lehn' ich mich zurück.
Ja, hinten könnt ihr mich finden,
und vor der Fahrt mach' ich "klick".

Wir fuhren neulich nach Hause,
als plötzlich etwas geschah:
Vor uns, da bremste ein LKW,
weil ein Hund davorgelaufen war.

Meine Mutter stieg in die Bremse,
wir kamen grad' noch zum Stehn.
Die Einkaufstasche flog bis nach vorn,
doch mir ist nichts geschehn.

Mein Platz im Auto ist hinten ...

Meine Freundin hat mich am Sonntag
schon früh am Morgen geweckt,
mit einem weißen Verband am Kopf,
ich hab' mich richtig erschreckt.

Sie sagte: "Das war die Scheibe,
es ist im Auto passiert.
Mein Vater bremste, und ich saß vorn."
Da sagte ich zu ihr:

Mein Platz im Auto ist hinten ...

Musik und Text: Rolf Zuckowski
© by MUSIK FÜR DICH Rolf Zuckowski OHG, Hamburg

Illustr. Bücher: SIK 1139, SIK 1140
Noten: SIK 995

Zebrastreifen

Zebrastreifen, Zebrastreifen,
mancher wird dich nie begreifen.
Zebrastreifen, Zebrastreifen,
doch ich weiß Bescheid.
Zebrastreifen, Zebrastreifen,
alle, die dich nicht begreifen,
Zebrastreifen, Zebrastreifen,
die tun mir nur leid.

Fast überall ist viel Verkehr,
die Autos fahren hin und her,
und oft steh' ich am Fahrbahnrand
und denk': "Das ist doch allerhand!
Wie komm' ich hier nur rüber jetzt?
Das ist ja heute wie verhext!"

Doch dann seh' ich zur rechten Zeit
den Zebrastreifen, gar nicht weit.

Zebrastreifen, Zebrastreifen ...

Ich stell' mich an das blaue Schild,
damit man sieht, was ich hier will.
Ich hebe deutlich meine Hand
und seh' genau die Autos an,
und bremst ein Wagen,
dann schau' ich
dem Autofahrer ins Gesicht.
Und bleibt er stehn,
dann guck' ich bloß,
ob alle halten,
dann geht's los!

Zebrastreifen, Zebrastreifen ...

Musik und Text: Rolf Zuckowski
© by MUSIK FÜR DICH Rolf Zuckowski OHG, Hamburg

Illustr. Bücher: SIK 1130, SIK 1139, SIK 1140
Noten: SIK 995, SIK 1287

wischen den Autos

Wieder mal stehn hier die Autos dicht an dicht,
Ampel oder Zebrastreifen gibt es nicht.
Keine große Lücke, wo ich besser sehen kann,
doch ich muß hier rüber, also dann:

Zwischen den Autos am Rand der Straße
geh' ich ganz langsam vor mit der Nase.

Zwischen den Autos bleibe ich stehn.
Ich muß ja erst nach links und rechts sehn,
und noch mal nach links.

Nein, nein, nein,
ich lauf' doch nicht los!
Nein, nein, nein,
wer macht denn so was bloß?
Nein, nein, nein,
ich bin doch nicht blöd!
Nein, nein, nein,
nachher ist es zu spät.

Zwischen den Autos, die hier so parken,
ist es am besten, erst mal zu warten,
und ist die Fahrbahn links und rechts frei,
dann geh' ich los und guck' noch dabei.

Nein, nein, nein,
ich lauf' doch nicht los ...

Musik und Text: Rolf Zuckowski
© by MUSIK FÜR DICH Rolf Zuckowski OHG, Hamburg

Illustr. Bücher: SIK 1130, SIK 1139, SIK 1140
Noten: SIK 995, SIK 1287

An meinem Fahrrad ist alles dran

An meinem Fahrrad ist alles dran,
damit so leicht nichts passieren kann.
Wenn ich mich auf meinen Sattel schwing',
ist so ein Fahrrad ein starkes Ding.

Ich hab' 'ne Klingel am Lenker vorn,
und nebenan ist meine Handbremse,
und die bremst enorm.

Ich hab' 'ne Lampe, die scheint voran,
und mit dem roten Rücklicht hinten
sieht mich sicher jedermann.

An meinem Fahrrad ist alles dran ...

Mein Katzenauge, das strahlt zurück,
auch an den Füßen die Pedale
leuchten auf beim ersten Blick.

In meinen Speichen ist etwas drin:
Vier Reflektoren blinken gelb,
damit ich gut zu sehen bin.

An meinem Fahrrad ist alles dran ...

Zwei große Strahler, die leuchten hell,
nach vorne weiß, nach hinten rot,
ja, die sieht wirklich jeder schnell.

Und weil die Technik mir sonst nichts nützt,
fahr' ich so sicher, wie ich kann,
und bin mit einem Helm geschützt.

An meinem Fahrrad ist alles dran ...

Der Polizist, der dieses Lied hört,
denkt bestimmt: "Da fehlt noch was."
Doch wenn ich mit dem Rücktritt bremse,
bleib' ich stehn, und er wird blaß.

An meinem Fahrrad ...

Musik und Text: Rolf Zuckowski   © by MUSIK FÜR DICH Rolf Zuckowski OHG, Hamburg

Illustr. Bücher: SIK 1130, SIK 1139, SIK 1140   Noten: SIK 995

Wo kein Gehweg ist

Wo kein Gehweg ist, da geh' ich links,
da kommen die Autos mir entgegen.
Ich bleibe ganz am Fahrbahnrand
und seh' von vorn, wenn Gefahr mir droht,
und pass' gut auf auf allen Wegen.

Überall, wo es einen Gehweg gibt,
ist das Gehn und Laufen kein Problem.
Mit ein bißchen Vorsicht und Bedacht
kann mir da nicht allzuviel geschehn.

Auf der Fahrbahn sieht es anders aus,
wenn der Autostrom vorüberbraust.
Darum hab' ich oft genug geübt,
was ich tu', wenn's keinen Gehweg gibt.

Wo kein Gehweg ist,
da geh' ich links ...

Auf der Straße draußen vor der Stadt,
die nur eine breite Fahrbahn hat,
ist der Autofahrer glücklich dran,
weil er da schneller fahren kann.

Und wer da auf der rechten Seite geht,
der sieht das, was von hinten kommt, zu spät.
Darum hab' ich oft genug geübt,
was ich tu', wenn's keinen Gehweg gibt.

Wo kein Gehweg ist,
da geh' ich links ...

Musik und Text: Rolf Zuckowski   © by MUSIK FÜR DICH Rolf Zuckowski OHG, Hamburg

Illustr. Bücher: SIK 1139, SIK 1140   Noten: SIK 995

Heute bleibt das Auto stehn

Mami, laß das Auto stehn,
damit fahr'n wir später.
Ich hab' Lust, zu Fuß zu gehn
die paar hundert Meter.
Papi, laß das Auto stehn,
laß uns jetzt nicht fahren.
Ich hab' Lust, zu Fuß zu gehn
und Benzin zu sparen.

Immer wieder Parkplatz suchen,
an der roten Ampel fluchen,
nur noch schleichen durch die Stadt,
das hab' ich schon lange satt.

Wenn wir erst im Auto sitzen,
in der nächsten Schlange schwitzen,
bis ich schlapp und müde bin,
ist die gute Laune hin.

Mami, laß das Auto stehn ...

Laß uns in Geschäfte gucken,
von der Brücke runterspucken,
gib mir deine Tasche her,
denn sie ist mir nicht zu schwer.

Komm, wir woll'n mal wieder lachen,
albern sein und Witze machen.
Du kriegst auch ein Eis zum Schluß
oder einen dicken Kuß.

Na?

Mami, laß das Auto stehn ...

Sind uns am Schluß die Beine lahm,
fahr'n wir zurück mit Bus und Bahn.

Musik und Text: Rolf Zuckowski
© by MUSIK FÜR DICH Rolf Zuckowski OHG, Hamburg

Illustr. Bücher: SIK 1139, SIK 1140
Noten: SIK 995

Linker Schuh - rechter Schuh

Hallo, linker Schuh!
Hallo, rechter Schuh!
Liegst du auch noch wach, kriegst du keine Ruh?
Hallo, rechter Schuh!
Hallo, linker Schuh!
Was war das nur wieder für ein Tag?

Hallo, linker Schuh!
Hallo, rechter Schuh!
Katharina hat längst die Augen zu.
Hallo, rechter Schuh!
Hallo, linker Schuh!
Was sie jetzt wohl grade träumen mag?

Vielleicht geht sie grade ihren Weg nach Haus,
und sie freut sich: Endlich ist die Schule aus!
Bleibt sie da, wo's leider keinen Gehweg gibt,
wirklich links? Sie hat es doch geübt.

Vielleicht läuft sie wieder mal so schnell es geht,
weil der Eismann drüben an der Straße steht.
Ob sie jetzt wohl vor dem Bordstein bremsen kann?
Heute morgen hielt sie grad' noch an.

Hallo, linker Schuh!
Hallo, rechter Schuh ...

Vielleicht steigt sie grade aus dem Autobus,
wo sie immer auf die andre Seite muß.
Sie wird vor dem Bus doch wohl nicht rübergehn
und bleibt, bis er weg ist, lieber stehn.
Vielleicht fährt sie auch im Traum auf ihrem Rad
von der Freundin heimwärts durch die dunkle Stadt.
Schaltet sie wohl diesmal den Dynamo ein?
Sie muß abends doch zu sehen sein.

Hallo, linker Schuh!
Hallo, rechter Schuh!
Katharina lernt immer mehr dazu.
Hallo, rechter Schuh!
Hallo, linker Schuh!
Was sie morgen wohl erleben mag?

Bald beginnt ein neuer Tag.

Musik und Text: Rolf Zuckowski
© by MUSIK FÜR DICH Rolf Zuckowski OHG, Hamburg

Illustr. Bücher: SIK 1139, SIK 1140
Noten: SIK 995

Deine Welt - meine Welt

Deine Welt
heißt: Der Verkehr muß weitergehn.
Meine Welt
heißt: Ich werd' einfach übersehn.
Deine Welt
heißt: Du willst sicher an dein Ziel.

Meine Welt
heißt, daß ich kaum noch draußen spiel'.

Viel mehr Platz für Kinder!
Nicht so viel Gefahr!
Eine Stadt für dich und mich,
wär' das nicht wunderbar?

Endlich wieder Frieden
zwischen Groß und Klein.
Jeder hat dasselbe Recht,
es muß doch möglich sein!

Deine Welt
heißt: Der Verkehr muß weitergehn.
Meine Welt
heißt: Ich werd' einfach übersehn.
Deine Welt
heißt: Du willst sicher an dein Ziel.
Meine Welt
heißt, daß ich kaum noch draußen spiel'.

Deine Welt!
Meine Welt!

Musik und Text: Rolf Zuckowski
© by MUSIK FÜR DICH Rolf Zuckowski OHG, Hamburg

Illustr. Bücher: SIK 1139, SIK 1140
Noten: SIK 995

Dezemberträume

1993

Mit Alexander, Alina, Andreas, Anne, Annika, Anuschka, Carina, Florian, Gabi, Jens, Jörg, Jule, Julia, Julian, Kai, Martina, Moni, Nadia, Nona, Patrick, Sandra, Simon, Stefan, Torsten – und als Gäste Wolfgang "Teddy" Ibing und Kurt Noltze.

Titel:

- Dezemberträume
- Weihnachtszeit
- Kleiner, grüner Kranz
- Winter
- Nikolaus und Weihnachtsmann
- Bald, bald, bald
- Der Winter ist ein rechter Mann
- Schneeflöckchen, Weißröckchen
- Mein allerschönster Weihnachtstraum
- Es ist für uns eine Zeit angekommen
- Wenn ich an Weihnachten denk'
- Fröhliche Weihnacht überall?
- Mitten in der Nacht
- Danke, lieber Tannenbaum
- Das Jahr geht zu Ende

Noch eine Weihnachtsplatte? Gab es nach den "Winterkindern" und "Wir warten auf Weihnachten" überhaupt noch etwas Neues zu erzählen? Es gab. Nur wurde daraus keine "Weihnachtsplatte" im herkömmlichen Sinn, eher eine, die den Bogen über den ganzen Dezember spannen sollte.

Meine Adventskonzerte hatten mich über mehrere Jahre durchs ganze Land geführt. Dabei lernte ich viele Menschen kennen, auch verschiedene Arten, die Adventszeit und Weihnachten zu erleben. Angeregt durch Gespräche, das Schmökern in dicken Büchern über Weihnachtsbräuche und deren über die Jahrhunderte gewachsene Hintergründe entstanden Lieder wie "Nikolaus und Weihnachtsmann" oder "Wenn ich an Weihnachten denk'". Weitere Anregungen ergaben sich aus der Vorbereitung meiner Adventssendungen beim NDR. Der Bedarf an Liedern, in denen sich Groß und Klein gleichermaßen angesprochen fühlen können, war überall spürbar. Mir persönlich lag dazu schon lange auf dem Herzen, auch die kostbare Zeit "zwischen den Jahren" in Liedern einzufangen. Das ist mit "Danke, lieber Tannenbaum" und "Das Jahr geht zu Ende" einmal eher fröhlich, einmal recht besinnlich geschehen. (Das Lied vom Jahreswechsel war von der Finkwarder Speeldeel unter dem Titel "Dat Joahr geiht to ind" bereits seit 1978 zu einer norddeutschen Sylvesterhymne gemacht worden.)

Die überaus positive Resonanz auf unsere "Dezemberträume" bestätigte mein Gefühl. Im Winter 1993/94 verfilmte das ZDF unter dem Titel dieser CD meine beliebtesten Winter- und Weihnachtslieder, auch die von den früheren Alben.

Für meine mitsingenden Freunde und mich wurde diese Produktion zu einem großen Fest des Wiedersehens. Ich hatte mich schon während des Schreibens der Lieder entschlossen, einige der ehemals kleinen, inzwischen erwachsenen Freunde einzuladen, wieder mitzusingen. Anuschka, Carina, Gaby, Martina, Sandra, Alexander, Florian und Julian waren begeistert dabei. Ich fand in ihnen nicht nur vertraute Gesichter und Stimmen, sondern auch vertraute Partner, die unsere Gesangsarrangements mit eigenen Vorschlägen bereicherten. Bei den Fernsehaufnahmen wurden für uns "alte" Erinnerungen wach an eine Zeit, die in unserem Leben immer ihren eigenen, unvergeßlichen Klang behalten wird. Neue, junge Mitsängerinnen und Mitsänger kamen auch wieder dazu: wie etwa Alina mit der "Reibeisenstimme" und Annika, die in meinem Dieburger Konzert das Lied "Ich glaub', ich hab' dich lieb" so hinreißend gesungen hatte, daß ich (dank dem neuen ICE) zum ersten Mal ein Kind aus dem Frankfurter Raum einladen konnte.

Daß ich u.a. für dieses Album im März 1994 den Echo-Preis des Deutschen Phono-Verbandes ausgezeichnet erhielt, war ein spätes Weihnachtsgeschenk, das ich (auch für alle Mitwirkenden) überrascht und glücklich entgegennahm.

Dezembertraüme

Dezembertraüme
sind helle Sterne in der Nacht.
Dezembertraüme
sind aus Musik und Licht gemacht.
Sie leuchten uns ins Herz hinein
mit Sternenglanz und Kerzenschein,
und es geschieht,
daß man noch Wunder sieht.

Dezembertraüme
sind so vergänglich wie die Zeit.
Dezembertraüme,
zum Greifen nah und doch so weit.
Musik, die tief in uns erklingt
und uns ein Stück vom Himmel bringt,
und sonderbar –
auf einmal sind Dezembertraüme wahr.

Weihnachten, was war das noch?
War Licht und Glockenklang,
Geschenke unterm Tannenbaum,
Gedichte und Gesang.

Weihnachten, was war das noch?
Denk schnell noch einmal nach!
Bestimmt wird die Erinnerung
in deinem Herzen wieder wach.

Dezemberträume ...

Dezemberträume ...

Musik und Text: Rolf Zuckowski
© by MUSIK FÜR DICH Rolf Zuckowski OHG, Hamburg

Noten: SIK 1128, SIK 1141

eihnachtszeit

Engelschor und Kinderjubel,
alle Jahre wieder.
Weihnachtsmann im Einkaufstrubel
und die alten Lieder.

Spendenkonto, Hilfsaktionen,
Zeit der off'nen Herzen.
Wünsche, Träume, Illusionen
und Millionen Kerzen.

Weihnachtszeit, Weihnachtszeit,
macht euch für das Fest bereit!
Eins und zwei und drei und vier,
dann steht's vor der Tür.

Weihnachtszeit, Weihnachtszeit,
macht euch für das Fest bereit!
Wenn das fünfte Lichtlein brennt,
dann habt ihr's verpennt.

Überall Geheimniskrämer,
alle Jahre wieder.
Gutgelaunte Unternehmer
und die alten Lieder.

Weihnachtspäckchen, Weihnachtskarten,
Zeit der off'nen Herzen.
Viele, die vergebens warten,
und Millionen Kerzen.

Weihnachtszeit, Weihnachtszeit,
macht euch für das Fest bereit!
Eins und zwei und drei und vier,
dann steht's vor der Tür.

Weihnachtszeit, Weihnachtszeit,
macht euch für das Fest bereit!
Wenn das fünfte Lichtlein brennt,
dann habt ihr's verpennt.

Christbaumschmuck im Keller suchen,
alle Jahre wieder.
Weiße Weihnacht? Pustekuchen!
Und die alten Lieder.

Dunkle Nacht und helle Sterne,
Zeit der off'nen Herzen.
Friedenshoffnung in der Ferne
und Millionen Kerzen.

Weihnachtszeit, Weihnachtszeit,
macht euch für das Fest bereit!
Eins und zwei und drei und vier,
dann steht's vor der Tür.

Weihnachtszeit, Weihnachtszeit,
macht euch für das Fest bereit!
Wenn das fünfte Lichtlein brennt,
dann habt ihr's verpennt.

Verpennt!

Musik und Text: Rolf Zuckowski
© by MUSIK FÜR DICH Rolf Zuckowski OHG, Hamburg

Noten: SIK 1128, SIK 1141

leiner, grüner Kranz

Kleiner, grüner Kranz,
bring uns deinen Glanz,
bring mit deinem Licht
Jung und Alt und Groß und Klein
ein Lächeln ins Gesicht.
Kleiner, grüner Kranz,
bring uns deinen Glanz.
Mach die Herzen weit,
denn mit dir warten wir
auf die Weihnachtszeit.

Brennt die erste Kerze dann,
fangen wir zu singen an:
"Komm in unser Haus,
lieber Nikolaus!"

Brennt die zweite Kerze dann,
fangen wir zu träumen an.
Christkind ist noch weit,
hat noch so viel Zeit.

Kleiner, grüner Kranz ...

Brennt die dritte Kerze dann,
fangen wir zu fragen an:
"Christkind, hörst du mich?
Ich denk' nur an dich!"

Brennt die vierte Kerze dann,
fängt schon bald die Weihnacht an,
und in unserm Traum
strahlt der Weihnachtsbaum.

Kleiner, grüner Kranz ...

Musik und Text: Rolf Zuckowski
© by MUSIK FÜR DICH Rolf Zuckowski OHG, Hamburg

Noten: SIK 1128

inter

Winter –
See und Fluß sind zugefroren.
Winter –
rote Nasen, rote Ohren.
Winter –
ein kalter Wind weht um das Haus
im Winter –
wohl dem, der einen warmen Ofen hat.

Winter –
Schlittenfahrt und Schneeballschlacht
im Winter –
helle, klare Sternennacht
im Winter –
ein Feuer knistert im Kamin
im Winter –
und leise wird es in der großen Stadt.

Du läßt manchen zittern,
der deinen Namen hört,
hast uns in vielen Jahren
das Fürchten schon gelehrt.

Aber wir träumen
wie Kinder, wenn es schneit,
Winterzeit.

Winter –
See und Fluß sind zugefroren.
Winter ...

Wo bist du geblieben,
guter, alter Freund?
Wer hat dich vertrieben?
Wir selber, wie es scheint.
Aber wir träumen
von deiner Wiederkehr
um so mehr.

(Gitarrensolo)

Winter –
ein kalter Wind weht um das Haus
im Winter –
wohl dem, der einen warmen Ofen hat.

Winter –
Schlittenfahrt und Schneeballschlacht
im Winter ...

Musik und Text: Rolf Zuckowski
© by MUSIK FÜR DICH Rolf Zuckowski OHG, Hamburg

Noten: SIK 1128

Nikolaus und Weihnachtsmann

Rolf: Sprach der Nikolaus zum Weihnachtsmann:

Nikolaus: "Es muß endlich was geschehn!
                   Daß man uns so oft verwechselt,
                   das darf nicht so weitergehn.

                   Überall legt man zur Weihnachtszeit
                   unsre alten Kleider an,
                   und der rote Mantel, der gehört
                   gewiß dem Weihnachtsmann.

                   Weil ich auf dem Kopf meine Mitra trag'
                   und in meiner Hand den Bischofsstab,
                   frag' ich mich, wie man uns beide da
                   überhaupt verwechseln kann."

Rolf: Sprach der Weihnachtsmann zum Nikolaus:

Weihnachtsmann: "Lieber Freund, es tut mir leid.
                   Dabei trägst du doch so würdevoll
                   dein altes Bischofskleid.

                   Daß wir beide nicht die Jüngsten sind,
                   daran kann kein Zweifel sein,
                   aber mehr als tausend Jahre alt
                   ist der Nikolaus allein.

                   Warst in größter Not für die Kinder da,
                   und sie lieben dich, na, du weißt es ja,
                   und noch heute legst du jedem Kind
                   etwas in den Schuh hinein."

Rolf: Da sang vom Himmel, hell und klar,
                   ein Weihnachtsengel wunderbar:

Weihnachtsengel:	"Ihr beiden hört mir zu, und dann gebt endlich Ruh'!

Was die Kinder in der Weihnachtszeit
in ihren Träumen sehn,
werden große Leute, so wie ihr,
wohl niemals ganz verstehn.

Jedes Kind macht sich sein eignes Bild,
und es glaubt ganz fest daran.
Darin gibt's gewiß den Nikolaus
und auch den Weihnachtsmann.

Doch es läßt nur den in sein Herz hinein,
der es größer macht und sich selber klein,
der bereit ist, selbst ein Kind zu sein,
darauf kommt es an,
Nikolaus und Weihnachtsmann."

Musik und Text: Rolf Zuckowski
© by MUSIK FÜR DICH Rolf Zuckowski OHG, Hamburg

Noten: SIK 1128

Durch und durch erwachsene Männer haben in meinen Weihnachtskonzerten traurige Kinderaugen bekommen, wenn ich sie in ihrem Weihnachtsmannkostüm nicht als das akzeptieren wollte, was sie darstellen wollten, nämlich den Nikolaus. Man kann zwar über das Erscheinungsbild dieser beiden großen Figuren der Adventszeit der unterschiedlichsten Meinung sein, eines aber ist unbestritten: Die beiden müssen sich irgendwie unterscheiden. Mag man in vielen süddeutschen Gegenden nicht viel vom (heidnischen) Weihnachtsmann halten und die Leute im rotweißen Mantel schlichtweg allesamt Nikolaus nennen, so würden doch norddeutsche Kinder niemals den ihnen bestens vertrauten Weihnachtsmann als Nikolaus anerkennen. Dieser ist für sie der Inbegriff des Geheimnisses, bräuchte (ohne den religiösen Hintergrund) eigentlich gar kein besonderes Gewand.

Ganz schön verworren die Lage. Mein Lied kann da vielleicht ein wenig zur Klärung beitragen. Die aus der Zeit um 300 nach Christus überlieferten Legenden vom heiligen Nikolaus, dem Bischof von Myra in Kleinasien, Wohltäter (nicht nur) der Kinder, bringen uns zunächst die Gewißheit, daß der Nikolaus im Bischofsgewand erscheinen sollte. Warum sollte er sich den Mantel des erst seit knapp 150 Jahren bekannten, damit also viel jüngeren Weihnachtsmannes anlegen? Sein Erscheinungsbild und Gewand scheinen eher dem Nikolausbegleiter Knecht Ruprecht nachempfunden zu sein. Über die Entwicklung der Weihnachtsmannfigur gibt es kaum sichere Quellen, sie erfolgte nach der Reformation regional recht unterschiedlich im Zuge der Loslösung des Weihnachtsfestes von den katholischen Brauchtums- und Heiligenfiguren. Gewiß ist allerdings, daß der Weihnachtsmann ohne die Verführungs- und Verpackungskünste der Schokoladenindustrie niemals seine heutige Popularität erreicht hätte. Diese geballte Werbekampagne hatte der Nikolaus nicht nötig. Ihm genügte die ewige Freude der Kinder an kleinen Geheimnissen und Zeichen der Zuneigung. Mag der Weihnachtsmann heute auch noch so groß auffahren mit Geschenken und Weihnachtsflitter, die Kinder spüren, daß es einen feinen, wichtigen Unterschied gibt zwischen ihm und dem Nikolaus. Für durch und durch kindliche Kinder hätte ich dieses Lied damit eigentlich gar nicht schreiben müssen.

ald, bald, bald

Ein kleines Wörtchen schlummert sanft
und leise vor sich hin,
kommt ab und zu und dann und wann
so manchem in den Sinn;
doch alle Jahre im Advent,
da hat es Hochsaison.
Kein Kind, das dieses Wort nicht kennt
und immerzu träumt davon:

Bald kommt das Christkind zu mir,
bald, bald, bald.
Bald steht es vor meiner Tür,
bald, bald, bald.
Bald ist das Warten vorbei
und das Fest beginnt,
und dann sagt mir keiner mehr:
"Geduld, Geduld, mein Kind!"
Und dann sagt mir keiner mehr:
"Geduld, Geduld, mein Kind!"

Adventskalender an der Wand,
du weißt, was warten heißt.
Zeigst jedem Kind, daß du ihm gern
die Ungeduld verzeihst.
Mit deinen Bildern findet es
den Weg zum Weihnachtsbaum;
und wenn es schläft, schwebt immer noch
das Wörtchen durch seinen Raum:

Bald kommt das Christkind zu mir ...

Musik und Text: Rolf Zuckowski
© by MUSIK FÜR DICH Rolf Zuckowski OHG, Hamburg

Noten: SIK 1128

Der Winter ist ein rechter Mann

Der Winter ist ein rechter Mann,
kernfest und auf die Dauer.
Sein Fleisch fühlt sich wie Eisen an
und scheut nicht süß noch sauer.
Wenn Stein und Bein von Frost zerbricht
und Teich und Seen krachen,
das klingt ihm gut, das haßt er nicht,
dann will er tot sich lachen.

Sein Schloß von Eis
liegt weit hinaus
beim Nordpol an dem Strande,
doch hat er auch ein Sommerhaus
im schönen Schweizerlande.
So ist er dann bald dort, bald hier,
sein Regiment zu führen,
und wenn er durchzieht, stehen wir
und sehn ihn an und frieren.

Der Winter ist ein rechter Mann ...

Text: Matthias Claudius   Musik: Rolf Zuckowski
© by MUSIK FÜR DICH Rolf Zuckowski OHG, Hamburg

Noten: SIK 1128

Es war ein ziemlicher Schock, festzustellen, daß dieses defti-
ge Gedicht von Matthias Claudius bereits 1979 von Frie-
drich Reichhardt vertont wurde. Mir war diese Vertonung (Asche auf
mein Haupt) nicht bekannt; vielleicht war sie auch mit der Erinnerung
an die Grundschulzeit verblaßt. Das Claudius-Gedicht verband sich
jedenfalls beim Schmökern in einem meiner Weihnachtsbücher sofort

mit einer Melodie, die mich von da an fast zynisch durch mehrere viel zu warme Winter begleitete. Zu der etwas getragenen und weniger abwechslungsreichen überlieferten Vertonung mochte ich dann nicht mehr umschwenken. Nun gibt es also eine weitere Vertonung mit kleinen Textverschiebungen, die das Gedicht auf neue Art an ein junges Publikum herantragen wird. Matthias Claudius und seine vielen Bewunderer mögen es mit Milde betrachten.

Das lange Zögern, meine Vertonung zu veröffentlichen (sie ist bereits 1986 rund um die ”Winterkinder“ erfolgt), erklärt sich in dem Wunsch, dem alten Bilderbuchwinter einen der fragwürdigen ”Winter“ unserer Zeit gegenüberzustellen, textlich und musikalisch. Dieses Liederpaar ist erst mit den ”Dezemberträumen“ komplett geworden. Mit meiner Aufnahme des verspielten ”Schneeflöckchen, Weißröckchen“ ist nun sogar eine kleine Wintertrilogie entstanden, die jeder Altersgruppe einen Zipfel ihres Wintergefühls geben soll, verspielt, frostklirrend, furchterregend, besinnlich oder melancholisch.

Schneeflöckchen, Weißröckchen

Schneeflöckchen, Weißröckchen,
wann kommst du geschneit?
Du wohnst in den Wolken,
dein Weg ist so weit.

Komm, setz dich ans Fenster,
du lieblicher Stern,
malst Blumen und Blätter,
wir haben dich gern.

Schneeflöckchen, Weißröckchen,
komm zu uns ins Tal,
dann bau'n wir den Schneemann
und werfen den Ball.

Schneeflöckchen, Weißröckchen,
deck die Blümelein zu,
dann schlafen sie sicher
in himmlischer Ruh'.

Trad./Bearb.: Rolf Zuckowski und John O'Brien-Docker
© by MUSIK FÜR DICH Rolf Zuckowski OHG, Hamburg

Noten: SIK 1128

Mein allerschönster Weihnachtstraum

Mein allerschönster Weihnachtstraum
heißt: Fliegen übers Land,
auf deinem Schlitten, lieber Weihnachtsmann.
Ich trag' dir die Geschenke,
daß nichts verlorengeht,
und helf' dir ganz bestimmt, so gut ich kann.

Wer weiß, wer weiß,
wohin der Wind uns weht
und ob ein Traum wie dieser in Erfüllung geht.
Wer weiß, wer weiß,
wohin der Wind uns weht
und welcher Stern für uns am Weihnachtshimmel steht.

Mein allerschönster Weihnachtstraum
heißt: Alle Uhren stehn,
und leise schwebt ein Engel durch den Raum.
Er schenkt uns Zeit zum Spielen
und hält die Zeiger an,
bis alle schlafen unterm Tannenbaum.

Wer weiß, wer weiß ...

Mein allerschönster Weihnachtstraum
heißt: Wünsche werden wahr,
die niemand auf der Welt erfüllen kann.
Ich schreib' sie für den Himmel
auf einen Luftballon
und hoffe, er kommt sicher oben an.

Wer weiß, wer weiß ...

Musik und Text: Rolf Zuckowski
© by MUSIK FÜR DICH Rolf Zuckowski OHG, Hamburg

Noten: SIK 1128

Danke, Kai! Ohne dich wäre dieser Traum nie besungen worden. Als Kai noch keinerlei Zweifel am Weihnachtsmann hatte, war sein größter Wunsch, einmal mit ihm gemeinsam die Geschenke zu verteilen. Der Flug auf dem Schlitten übers Land hatte sich als Wunschbild in seinem Kopf festgesetzt. Leider ging dieser Wunsch bisher nicht in Erfüllung.

"Wenn das mit dem Weihnachtsmann nicht so recht klappen will, könntest du doch wenigstens ein Lied über meinen Traum schreiben." Diesen Wunsch vertraute mir Kai im Alter von 9 Jahren an. "Ganz schön pfiffiges Bürschchen", dachte ich mir und lief von da an mit Kais Traumbildern im Kopf herum. Meine eigenen gesellten sich dazu, unerfüllbare Wünsche aus der Kinderzeit und aus der Zeit mit den eigenen Kindern. Gesungen haben wir das Lied dann mit Andreas und Simon. Kai war einverstanden, denn für seine eigene Stimme hätten wir einen anderen Melodiebogen finden müssen, und der wäre vielleicht etwas zu flach geworden, um seinen hochfliegenden Traum auszudrücken.

Es ist für uns eine Zeit angekommen
(Das Lied der Schweizer Sternsinger)

Es ist für uns eine Zeit angekommen,
die bringt uns eine große Freud'.
Es ist für uns eine Zeit angekommen,
die bringt uns eine große Freud'.

Übers schneebeglänzte Feld
wandern wir, wandern wir
durch die weite, weiße Welt.

Es schlafen Bächlein und See unterm Eise,
es träumt der Wald einen tiefen Traum.
Es schlafen Bächlein und See unterm Eise,
es träumt der Wald einen tiefen Traum.

Durch den Schnee, der leise fällt,
wandern wir, wandern wir
durch die weite, weiße Welt.

Vom hohen Himmel ein leuchtendes Schweigen
erfüllt die Herzen mit Seligkeit.
Vom hohen Himmel ein leuchtendes Schweigen
erfüllt die Herzen mit Seligkeit.

Unterm sternbeglänzten Zelt
wandern wir, wandern wir
durch die weite, weiße Welt.

Trad./Bearb.: Rolf Zuckowski und John O'Brien-Docker
© by MUSIK FÜR DICH Rolf Zuckowski OHG, Hamburg

Noten: SIK 1128

Wenn ich an Weihnachten denk'

Wenn ich an Weihnachten denk', seh' ich die Kinder vor mir.
Ich hör' die Herzen klopfen vor der Wohnzimmertür.
Das Warten hat ein Ende, die Bescherung beginnt,
und ihre Freude macht mich selbst noch einmal zum Kind.

Weihnachten –
vertraute Insel,
Weihnachten –
im Strom der Zeit.
Weihnachten –
geborgte Zukunft,
Weihnachten –
Vergangenheit.

Wenn ich an Weihnachten denk', seh' ich die Krippe vor mir.
Ich hör' die Engel singen: "Der Erlöser ist hier."
Seh' Josef und Maria mit dem Kind auf dem Arm
in einem Stall in Bethlehem, geborgen und warm.

Weihnachten ...

Wenn ich an Weihnachten denk', seh' ich die Alten vor mir,
auch die, die uns verließen, sind nochmal wieder hier.
Wir spüren, ihre Herzen sind uns immer noch nah,
und längst vergang'ne Stunden sind für uns wieder da.

Weihnachten ...

Musik und Text: Rolf Zuckowski
© by MUSIK FÜR DICH Rolf Zuckowski OHG, Hamburg

Noten: SIK 1128

"Wenn ich an Weihnachten denk', wird mir ganz schlecht." Originalton meiner Mutter im Advent 1992. Sie wird mir verzeihen, daß ich sie hier zitiere, denn es geht nicht nur ihr allein so im Streß und Trubel der Vorweihnachtszeit. Die Frage, ob man sich diesen Begleiterscheinungen des Festes entziehen kann, muß wohl jeder für sich selbst beantworten. Es soll Leute geben, die das schaffen, ohne sich in die Einsamkeit der Berge oder auf eine Hallig in der Nordsee zurückzuziehen.

"Da war doch noch was anderes." So ging es mir bei dem Ausspruch meiner Mutter durch den Kopf. "Wenn ich an Weihnachten denk'", so beginnen doch auch ganz intensive Erinnerungen, die sich mischen mit Ausblicken in die Zukunft. "Wie wird es weitergehen mit den eigenen Kindern? Wie werden sie Weihnachten feiern? Wie werden wir Weihnachten feiern, wenn die Kinder aus dem Haus sind, vielleicht eigene Kinder haben?" Mir war schon lange das Bild von der "Insel im Strom der Zeit" im Sinn. Ob man zurück oder nach vorn blickt, Weihnachten ist da. Sein Gesicht wandelt sich, aber es bleibt auf unerklärliche Weise immer vertraut, verbindet uns mit Generationen, die vor uns lebten oder nach uns leben werden. Eine Zukunft, in der die Menschen unseres Kulturkreises nicht mehr Weihnachten feiern werden, ist mir jedenfalls unvorstellbar, und selbst in den dunkelsten Jahren unserer Geschichte wurde irgendwie Weihnachten gefeiert. Wie nahe die Menschen der biblischen Weihnachtsbotschaft sind, scheint dafür wichtig, aber nicht entscheidend zu sein. Die Suche nach einem Halt, nach dem, was immer war und immer wiederkehrt, ist offenbar den meisten Menschen gemein. Für mich liegt darin ein Teil des Weihnachtsgeheimnisses.

Wer diese Dinge nüchterner, kritischer sieht, wird ganz andere Gedanken haben. Mag sein, daß meine Mutter inzwischen ungeahnt Gesellschaft bekommen hat von Mitmenschen, die den Satz "Wenn ich an Weihnachten denk'..." auf ihre individuelle Art zu Ende bringen. Auch das gab es immer und wird es immer geben. Es scheint ein Wesenselement der Zeitinsel zu sein, die Weihnachten heißt.

Fröhliche Weihnacht überall?

Fröhliche Weihnacht überall,
tönet durch die Lüfte froher Schall.

Fröhliche Weihnacht überall,
tönet durch die Lüfte froher Schall.

Weihnachtslied, Weihnachtsbaum,
Weihnachtsduft in jedem Raum.
Fröhliche Weihnacht überall,
tönet durch die Lüfte froher Schall.
Überall – überall?

Da sind viele, die das Weihnachtsfest nicht feiern so wie wir.
Woran immer ihr auch glauben mögt, seid uns willkommen hier.
Da sind viele, die tun irgendwo heut' abend ihre Pflicht.
Seid euch sicher, grad in dieser Nacht vergessen wir euch nicht.

Wir singen darum gleich
das Lied nochmal für euch.

Fröhliche Weihnacht überall,
tönet durch die Lüfte froher Schall.

Weihnachtslied, Weihnachtsbaum ...

Da war'n zwei, die wußten einfach nicht, wohin in ihrer Stadt,
da war einer, der den beiden seine Tür geöffnet hat.
Und wenn manchem heute dieses Fest das Herz nicht leichter macht,
hat Maria doch für alle ihren Sohn zur Welt gebracht.

Trad./Bearb. und Spezialtext: Rolf Zuckowski
© by MUSIK FÜR DICH Rolf Zuckowski OHG, Hamburg

Noten: SIK I 128

Oft habe ich diese Worte im Finale großer Fernsehsendungen mitgesungen. Der Wunsch, es möge überall "Fröhliche Weihnacht" sein, ist dabei hoffentlich spürbar geworden. Dennoch schlich sich immer wieder ein leiser Zweifel ein, ob das auf diesen Refrain reduzierte gute, alte Weihnachtslied nicht auch einmal mit einem Fragezeichen versehen werden sollte. Mein Versuch, an jene zu denken, die nicht fröhlich feiern können oder wollen, führte mich zurück zum Ursprung des Weihnachtsfestes, in den Stall von Bethlehem, zu den Eltern, die keine Herberge fanden. Ich hoffe, meine Bearbeitung dieses beliebten Liedes läßt genug Spielraum für alle, die Weihnachten nicht flach und einseitig sehen wollen. Fröhlichkeit ist mir zu wertvoll, um als "Heile-Welt-Sehnsucht" abgetan zu werden, und dabei diejenigen zu übersehen, die im Schatten bleiben, kann für mich nicht Weihnachten sein.

Was heißt übrigens "Trad./Bearb."? Lieder, deren Verfasser seit mehr als 70 Jahren tot ist, gelten als "traditionell". Für sie ist die bei uns gültige Schutzfrist des Urheberrechts abgelaufen. Wer solche Lieder neu bearbeitet, musikalisch und/oder textlich, der macht sich nicht des Plagiats, also des geistigen Diebstahls schuldig. Er muß auch niemanden, etwa die Urheber, deren Erben oder den Musikverlag, um eine Genehmigung bitten, wie es bei geschützten Werken der Fall ist. Man kann nur annehmen, daß es den verstorbenen Komponisten und Textern grundsätzlich recht wäre, daß ihre Lieder auf diese Art und Weise in einem zeitgemäßen Gewand lebendig bleiben. Ob allerdings jede Bearbeitung ihr Wohlwollen finden würde, bleibt fraglich. Ich hoffe, daß John O'Brien-Docker und ich noch keinen Kollegen dazu gebracht haben, sich "im Grabe herumzudrehen". Ich selbst könnte mir jedenfalls kaum etwas Erfreulicheres vorstellen, als daß eines (hoffentlich) fernen Tages unter einem meiner Lieder die Bezeichnung "Trad./Bearb." steht und daß ein Bearbeiter der Zukunft neue Freunde für meine kleinen Geschichten und Melodien findet.

Mitten in der Nacht

Da wurde mitten in der Nacht ein Kind geboren,
da war mit einem Mal der Himmel nicht mehr fern,
da sang ein Engelschor: "Die Welt ist nicht verloren",
und über allem strahlte hell der Weihnachtsstern.

Da wurde dir und mir ein neues Licht gegeben,
das unsre Herzen immer neu erwärmen kann,
und wenn es dunkel wird für uns in diesem Leben,
fängt es mit seiner ganzen Kraft zu leuchten an.

Bist du erwachsen oder noch klein?
Das dürfte heute abend gar nicht wichtig sein.
Sind wir nicht alle ein Menschenkind,
wann immer wir geboren sind?

Bist du ein Junge oder ein Mann?
War jede Frau nicht auch ein Mädchen irgendwann?
Was uns für immer zusammenhält,
das fühlen jetzt so viele Menschen auf der Welt.

Da wurde mitten in der Nacht ein Kind geboren ...

Musik und Text: Rolf Zuckowski
© by MUSIK FÜR DICH Rolf Zuckowski OHG, Hamburg

Noten: SIK 1128, SIK 1141

Danke, lieber Tannenbaum

Die Nüsse sind geknackt,
Geschenke ausgepackt,
das neue Spielzeug ausprobiert,
ob alles funktioniert.

Der müde Weihnachtsmann
sieht sich von oben an,
was er mit allerletzter Kraft
gerade noch geschafft.

Stumm stehst du daneben,
strahlst in deinem Kerzenschein.
Du bringst Hoffnung, Licht und Leben
in die Winternacht hinein.

Danke, lieber Tannenbaum,
für diese schöne Zeit,
danke für das Glück
und für dein buntes Lichterkleid.
Danke sagt dir jeder Blick,
solang du bei uns bist.
Schade, daß die Zeit mit dir
so bald zu Ende ist.

Die Kinder sind erwacht,
vorbei die heil'ge Nacht,
und immer noch liegt in der Luft
der süße Weihnachtsduft.

Die Eltern drehn sich stumm
nochmal im Bett herum,
zum Aufstehn ist es viel zu früh,
doch träumend ahnen sie:

Wie die Kinder spielen,
früh am Morgen ganz allein,
was sie im Weihnachtszimmer fühlen,
sogar noch ohne Kerzenschein.

Danke, lieber Tannenbaum ...

Bald wirst du geplündert,
das ist hier so Brauch,
und die süßen Sachen
landen tief in unserm Bauch.

Danke, lieber Tannenbaum ...

Musik und Text: Rolf Zuckowski
© by MUSIK FÜR DICH Rolf Zuckowski OHG, Hamburg

Noten: SIK 1128, SIK 1141

as Jahr geht zu Ende

Um vier wird's schon dunkel,
der Wind weht von Ost,
die Luft schmeckt schon lange nach Schnee.
Die Stadt ist geschmückt,
spielt noch immer verrückt
und sagt rastlos der Weihnacht ade.

Das Jahr geht zu Ende,
die Kerzen verglühn,
doch das Licht leuchtet weiter in dir.
Das Jahr geht zu Ende,
die Kerzen verglühn,
doch das Licht leuchtet weiter in dir.

Du merkst, es ist wirklich schon wieder soweit,
und spürst, wie es kribbelt im Blut.
Du denkst an das Jahr,
siehst noch einmal was war,
und du fragst dich: War's schlecht oder gut?

Das Jahr geht zu Ende ...

Und strahlt dann am Abend noch einmal der Baum,
dann leuchten die Augen so hell.
Die Zukunft erwacht
aus dem Dunkel der Nacht,
und die Träume verfliegen so schnell.

Das Jahr geht zu Ende ...

Musik und Text: Rolf Zuckowski
© by MUSIK FÜR DICH Rolf Zuckowski OHG, Hamburg

Noten: SIK 1128, SIK 1141

Da werden ein paar Plattdeutsche die Stirn runzeln. "Op platt klingt dat veel sinniger, geiht mehr to Harten", werden sie sagen, und recht haben sie. Ebenso wie "Weihnacht, was bist du" habe ich das Lied vom Jahreswechsel ursprünglich für die Finkwarder Speeldeel geschrieben, op platt. Nachdem in mehr als 15 Jahren spürbar wurde, wie tief diese Lieder in die Herzen der Menschen eingedrungen waren, wurde die Versuchung immer größer, sie auch einem größeren, nicht plattdeutschen Publikum zu erschließen. Dabei mußte ich mich vielleicht selbst am meisten überwinden. Denn das selbstverständliche Miteinander von Wort und Musik schien mir im Plattdeutschen ganz untrennbar, wie bei vielen weihnachtlichen Liedern. Mit etwas Abstand kann ich gut mit der hochdeutschen Fassung leben, habe von jenseits des "Weißwurstäquators" viel Bestätigung dafür bekommen, daß es schade gewesen wäre, die Gedanken dieses Liedes nur als plattdeutschen Geheimtip zu pflegen. Es gab vorher erstaunlicherweise kaum Lieder, die den Ausklang der Weihnachtszeit und jene besinnliche "Zeit zwischen den Jahren" besingen, die ich ganz besonders liebe.

Eine ungewöhnliche Bestätigung für den Stellenwert dieses Liedes im Leben der Hamburger bekam ich, als die NDR Hamburg-Welle vor einigen Jahren die Weihnachtslieder-Hitparade der Hamburger Bürgerschaft (des Stadtparlaments) verkündete. "Dat Joahr geiht to Ind" stand bei der SPD-Fraktion seit Jahren an erster Stelle, wurde nicht nur anläßlich der Umfrage des NDR gewählt, sondern jedes Jahr auf der Weihnachtsfeier der Fraktion gesungen. Mit den Weihnachtskonzerten der Finkwarder Speeldeel ist unser Lied ein Stück hanseatische Tradition geworden, und die pflegen wir natürlich auch in Zukunft op platt.

Du brauchst ein Lied

1994

Mit Alina, Andreas, Anne, Annika, Jana, Jens, Jörg, Jule, Julia, Kai, Lisa, Marco, Nadia, Mona, Sabine, Sarah, Simon, Sonja, Stefan und den großen Freunden Alexander, Anita, Anuschka, Benjamin, Carina, Florian, Frank, Julian, Markus, Miriam, Moni, Nicola, Niels, Otto, Sandra, Sebastian sowie Freunden vom Lokstedter Schülerchor.

Titel:

- Du brauchst ein Lied
- Menschenskinder
- Als ich ein Baby war
- Im Osten geht die Sonne auf
- Der Spielmann
- Das Eine-Welt-Lied
- Oma liebt Opapa
- Aber alles auf Video
- Glücksminuten
- Ganz normale Leute
- Mami, jetzt trimm' ich dich fit
- Jane und John
- Wenn dieses Lied ein Oldie ist
- Deutschland, deine Kinder

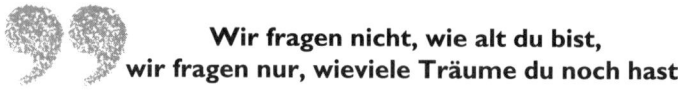

**Wir fragen nicht, wie alt du bist,
wir fragen nur, wieviele Träume du noch hast.**

Dieser Leitgedanke zog sich wie ein roter Faden durch die Entstehung dieser CD. Nach der Ermutigung, die mir die positive Resonanz auf die "Dezemberträume" brachte, bezog ich auch dieses Mal wieder die groß gewordenen Freunde mit ein und wagte einen musikalisch und inhaltlich weit gespannten Bogen von Liedern für und über Kinder und Erwachsene. Die Zeit, in der wir leben, das tägliche Wechselbad von Chancen und Zweifeln, dem sich keine Familie entziehen kann, spiegelt sich in unseren Themen wider. Mag sich mancher Text den kleineren Kindern auch erst später inhaltlich erschließen, so werden sie dennoch gern sofort in die vertraute familiäre Atmosphäre unserer Musik mit eintauchen. Mancher Text mag Gespräche zwischen Kindern und Erwachsenen auslösen, ich wäre glücklich darüber.

Diese CD ist bunter und gegensätzlicher als unsere bisherigen und bei aller Fröhlichkeit und Lebensfreude engagierter und nachdenklicher. Die Bandbreite der musikalischen Stilrichtungen steuert bewußt gegen die fortschreitende Glättung und "Formatierung" des Musikgeschmacks durch die elektronischen Medien. Je nach Tagesform und Lebensphase werden sich kleine und große Leute mal in diesem, mal in jenem Lied selbst wiederentdecken und sagen, es wäre "ihr Lied".

Noch nie waren so viele Mitwirkende an einer Produktion beteiligt. Der Chor der "Großen" ist erweitert worden. So ist z.B. Niels Peters wieder dabei, der Junge mit dem "Bananenbrot". Die Kindergruppe ist seit der "Jahresuhr" beständig angewachsen. Dank des ICE (An- und Abreise an einem Tag) konnte ich z.B. Annika aus Dieburg in den festen Stamm aufnehmen. Sie singt das Lied von den "Glücksminuten". Als Arrangeure sind Frank Oberpichler, Dieter Faber und Ralf Denker dazugekommen.

u brauchst ein Lied

Du machst die Augen auf
und hast das Licht der Welt erblickt.
Du lebst auf diesem Stern,
von nun an gibt es kein Zurück.
Mit jedem neuen Tag
lernst du ein bißchen mehr dazu,
siehst Licht und Dunkelheit
und kommst noch lange nicht zur Ruh'.

Du brauchst ein Lied, das dich begleitet,
und ein Herz, das für dich schlägt,
brauchst ein Feuer, das dich leitet,
und ein Wort, das dich bewegt.

Du brauchst ein Lied, das dich begleitet,
und ein Licht in dunkler Nacht
und am Himmel einen Stern,
der über deine Träume wacht.

Aus manchem tiefen Tal
willst du hinauf ans helle Licht,
und auf dem höchsten Berg
erstarrt vor Kälte dein Gesicht.
Du fährst hinaus ans Meer
und willst die Wellen tanzen sehn,
und manches stolze Schiff
siehst du im Sturm zugrunde gehn.

Du brauchst ein Lied ...

Dann hast du selbst ein Kind
und willst ihm manches Leid erspar'n,
doch einmal kommt der Tag,
wo es sich selbst nur helfen kann.

Dann geht es seinen Weg,
denkt dann und wann an dich zurück
und braucht, genau wie du,
ein bißchen Mut, ein bißchen Glück.

Du brauchst ein Lied ...

Musik und Text: Rolf Zuckowski
© by MUSIK FÜR DICH Rolf Zuckowski OHG, Hamburg

Noten: SIK 1126

enschenskinder

Kinder machen müde Männer munter,
Kinder machen sanfte Frauen wild.
Kinder machen diese graue Welt ein bißchen bunter,
Kinder sind wie unser Spiegelbild.

Kinder werden einfach so geboren,
Kinder werden vorher nie gefragt.
Kinder haben manches Spiel
am Anfang schon verloren,
trotzdem sind sie meistens unverzagt.

Sie leben jetzt,
sie leben hier,
sie sind ein Teil
von dir und mir.

Ja, so sind
Kinder, Menschenskinder!
Herrlich jung und voller Schwung
und immer auf dem Sprung.
Kinder, Menschenskinder!
Woll'n so sein wie ich und du
und geben keine Ruh'.

Kinder gucken gerne in die Glotze,
Kinder kriegen leicht den Flimmerblick.
Kinder sehen täglich das Gehabe und Geprotze,
lernen dabei manchen fiesen Trick.

Sie leben jetzt ...

Ja, so sind
Kinder, Menschenskinder!
Herrlich jung und voller Schwung ...
Kinder können nur sich selber geben,
Kinder haben weder Macht noch Geld.
Kinder wollen jeden Tag wie du und ich erleben
und erst recht die Zukunft ihrer Welt.

Kinder, Menschenskinder!
Herrlich jung und voller Schwung ...

Kinder, Menschenskinder!
Herrlich jung und voller Schwung ...

Musik und Text: Rolf Zuckowski
© by MUSIK FÜR DICH Rolf Zuckowski OHG, Hamburg

Noten: SIK 1126

ls ich ein Baby war

Als ich ein Baby war, war ich noch klein,
das soll bei Babys ja so üblich sein.
Ich hatte nur drei Haare auf dem Kopf
und rutschte durch die Wohnung auf dem Topf.

Aber jetzt bin ich groß, seht mich mal an!
Ihr werdet staunen, was ich alles kann.
Aber jetzt bin ich groß, seht doch mal her!
Jetzt kann ich Zähne putzen, Hände waschen, Schleife binden
und noch vieles mehr.
"Der Nächste bitte!"

Als ich ein Baby war, war ich noch lieb,
ich war ein ganz besonders süßer Typ.
Nur in der Nacht, da fing ich an zu schrei'n,
war'n alle wach, dann schlief ich wieder ein.

Aber jetzt bin ich groß, seht mich mal an!
Ihr werdet staunen, was ich alles kann.
Aber jetzt bin ich groß, seht doch mal her!
Jetzt kann ich Zähne putzen, Hände waschen, Schleife binden,
Treppen steigen, Päckchen packen
und noch vieles mehr.
"Der Nächste bitte!"

Als ich ein Baby war, war ich noch dünn.
Ich frag' mich heut', warum ich's nicht mehr bin.
Ich hab' den Tag in meinem Bett verbracht
und immer nur die Windeln vollgemacht.

Aber jetzt bin ich groß, seht mich mal an!
Ihr werdet staunen, was ich alles kann.
Aber jetzt bin ich groß, seht doch mal her!

Jetzt kann ich Zähne putzen, Hände waschen, Schleife binden,
Treppen steigen, Päckchen packen, Bücher lesen, Briefe schreiben
und noch vieles mehr.
"Der Nächste bitte!"

"Bühne frei! Jetzt komm' ich!"
Als ich ein Baby war, war ich noch jung,
doch ziemlich blaß ist die Erinnerung.
Ich hab' ganz brav mein Bäuerchen gemacht,
und der Papa hat über mich gelacht.

Aber jetzt bin ich groß, seht mich mal an!
Ihr werdet staunen, was ich alles kann.
Aber jetzt bin ich groß, seht doch mal her!
Jetzt kann ich Zähne putzen, Hände waschen, Schleife binden,
Treppen steigen, Päckchen packen, Bücher lesen, Briefe schreiben,
Kuchen backen, Kaffee kochen
und noch vieles mehr.
"Der Nächste bitte!"

"Otto, du bist dran!"
"Weiß ich selber ..."
Als ich ein Baby war, war ich noch schön,
davon war bald schon nicht mehr viel zu sehn.
Ich hab' ganz lieb die Mama angeschaut,
doch ging sie weg, dann schrie ich ziemlich laut.

Aber jetzt bin ich groß, seht mich mal an!
Ihr werdet staunen, was ich alles kann.
Aber jetzt bin ich groß, seht doch mal her!
Jetzt kann ich Zähne waschen, Hände putzen, Schleife steigen,
Treppe binden, Päckchen lesen, Bücher packen, Briefe kochen,
Kuchen lesen, Kaffee schreiben, Fahrrad tanzen, Walzer fahren
und noch vieles mehr.
"War das richtig?"
"Perfekt!"

Aber jetzt bin ich groß, seht mich mal an!
Ihr werdet staunen, was ich alles kann.

Aber jetzt bin ich groß, seht doch mal her!
Jetzt kann ich Zähne putzen, Hände waschen, Schleife binden,
Treppen steigen, Päckchen packen, Bücher lesen, Briefe schreiben,
Kuchen backen, Kaffee kochen, Fahrrad fahren, Walzer tanzen
und noch vieles mehr.

"Der Nächste bitte!"

"Ey, du bist dran!"

Musik und Text: Rolf Zuckowski
© by MUSIK FÜR DICH Rolf Zuckowski OHG, Hamburg

Noten: SIK 1126

Seit 1982 war dieses Liedchen bei uns ein Familienspiel für besonders unbeschwerte Tage. Es sei hiermit zum Weiterspielen empfohlen: Die Wortkette "Jetzt kann ich ..." darf jeder nach Belieben fortsetzen und damit demjenigen, der die ganze Kette wiederholen und ergänzen muß, zu einem kleinen Gehirnjogging verhelfen. Die etwas überdrehte Opernsängerin wird in unserer Aufnahme von Sandra gespielt. Otto ist ganz einfach *der* Otto. Er produzierte zur Zeit unserer Gesangsaufnahmen auf demselben Studiogelände in Bendestorf seine neue RTL-Show. Unsere spontane Idee, ihn in unser Lied einzubeziehen, wurde von ihm ebenso spontan bejaht. Allerdings mußten wir nun die gesamte Reihenfolge der Strophen umstellen, damit Otto (statt mir) ein kleines Chaos am Ende des Liedes anrichten kann. Diese Umstellung hat ein Kind um die wichtige Feststellung gebracht, daß es nun auch "Kuchen backen und Kaffee kochen" kann. Unsere Opernsängerin erwischte ausgerechnet diese Worte und trägt sie mit dem entsprechenden Pathos vor.

Im Osten geht die Sonne auf

Im Osten geht die Sonne auf,
im Süden nimmt sie ihren Lauf,
im Westen will sie untergehn,
im Norden ist sie nie zu sehn.

Ein neuer Tag hat sich auf seinen Weg gemacht,
verwischt die Spuren der vergang'nen Nacht.
Er fragt dich nicht nach dem, was gestern war.
Er weiß nur: Heut' ist heut',
und morgen klingt für ihn nach Ewigkeit.

Im Osten geht die Sonne auf ...

Noch weiß man nicht, was diesen Tag bedeutend macht,
vielleicht, daß irgendwo ein Baby lacht?
Für wen mag dies der allerletzte sein?
Der Tag, der grad' begann,
tritt voller Hoffnung seine Reise an.

Im Osten geht die Sonne auf ...

Im Osten geht die Sonne auf ...

Musik und Text: Rolf Zuckowski
© by MUSIK FÜR DICH Rolf Zuckowski OHG, Hamburg

Noten: SIK 1126

Gegen fünf Uhr morgens war es, auf der A7 zwischen Hannover und Hamburg. Die alte Volksweisheit von den vier Himmelsrichtungen ging mir in der ersten Dämmerung durch den Kopf (was die Leute im Land der Mitternachtssonne wohl von der Zeile "... im Norden ist sie nie zu sehn" halten?). Ich weiß, ich bin nur einer von vielen tausend kleinen Morgenrot-Poeten, aber die Melodie, die sich dabei in meinen Kopf schlich, trägt vielleicht ein paar Gedanken über Augenblick und Ewigkeit in den unruhigen Alltag mancher Familie.

Die besagte Autobahnfahrt fand 1990 statt, und die Doppeldeutigkeit der Worte "Im Osten geht die Sonne auf" schien mir nicht so recht in die gesamtdeutsche Stimmung des ersten Jahres nach der Vereinigung zu passen. Darum erschien dieses Lied nicht (wie ursprünglich vorgesehen) auf der CD "Die Jahresuhr". Die Doppeldeutigkeit mag auch 1994 auf viele Bürger der neuen Bundesländer noch ein wenig sarkastisch wirken, aber alte Volksweisheiten haben ihre eigenen Maßstäbe, und ich habe mich entschieden, nicht länger damit hinter dem Berg zu halten.

Der Spielmann

Ich bin kein neuer Rattenfänger,
sondern einfach nur ein Sänger,
der zu kleinen und zu großen Leuten steht.
Hab' manches Lied für euch geschrieben,
bin auf meiner Spur geblieben,
wenn der Weg auch dann und wann
in eine neue Richtung geht.
Mich festzuhalten hätte keinen Sinn;
ich änd're mich und bleibe, wie ich bin.

So wie ein Spielmann,
der eure Kinderseele weckt.
So wie ein Spielmann,
der in sich selbst das Kind entdeckt.

So wie ein Spielmann,
der mit euch lacht
und mit euch weint,
bis ihr bemerkt, daß über allen Wolken
doch die Sonne scheint.

Die Leute fragen immer wieder:
"Wie entstehen deine Lieder?"
Dabei weiß ich manchmal selbst nicht, wie es geht.
Ich gebe meinen Worten Töne,
manchmal schrille, manchmal schöne,
und bin glücklich, wenn ihr euch
in meinen Träumen wiederseht.
Ich möchte einmal leise, einmal laut
mit meinen Liedern unter eure Haut.

So wie ein Spielmann ...

Man hört von manchen Redakteuren,
daß sie gerne freier wären,
als ihr Sender es in dieser Zeit erlaubt.
Denn auf der Jagd nach Einschaltquoten
wurde dies und das verboten,
und so viele Illusionen
hat man ihnen schon geraubt.
Bei uns hat jeder Sender sein Format,
und ich riskier' dazwischen den Spagat.

So wie ein Spielmann,
der eure Kinderseele weckt.

So wie ein Spielmann,
der in sich selbst das Kind entdeckt.

Musik und Text: Rolf Zuckowski
© by MUSIK FÜR DICH Rolf Zuckowski OHG, Hamburg

Noten: SIK 1126

Das Eine-Welt-Lied

Kennst du den Platz, wo Kinder in der Sonne spielen
und, wenn es dunkel wird, in ihre Häuser gehn,
sich in der Nacht in ihrem Bett geborgen fühlen
und dann am Morgen ihre Freunde wiedersehn?

Er liegt in deiner Welt,
er liegt in meiner Welt,
wo du auch lebst,
wir leben nur in einer Welt.
Mach deine Augen auf,
mach deine Augen zu,
der Platz ist da,
genau wie ich und du.

Kennst du den Platz, wo Kinder kein Zuhause haben?
Sie leben draußen auf der Straße Tag und Nacht,
sie mußten lernen, sich alleine durchzuschlagen,
und sind schon lang nicht mehr im eignen Bett erwacht.

Er liegt in deiner Welt ...

Kennst du den Platz, wo Kinder Licht und Wärme spüren
in einem Kinderdorf, das ihnen Hoffnung gibt?
Sie leben dort, um ihren Halt nicht zu verlieren,
und werden, wie sie sind, geachtet und geliebt.

Er liegt in deiner Welt ...

Kennst du den Platz, wo Kinder die Erwachs'nen fragen,
warum man so viel Not auf unsrer Erde sieht?
Was die Erwachs'nen zu den Kindern darauf sagen,
hörst du an deinem Platz und nicht in diesem Lied.

Musik und Text: Rolf Zuckowski   © by MUSIK FÜR DICH Rolf Zuckowski OHG, Hamburg

Noten: SIK I 126

Das Thema ist viel zu komplex, um hier tiefer darauf eingehen zu können. Ich möchte an dieser Stelle zum Problem der wachsenden sozialen Not an vielen Plätzen der Erde (auch in unserer unmittelbaren Nähe) nur andeuten, daß die regelmäßige Förderung von Kinderdörfern auch unseren "Wohlstandskindern" einen wichtigen Einblick in die Lebensverhältnisse von Kindern in Not verschaffen kann. Die Informationen, die man dabei über das Leben der Menschen in den benachteiligten Gebieten der Welt erhält, gehen weit über die oft verwirrenden und abstumpfenden Nachrichten in den Medien hinaus. Meine intensive Beziehung zu den SOS-Kinderdörfern ist vor allem durch die Benefiz-Tournee im Jahre 1987 und eine Begegnung mit Hermann Gmeiner im SOS-Kinderdorf Lütjenburg gewachsen. Ich möchte alle Familien ermutigen, sich entsprechend ihren Möglichkeiten diesem oder ähnlichen glaubwürdigen und tatkräftigen Kinderhilfswerken zuzuwenden, auch im Sinne unserer eigenen Kinder.

Oma liebt Opapa

Opa steht um sechs Uhr in der Frühe auf,
deckt den Frühstückstisch so richtig nett,
stellt den Kaffeefilter auf die Kanne drauf
und hüpft zum Kuscheln schnell in Omas Bett.

Oma liebt Opapa,
sie sind ein verliebtes Paar.
Opa liebt Omama,
ganz genau wie's früher war.
Oma liebt Opapa,
sie sind ein verliebtes Paar.
Opa liebt Omama
immer noch, ja!

Oma hört den ganzen Morgen Radio,
Opa drückt verzweifelt auf den Knopf.
Er genießt die Ruhe und ist wieder froh,
und sie setzt ihren Walkman auf den Kopf.

Oma liebt Opapa ...

Opa spielt Indianer mit dem Enkelkind,
Oma kocht zum Essen einen Fisch.
Weil sie weiß, wie hungrig ihre Krieger sind,
bringt sie ihn in den Wigwam unterm Tisch.

Oma liebt Opapa ...

Abends, wenn die beiden vor dem Spiegel stehn,
schau'n sie sich noch einmal glücklich an,
sagen: "Dieser Tag mit dir war wunderschön,
und morgen fangen wir von vorne an."

Oma liebt Opapa ...

Musik und Text: Rolf Zuckowski
© by MUSIK FÜR DICH Rolf Zuckowski OHG, Hamburg

Noten: SIK 1126

Aber alles auf Video

Sie werden immer mehr, man sieht sie überall im Land,
die Leute mit dem kleinen, grauen Kasten in der Hand.
Wenn alle andern feiern, achten sie auf Licht und Ton.
Ein Zoom ins pralle Leben ist ihr allerschönster Lohn.
Sie blicken wie gebannt in ihren Monitor,
sind immer mittendrin und trotzdem außen vor.
Sie filmen, wie die Häppchen auf der Zunge uns zergehn,
bis sie am Ende selbst vor leeren Tellern stehn.

Leider verpaßt, aber alles auf Video.
Leider verpaßt, aber alles auf Video.
Leider verpaßt, aber alles auf Video.

Die Braut steht in der Kirche, die Verwandtschaft ist bereit.
Der Pastor sieht auf seine Uhr, allmählich wird es Zeit.
Die gold'nen Eheringe hält er fest in seiner Hand.
Alle fragen sich, wohin der Bräutigam verschwand.

Der durchsucht sein Auto, wühlt im Kofferraum.
Die Braut denkt immer noch an ihren Hochzeitstraum.
Da kommt der Bräutigam, den Kasten vorm Gesicht,
die Braut läuft aus der Kirche, die bekommt er nicht.

Leider verpaßt, aber alles auf Video ...

Die Jahre gehn vorüber, die Regale sind gefüllt.
Die Lust auf neue Bilder ist noch lange nicht gestillt.
Da steht das pralle Leben in Hi8 und VHS,
Sortieren und Beschriften wär' der allergrößte Streß.
Lieber sitzt man mit der Fernbedienung in der Hand
und dankt dem klugen Menschen, der den Schnelldurchgang erfand.
Die Bilder zu genießen, dafür hat man keine Zeit.
Zum Glück sind sie gespeichert für die Ewigkeit.

Leider verpaßt, aber alles auf Video ...

Musik und Text: Rolf Zuckowski
© by MUSIK FÜR DICH Rolf Zuckowski OHG, Hamburg

Noten: SIK 1126

Nun ist er also für immer dahin – mein millionenschwerer Werbevertrag mit Fuji, Kodak & Co. Die eigene (inzwischen dritte) Videokamera liegt mit leerem Akku in meinem Schrank und hat mir in einer stillen Stunde persönlich diese Geschichte erzählt. Einige denkwürdige Videoerlebnisse z.B. in Konzerthallen, in Kirchen, sogar auf Friedhöfen (die Kamera wurde von hier besser ungenannten Mitmenschen geführt) haben dann den letzten Anstoß gegeben, aus der Zeile "Leider verpaßt, aber alles auf Video" ein ganzes Lied zu machen.

Bei einer kleinen Umfrage, ob das Lied nicht ein bißchen zu sarkastisch geraten ist, sagte mir ein Vater: "Ich habe mein erstes Kind auch nur durch dieses kleine Loch groß werden sehen." Also, ihr Videofreaks, nichts für ungut, aber es mußte mal gesagt werden.

Glücksminuten

Ich komm' müde aus der Schule,
hab' 'nen harten Morgen hinter mir.
Aber jetzt ist Wochenende,
und ich hab' so manches vor mit dir.
Mein Geburtstag nächste Woche,
du, da müssen wir jetzt ran!
Doch ich seh' in deinen Augen,
daß ich das vergessen kann.

Ich würd' gerne mit dir reden,
komm doch endlich mal zur Ruh'!

Aber du, aber du
hörst ja nicht mal richtig zu.
Mach mal deine Ohren auf!
Oder sitzt du etwa drauf?

Ab und zu, ab und zu
fehlt mir einer, so wie du.
Darum setz dich her zu mir,
laß die Arbeit und die Welt da draußen
einmal hinter dir,
ein paar klitzekleine Glücksminuten
schenk' ich dir dafür.

Ich komm' fröhlich aus dem Kino,
hab' 'nen bärenstarken Film gesehn.
Wenn ich könnte, wie ich möchte,
würd' ich morgen gleich schon wieder gehn.
Du, der würde dir gefallen,
jede Menge Gags und Tricks,
doch ich seh' in deinen Augen,
daraus wird wohl wieder nix.

Ich würd' gerne mit dir reden,
komm doch endlich mal zur Ruh'!

Aber du ...

Aber du ...

Musik und Text: Rolf Zuckowski
© by MUSIK FÜR DICH Rolf Zuckowski OHG, Hamburg

Noten: SIK 1126

 anz normale Leute

Ganz normale Leute
haben Gel in ihren Haaren.
Ganz normale Leute
setzen coole Mützen auf.
Ganz normale Leute
werden mächtig mit den Jahren.
Ganz normale Leute
legen großen Wert darauf.

Ganz normale Leute
haben blond gefärbte Locken.
Ganz normale Leute
haben Pickel im Gesicht.

Ganz normale Leute
haben Löcher in den Socken.
Ganz normale Leute
sprechen davon lieber nicht.

Vielleicht ist dir das ganz egal,
und trotzdem fühlst du dich total normal?

Ganz normale Leute
haben Angst vor kleinen Viechern.
Ganz normale Leute
werden vor der Prüfung schwach.
Ganz normale Leute
fangen plötzlich an zu kichern.
Ganz normale Leute
werden nachts erst richtig wach.

Ganz normale Leute
haben Lust, nicht nur zum Küssen.
Ganz normale Leute
sind verknallt und werden rot.
Ganz normale Leute
wollen endlich alles wissen.
Ganz normale Leute
bringt die Liebe aus dem Lot.

Vielleicht gehörst auch du dazu,
berühren wir hier etwa ein Tabu?

Tabu, warum bist du tabu?
Bringst ganz normale Leute aus der Ruh'?
Du bist ein Teil von jedem,
jedoch, es zuzugeben,
dafür sind wir zu jung – Tabu!
dafür sind wir zu alt – Tabu!
zu fein, zu stolz, zu schwach für dich –

Tabu, warum bist du tabu ...

Ganz normale Leute
denken ziemlich schlimme Sachen.
Ganz normale Leute
reden jede Menge Stuß.
Ganz normale Leute
können andre rasend machen.
Ganz normale Leute
finden einfach keinen — Schluß.

Musik und Text: Rolf Zuckowski
© by MUSIK FÜR DICH Rolf Zuckowski OHG, Hamburg

Noten: SIK I 126

Mami, jetzt trimm' ich dich fit

Wieviel Geld hast du schon ausgegeben,
nur um eine Pleite zu erleben,
Jogging, Stretching und Gymnastik,
Hanteln aus Metall und Plastik,
und was kam am Ende dabei raus?
Du kamst nur kaputt zurück nach Haus.
Und dann noch diese schreckliche Diät,
wo das doch alles so viel leichter geht:

Mami, jetzt trimm' ich dich fit.
Mami, komm beweg dich und mach mit!
So ein Fitneßstudio findest du sonst nirgendwo.
Mami, jetzt trimm' ich dich fit.

Sieh dir mal das Handtuch an,
was man damit machen kann:
Linker Zipfel – linke Hand,
rechter Zipfel – rechte Hand,
zehnmal beugen, zehnmal bücken,
komm, wir rubbeln uns den Rücken,

immer wieder hin und her,
auf und nieder, kreuz und quer,
deinen Babyspeck
kriegen wir schon weg.

Mami, jetzt trimm' ich dich fit ...

Dieser leere Pappkarton
ist zum Glück nicht aus Beton.
Linke Seite – linke Hand,
rechte Seite – rechte Hand.
Durch die Beine, hoch nach oben,
machst du prima, muß dich loben!
Immer wieder auf und ab,
streng dich an und mach nicht schlapp.
Deinen kleinen Bauch,
du, den schaff' ich auch.

Mami, jetzt trimm' ich dich fit ...

Hier in deinem Kuschelbett
ist's mit mir noch mal so nett.
Linkes Füßchen in die Luft,
rechtes Füßchen, schöner Duft.
Laß mich mal da oben sitzen,
gleich wirst du ein bißchen schwitzen,
wenn ich mit dir Fahrstuhl fahr',
auf den Füßen, wunderbar!
Mami, alles klar!
Jetzt trimm' ich Papa! – "Ich hab's geahnt ..."

Papi, jetzt trimm' ich dich fit ...

Musik und Text: Rolf Zuckowski
© by MUSIK FÜR DICH Rolf Zuckowski OHG, Hamburg

Noten: SIK 1126

Der Schlüssel zu diesem Lied liegt in Zwiesel, Bahnsteigkante. In der Glasbläserstadt im Bayerischen Wald fand Mitte Januar 1994 ein pädagogisches Seminar statt, das ich gemeinsam mit Heidi Lindner durchführte. Heidi ist mir 1987 durch ihre erfrischenden Ideen gegen Sportfrust und Leistungsstreß sowie durch ihr Organisationstalent aufgefallen. Sie versteht es einerseits, eine Halle oder ein Stadion voller Kinder und Eltern phantasievoll in Bewegung zu bringen (wie z.B. beim Deutschen Turnfest in Hamburg), andererseits inspiriert sie Turnvereine und Eltern-Kind-Gruppen im ganzen Land. In ihrer Heftreihe "Hier bewegt sich was" (Pippo Verlag, Neumünster) findet man eine Fülle von Anregungen dafür, auch unter Einbeziehung meiner Lieder. Unser Trimmlied ist nur ein kleiner Appetitanreger auf Heidi Lindners Ideen, der uns mit kalten Füßen beim Warten auf den Zug Richtung Heimat in den Sinn kam. Das Fitneßprogramm für den Papa wird man in der genannten Heftreihe bald im Detail lesen können. Seit 1989 betreut Heidi meine Konzertreisen. Viele Chöre werden sich gerne an die Frau erinnern, die es so gut versteht, im Hintergrund dafür zu sorgen, daß sich das Herzklopfen auf der Bühne in Grenzen hält.

Das fetzige Lied wird von Alina gesungen, die hiermit ihr erstes "maßgeschneidertes" Solo erhielt. Ich lernte Alina 1992 in der Hamburger Sporthalle kennen. Sie fiel mir wegen ihrer unermüdlichen Bewegungsfreude auf. In der ersten Reihe ihres Schulchors tanzte sie zu jedem Lied, sang nie ein Solo und war dennoch unter gut 60 Kindern unübersehbar. Als ich sie nach dem Konzert ansprach, ob sie Lust hätte, bei unserer nächsten Studioaufnahme mitzusingen, sagte sie mir im Flüsterton und leicht geknickt: "Ich singe doch immer viel zu tief". Nun hat Alina wirklich die Stimme einer kleinen Zarah Leander, aber ich fand bald heraus, daß man ihr die Töne einfach nicht in der Männerlage vorsingen darf. Sobald ich in meiner Kopfstimme, also wie ein Kind sang, konnte sie fast alle Chorstimmen mitsingen. Bei den "Dezemberträumen" deutete sich dann in einigen kleinen Solozeilen an, welche Stimme nun die Mamis und Papis in Schwung bringen wird.

Jane und John

Der Wind blies kalt ums Bauernhaus
von Jane und John McLear,
und der Bauer sprach zu seiner Frau:
"Steh auf und schließ die Tür!"

"Lieber John", sprach sie, "du weißt genau,
wie ich meine Knochen spür',
denn ich schufte hier den ganzen Tag,
darum schließ doch selbst die Tür."

"Ich scher' das Schaf, ich melk' die Kuh",
sprach der Bauer da zu ihr,
"und ich bin der Herr auf diesem Hof,
drum steh auf und schließ die Tür."

So saßen sie und dachten sich:
"Wart's ab, ich zeig' es dir",
und der Wind blies kalt ums Bauernhaus
in das Zimmer durch die Tür.

Dann beschlossen sie: "Wir schweigen jetzt
in diesem Zimmer hier.
Aber wer das erste Wort verliert,
der steht auf und schließt die Tür."

Drei Räuber strichen um das Haus,
dachten sich: "Hier bleiben wir",
denn das Licht schien in die Dunkelheit
durch den Spalt der off'nen Tür.

Sie stürmten in das Bauernhaus,
riefen: "Her mit Wein und Bier!"
Doch der Bauer und die Bäuerin
blickten wortlos auf die Tür.

Ein Räuber schrie: "Wir machen jetzt
aus allem Kleinholz hier!"
Aber Jane und John, die blickten stur
durch das Zimmer auf die Tür.

"Kommt, wir ziehn an seinem grauen Bart,
soll er brüllen wie ein Stier!"
rief der zweite Räuber,
aber John schaute still und stumm zur Tür.

"Also küss' ich seine junge Frau,
so ein Weib, das wünscht' ich mir",
rief der Räuberhauptmann,
aber Jane sah nur schweigend auf die Tür.

Da schrie der Bauer rot vor Zorn:
"Genug, jetzt reicht es mir!
Meine Bauernfaust sollt ihr nun spür'n,
und ich werf' euch raus zur Tür!"

"Na, endlich!" sprach die Bauersfrau.
"Lieber John, ich danke dir.
Nun hast du das erste Wort gesagt,
drum steh auf und schließ die Tür."

Trad./Bearb. und deutscher Text: Rolf Zuckowski
© by MUSIK FÜR DICH Rolf Zuckowski OHG, Hamburg

Noten: SIK 1126

Ein Souvenir aus den USA. Entdeckt habe ich diesen traditionellen Folksong 1989 in einem "Nature-Shop" Down
Town, San Francisco. Auf unserem Weg durch Kalifornien haben uns
diverse amerikanische "Kinderlieder" im Stil der traditionellen Folk-
Music begleitet. Die Ballade von Jane und John begeisterte uns und
unsere Kinder ganz besonders (auch wegen des Satzgesanges) und wurde
darum schnell der Urlaubs-Familienhit des Jahres. Mit der Übersetzung
ins Deutsche habe ich lange gezögert, weil es mir zunächst aussichtslos

erschien, 12 Strophen auf das Wort "Tür" zu reimen. Erst im März 1994, auf dem Flug in die Schweiz, zu den Dreharbeiten für unsere "Dezemberträume", gelang mir "der Durchbruch". Die Idee, aus dem Lied ein kleines Theaterstück mit fünf Mini-Rollen zu machen, wuchs kurz vor der Produktion im Frühsommer 1994. Sandra Keck behält hier als Jane die Nerven und läßt selbstbewußt gleich vier Männer etwas "älter" aussehen.

Wenn dieses Lied ein Oldie ist

Kind: Wenn dieses Lied ein Oldie ist,
           vielleicht in zwanzig Jahren,
           ob du wohl dann ein Opa bist,
           mit Bart und grauen Haaren?

Vater: Wer weiß ...
beide: Wer weiß ...

Vater: Wenn dieses Lied ein Oldie ist
           und ich bald siebzig werde,
           fliegst du wohl dann mit mir noch mal
           im Raumschiff um die Erde?

Kind: Wer weiß ...
beide: Wer weiß ...

           Gestern war gestern heute,
           heute war gestern morgen,
           morgen wird bald schon gestern sein.
           Kinder sind bald schon große Leute
           und tauschen unsre Träume
           in ihre Zukunft ein.

Kind:	Wenn dieses Lied ein Oldie ist,
	vielleicht in zwanzig Jahren,
	ob wir wohl dann der Welt und uns
	den Müll und Dreck ersparen?

Vater:	Wer weiß ...
beide:	Wer weiß ...

Vater:	Wenn dieses Lied ein Oldie ist,
	lebt ihr vielleicht gesünder,
	mit Sonnenkraft und reiner Luft
	für euch und eure Kinder.

Kind:	Wer weiß ...
beide:	Wer weiß ...

Gestern war gestern heute ...

Wenn dieses Lied ein Oldie ist
und wir so glücklich bleiben,
ob wir wohl dann für unser Lied
noch neue Strophen schreiben?

Wer weiß ...
Wer weiß ...

Gestern war gestern heute ...

Musik und Text: Rolf Zuckowski
© by MUSIK FÜR DICH Rolf Zuckowski OHG, Hamburg

Noten: SIK 1126

Deutschland, deine Kinder

Deutschland, deine Kinder stellen Fragen,
ist morgen für dich mehr als nur ein Wort?
Machst du ihnen Mut, den Blick nach vorn zu wagen,
oder stiehlst du dich aus ihren Träumen fort?

Wirst du ihre Freiheit nutzen,
ihre Flügel nie mehr stutzen
und in ihren Köpfen nie mehr Mauern bau'n?
Zu viele Chancen wurden schon verpaßt.
Deutschland, deine Kinder
sind das Beste, was du hast.

Deutschland, wir sind deine Kinder,
aber wir gehör'n dir nicht.
Wir gehör'n dem Traum von morgen,
hilf uns, daß er nicht zerbricht.

Deutschland, deine Kinder stellen Fragen,
auf die es keine schnelle Antwort gibt.
Wirst du ihre Ungeduld mit Fassung tragen?
Oder werden sie nur angepaßt geliebt?

Wirst du frei und offen bleiben,
ihren Herzen Wege zeigen,
wie man ohne Angst aus Fremden Freunde macht,
oder sind sie für dich doch nur eine Last?
Deutschland, deine Kinder
sind das Beste, was du hast.

Deutschland, wir sind deine Kinder ...

Laß uns aus Vergang'nem lernen,
gib der Zukunft deine Hand,
friedlich über alle Grenzen,
Mutter-, Vater-, Kinderland.

Deutschland, wir sind deine Kinder ...

Deutschland, wir sind deine Kinder ...

Musik und Text: Rolf Zuckowski
© by MUSIK FÜR DICH Rolf Zuckowski OHG, Hamburg

Noten: SIK 1126

Die Verse entstanden 1989, unmittelbar nach der Öffnung der Mauer in Berlin. Ob wir diese neue geschichtliche Chance im Sinne einer freien und weltoffenen Zukunft unserer Kinder nutzen werden, nach außen und nach innen? Meine Stimmung bei diesen Gedanken drückt die Musik hoffentlich besser aus, als Worte allein es können.

Ich habe sehr bedauert, daß unser wiedervereinigtes Land keine neue, in die veränderte, politische Landschaft passende Nationalhymne erhielt, eine, mit der sich mehr Menschen, auch die Jugend in unserem Land ohne "Bauchschmerzen" identifizieren können. In Marburg schrieb ich kurz vor dem 3. Oktober 1992 eine neue Strophe zu unserer alten Hymne. Sie sollte den Kindern gewidmet sein und ihnen helfen, die Beziehung zu ihrem Land bei besonderen Anlässen auf eine neue emotionale Basis zu stellen. Nach vielen intensiven Gesprächen über dieses "Ansinnen" kam ich dann zu dem Entschluß, die Zeilen lieber mit den bereits 1989 gewachsenen Gedanken zu verknüpfen, um sie in Worte einzubetten, die mir nicht weniger wichtig waren als die Zeilen: "Deutschland, wir sind deine Kinder, aber wir gehör'n dir nicht ..."

Der unverkrampfte Umgang mit dem Namen unseres Landes, ohne überzogenen Nationalstolz, ohne jedes Überlegenheitsgefühl gegenüber anderen Nationen und Rassen muß in der nächsten Generation gelingen. Ich hoffe sehr, mit meinem Lied dafür einen kleinen Schritt in die richtige Richtung zu tun für die Kinder eines sich nach innen und hoffentlich auch nach außen öffnenden Europas.

1979

1981

1982

1983

1984

1985

1987

1989

1991

1992

1994

Das war's.
War's das?

Meine Autogrammkarten 1979-1994

Unsere Gruppe im Juni 1994 vor dem Vox-Klangstudio. Leider sind nicht alle Freunde dabei, dafür aber einige Eltern, die uns immer mit Tat und Fahrt zur Seite stehen.

esamtverzeichnis

CD, MC und VIDEO für Kinder und ihre Familien:

Du brauchst ein Lied
Polydor   CD **523 670-2**
            MC **523 670-4**

Rolfs Vogelhochzeit
Der Klassiker in der Urfassung
Polydor   CD **842 707-2**
            MC **842 707-4**

Sing mit uns! Rolfs Vogelhochzeit
Von Kindern gesungen, von Rolf erzählt.
12 Lieder und 12 Playbacks ohne Gesang zum Mitsingen
Polydor   CD **523 023-2**
            MC **523 023-4**

Das Video: Rolfs Vogelhochzeit
PolyGram   **632 756-3**

Sing mit uns! Rolfs Liederkalender
13 Original-Aufnahmen und 13 Playbacks aus der ZDF-Fernsehsendung
Polydor   CD **521 134-2**
            MC **521 134-4**

Das Video: Rolfs Liederkalender
PolyGram   **088 496-3**

Die Jahresuhr
Polydor   CD **511 925-2**
            MC **511 925-4**

Starke Kinder
Polydor   CD **841 615-2**
          MC **841 615-4**

Wir wollen Sonne
Polydor   CD **834 851-2**
          MC **834 851-4**

Lieder, die wie Brücken sind
Polydor   CD **843 329-2**
          MC **843 329-4**

Radio Lollipop
Polydor   CD **843 328-2**
          MC **843 328-4**

Was Spaß macht ...
Polydor   CD **815 914-2**
          MC **815 914-4**

Frag mir doch kein Loch in'n Bauch
Polydor   CD **829 455-2**
          MC **829 455-4**

Rolfs neue Schulweg-Hitparade
Polydor   CD **513 657-2**
          MC **513 657-4**

Sing mit uns! Rolfs neue Schulweg-Hitparade
17 Playbacks ohne Gesang zum Mitsingen
Polydor   MC **513 946-4**   (nur bei Sikorski: Ed. 995D)

Das Video: Rolfs neue Schulweg-Hitparade
PolyGram   **085 512-3**

Wir warten auf Weihnachten
Polydor   CD **833 741-2**
          MC **833 741-4**

Winterkinder
Polydor   CD **833 739-2**
          MC **833 739-4**

Dezemberträume
Polydor   CD **519 687-2**
          MC **519 687-4**

Ich schaff' das schon
Unsere schönsten Lieder vom Kleinsein und Großwerden
Polydor   CD **847 066-2**
          MC **847 066-4**

Jetzt geht's los!
Sing mit uns – Unsere stärksten Songs zum Feiern und Tanzen.
13 Original-Aufnahmen und 13 Playbacks
Polydor   CD **523 555-2**
          MC **523 555-4**

Im Kindergarten
Unsere fröhlichsten Lieder für die Kleinsten
Polydor   CD **431 394-2**
          MC **431 394-4**

CD/MC für Erwachsene und ihre Familien:

Nahaufnahme
Polydor   CD **849 137-2**
          MC **849 137-4**

Zeit für Kinder – Zeit für uns
Polydor   CD **827 696-2**
          MC **827 696-4**

Weitere Lied-Zusammenstellungen waren nur zeitweise im Handel und sind daher hier nicht aufgeführt.

NOTENAUSGABEN und BÜCHER

Musikverlag Hans Sikorski, Hamburg:
Ed.Nr.

975   **Rolfs Vogelhochzeit**
Eine Geschichte in 12 Liedern und Bildern für Gesang und Klavier, mit Griffbildern für Gitarre
ISBN 3-920880-29-3

994   **Rolfs Kinderliederbuch, Band I**
Lieder der CDs/MCs: "Rolfs Vogelhochzeit", "Rolfs Radio Lollipop", "Lieder, die wie Brücken sind", "Was Spaß macht", "Kerlchens Lieder" u.a. – Melodie, Akkorde, Gitarrengriffe
ISBN 3-920880-35-8

995   **Rolfs neue Schulweg-Hitparade**
Liederbuch. Melodie, Akkorde, Gitarrengriffe
ISBN 3-920880-41-2

1126   **Du brauchst ein Lied**
14 neue Lieder. Melodie, Akkorde, Gitarrengriffe
ISBN 3-920880-51-X

1128   **Dezemberträume**
15 winterliche Lieder. Melodie, Akkorde, Gitarrengriffe
ISBN 3-920880-47-1

1129   **Die Jahresuhr**
11 Lieder. Melodie, Akkorde, Gitarrengriffe
ISBN 3-920880-37-4

1130   **Singen macht Spaß**
... mehr als ein Liederbuch. Mit einer Fülle von Anregungen zum Singen und Musizieren, Tanzen und Darstellen ... mit 36 Liedern (Melodiestimme mit Akkorden) sowie leichten Chorsätzen
ISBN 3-920880-30-7   Buch mit 2 MCs
ISBN 3-920880-31-5   Buch allein
ISBN 3-920880-32-3   MC 1 (24 Titel)
ISBN 3-920880-33-1   MC 2 (12 Titel + 12 Playbacks)

Ed.Nr.

1269 Wir warten auf Weihnachten
22 vorweihnachtliche Lieder der gleichnamigen CD/MC und der
CD/MC "Winterkinder". Melodie, Akkorde, Gitarrengriffe
ISBN 3-920880-46-3

1287 Rolfs Flötenbüchlein, Heft 1
16 Lieder für 2 c"-Blockflöten, Gitarre und Glockenspiel

Ravensburger Buchverlag Otto Maier GmbH:

Rolfs Vogelhochzeit
Singen, Spielen, Verkleiden, Tanzen
ISBN 3-473-41069-1

Rowohlt Taschenbuch Verlag GmbH, Reinbek:

Mama ist in Panik
(rororo Rotfuchs 457)
ISBN 3-499-20457-6

Urheberrechtliche Anmerkung des Verlages

Sicher werden sich viele Leser fragen, was man beachten muß, wenn man als Pädagoge mit den Werken von Rolf Zuckowski arbeiten möchte.

Die Arbeit mit "geistigem Eigentum" Dritter hat eine ganz konkrete wirtschaftliche Seite. Der Urheber muß für sein Schaffen einen angemessenen Lohn erhalten, und darüber hinaus kann nur er bestimmen, was mit seinem Werk geschieht. Das wird gewährleistet durch das Urheberrecht (das "Arbeitsrecht" u.a. der Komponisten und Textdichter).

Die Urheberrechte werden zum Beispiel berührt, wenn die Werke aufgeführt werden (Aufführungsrechte), wenn die Stücke bearbeitet werden (Bearbeitungsrechte) oder wenn die Werke kopiert, gedruckt oder auf Tonträger vervielfältigt werden (Vervielfältigungsrecht).

Immer dann sind die entsprechenden Verwendungsarten zu lizenzieren und zu vergüten. Nicht ganz einfach zu beurteilen ist, wer hierfür in welchen Fällen zuständig ist und in welchen Fällen ausnahmsweise die Verwendungen genehmigungsfrei sind.

I.

Für öffentliche Aufführungen auf einer Bühne, im Rundfunk oder als Filmmusik ist die Zustimmung des Urhebers bzw. seiner Beauftragten erforderlich; er kann hierfür eine Vergütung verlangen. Im Regelfall (z.B. Aufführung und Wiedergabe einzelner Lieder) nimmt die GEMA (Gesellschaft für musikalische Aufführungs- und mechanische Vervielfältigungsrechte) diese Rechte für den Urheber wahr. Ausgenommen von der Vergütungspflicht sind Veranstaltungen der Jugendhilfe, der Sozialhilfe, der Alten- und Wohlfahrtspflege, der Gefangenenbetreuung und der Schule – soweit die Veranstaltungen ausschließlich sozialen und erzieherischen Zwecken dienen (z.B. Auftritt eines Schulchors zur Weihnachtsfeier im Altenheim; nicht jedoch Vortrag vor den Eltern, die einen Unkostenbeitrag leisten).

Wenn es sich jedoch um ein komplettes Bühnenwerk handelt (z.B. Rolf Zuckowskis "Vogelhochzeit") ist der Urheber selbst bzw. sein ihn vertretender Musikverlag zuständig.

2.

Die Urheber bzw. Musikverlage sind grundsätzlich davon zu unterrichten, wenn die Kompositionen und Texte verändert bzw. bearbeitet werden, wie z.b. Arrangements für Schulchöre und -orchester, Potpourri-Bearbeitungen usw.

3.

Nahezu jedes Werk eines Urhebers kann, meist mit Hilfe mechanischer Mittel, vervielfältigt werden. Das Recht, Vervielfältigungen aller Art herzustellen, ist dem Urheber vorbehalten.

Während das Fotokopieren von Noten grundsätzlich (d.h. auch strafrechtlich) verboten ist, wird der Abdruck von Musikwerken (z.B. in Schülerzeitungen, im Liederbuch) vom Urheber und seinem Verlag genehmigt.

Die meisten anderen Vervielfältigungsrechte werden von der GEMA für den Urheber wahrgenommen.

Auch hier gibt es Ausnahmen. So dürfen z.b. zum privaten Gebrauch (man verwendet die Vervielfältigungsstücke nur für sich selbst oder im persönlichen Bekanntenkreis) und eigenen Gebrauch (z.b. für eigene berufliche oder gewerbliche Zwecke) einzelne Vervielfältigungsstücke (allenfalls 7 Exemplare) hergestellt werden.

Eine weitere Sonderregelung gilt, soweit für Unterrichtszwecke in der für die Schulklasse erforderlichen Anzahl kopiert wird. Hier gibt es Fotokopierabkommen, die dies gestatten.

Da es zahlreiche gesetzliche Ausnahmen und Sonderregelungen gibt, ist häufig nicht klar, ob ein Vorgang genehmigungspflichtig ist und wer im konkreten Fall berechtigt ist, die Genehmigung zu erteilen.

Die Rechtsabteilungen der Verlage (oder die MUSIK FüR DICH Rolf Zuckowski OHG) sind hier aber bei allen Fragen gern behilflich und erteilen Auskunft.

Alphabetisches Register der Lieder